经济管理类创新融合精品教材
“互联网+”教育改革新理念教材

国际结算

万智玉　王江楠　王晓珍　主　编
刘科宇　王鹏涛　殷晶晶　副主编
惠爱玲　参　编

中国商业出版社

图书在版编目（CIP）数据

国际结算 / 万智玉，王江楠，王晓珍主编. -- 北京 ：中国商业出版社，2024. 8. -- ISBN 978-7-5208-3124-6

I. F830.73

中国国家版本馆 CIP 数据核字第 20248EL608 号

责任编辑：葛　伟

中国商业出版社出版发行

（www.zgsycb.com　100053　北京广安门内报国寺 1 号）

总编室：010-63180647　编辑室：010-83118925

发行部：010-83120835/8286

新华书店经销

唐山唐文印刷有限公司印刷

*

880 毫米×1230 毫米　16 开　12.5 印张　300 千字

2024 年 8 月第 1 版　2024 年 8 月第 1 次印刷

定价：49.80 元

* * * *

（如有印装质量问题可更换）

PREFACE 前言

随着经济全球化和我国对外开放步伐的逐渐加快，我国对外贸易规模不断扩大，与其他国家之间的货币收付活动也相应地增加。国际金融专业要培养适应金融行业和国际商贸行业第一线需要的，德智体美劳等全面发展的，具有专业精神、职业精神、工匠精神和综合职业能力的复合型技术技能人才。因此，我们需要培养既懂国际贸易、国际金融理论，又熟悉国际结算业务流程和国际惯例的应用型专业人才。

“国际结算”为金融学、国际经济与贸易等专业的必修课程，同时也是经济管理类相关专业的一门重要选修课程。通过学习该课程，能够系统掌握国际结算过程中所涉及的结算制度、结算工具、结算方式与结算单据等方面的基本知识、基本理论和基本技能，学会在实践中加以运用；掌握国际结算中所涉及的法律、法规、惯例及规章制度，学会解决金融和结算领域中的实际问题；掌握国际结算的业务流程与操作规程以及我国涉外金融、结算工作中的方针、政策与做法，学会在实际工作中加以贯彻执行。

本书秉承理论够用、注重实践的原则，同时注重图表演示和案例分析，使读者能够直观地掌握国际结算的业务种类、操作程序与风险控制等内容。书中配以贴近实务、难度适中的思考练习，便于学生自学。

由于编者学识水平有限，加之时间仓促，难免存在不足，敬请广大读者批评指正。

编　者

CONTENTS 目录

第八章 国际贸易结算的风险管理 178

第一章

国际结算导论

学习目标

- 理解国际结算的基本概念；
- 掌握国际结算的分类及主要内容；
- 了解国际结算的产生、演变过程及发展趋势；
- 熟悉国际上采用的主要国际支付清算系统；
- 熟悉国际结算的惯例和规则。

第一节 国际结算概述

一、国际结算的概念

（一）概念

国际结算（International Settlement）是指由银行办理的货币跨国收付业务。它是国际上由于政治、经济、文化、外交、军事等方面的交往或联系而发生的以货币表示的债权债务的清偿行为或资金转移行为。

虽然国际结算在商业银行的业务构成中主要属于中间业务，但现代国际结算不完全拘泥于中间业务，它往往与商业银行的一些资产业务和表外业务交织运作，以满足客户多方面的需求。在国际商品贸易、服务贸易、非贸易贷款融资、黄金和外汇买卖、私人和团体汇款以及其他经济、文化、科技事业的交往中，必然产生国与国之间的货币收付行为，与此同时也就产生了国际债权债务关系，国际结算便应运而生。从国际结算的整体运行来看，它主要包括票据的运用、贸易单据的处理、结算方式、贸易融资、信用担保、银行间的国际合作、账户设置与支付系统运行等多项内容。由此可见，国际结算就是应用一定的金融工具（汇票、本票、支票等），采取一定的方式（汇付、托收、信用证等），利用一定的渠道（通信网、互联网等），通过一定的媒介机构（银行或其他金融机构），进行国与国之间的货币收付行为，从而使国际债权债务得以清偿。

（二）结算与清算

1. 结算

广义的结算是指交易双方因商品买卖、劳务供应、资金调拨、信贷存放所产生的货币收付行为或债权债务的清偿，即货币的真实收付。狭义的结算专指商业银行代客户所进行的货币收付行为。

2. 清算

广义的清算是指交易双方进行债权债务的交换，计算出应收应付差额的过程，属于结算前的准备工作，俗称算账和轧差。狭义的清算专指银行同业间在为彼此的客户服务中，致使银行同业之间产生债权债务关系，清讫双边或多边债权债务关系时要轧出商业银行的应收应付差额。

二、国际结算的分类

根据其产生原因的不同，国际结算分为国际贸易结算和非贸易国际结算。

（一）国际贸易结算

（1）有形贸易结算。它是指有形贸易引起的货币收付活动。

（2）记账贸易结算。它是两国政府所签订的贸易协定项下的商品进出口贸易结算。

（3）因国际资本流动所引起的商品贸易或资本性货物贸易的结算，如国际直接投资与企业跨国经营、买方信贷等。买方信贷是指由出口商国家的银行向进口商或进口商国家的银行提供的信贷，用以支付进口货款的一种贷款形式。其中，由出口方银行直接贷给进口商的，出口方银行通常要求进口方银行提供担保；如由出口方银行贷款给进口方银行，再由进口方银行贷给进口商或使用单位的，则进口方银行要负责向出口方银行清偿贷款。

（4）综合经济交易中的商品贸易结算。它既包含商品贸易又包含非商品贸易。比如，国际承包工程、“三来一补”贸易、“交钥匙工程”等，除了可以用货币清偿债权债务外，还可以用融资款项以及采用抵补、返销、互购、回购产品等方式结算。

（二）非贸易国际结算

（1）无形贸易结算：保险、运输、通信、旅游等劳务活动的收入与支出；资本借贷或国际直接投资与间接投资产生的利息、股息、利润等的收入与支出；广告费、专利费、银行手续费等其他劳务收支。

（2）金融交易类结算：金融资产买卖的结算，如外汇买卖，证券、股票、期权、期货等金融工具的买卖。

（3）国际资金单方面转移结算：发生在政府及民间的各种援助、捐助、赠款以及各种资金调拨行为等。

（4）银行提供的以信用担保为代表的一系列服务的结算：合同双方之外还需要第三方为交易提供的信用担保服务、资信调查服务、催收追账服务、融资服务、规避各种金融风险服务等。

（5）其他非贸易国际结算业务：国际非商品经济活动引起的资金跨国流动产生的各类非贸易结算业务，如外币兑换业务、侨汇业务、信用卡及旅行支票业务、托收境外财产业务等。

三、国际结算的主要内容

国际结算主要包括四大部分的内容，即国际结算中的信用工具（主要是票据）、国际结算的方式、国际结算中的单据和国际结算的融资。

（一）国际结算中的信用工具

信用工具是规定债权人与债务人存在权利与义务的书面契约凭证。广义的信用工具包括国库券、债券、存单等，而在国际结算中使用的信用工具主要是票据（汇票、本票和支票）。

票据是具有法律规定的格式，并且由付款人到期对持票人或其指定人执行无条件的付款命令或者承诺的书面凭证。票据是代表货物和资金转移的工具，被称为国际结算的基石，是国际结算研究的第一个对象。

（二）国际结算的方式

国际结算的方式是指货币收付的手段和渠道，是国际贸易结算的中心内容，包括汇款、托收、信用证这些传统的结算方式，以及银行保函、备用信用证、保理、福费廷等较为新兴的国际结算方式。

（三）国际结算中的单据

银行能够介入国际贸易从事结算、担保、融资等活动，就是以货物单据化为前提的。国际结算中处理的单据主要包括发票、保险单、运输单、装箱单、提单及其他有关的证明等。

（四）国际结算的融资

国际结算的融资是指进出口商利用票据及（或）单据，结合结算方式进行特定方式的融资（或融物）。例如，票据贴现、信托收据、进出口押汇、保理、出口信用保险项下融资等。

四、国际结算的产生及演变过程

国际结算是随着国际贸易的发展而逐渐产生并发展起来的，同时国际航运业、金融业以及现代通信技术的发展对国际结算的发展也起到了至关重要的作用。纵观国际结算的发展演变过程，具体呈现以下特点。

（一）从现金结算发展到非现金结算

国际结算的早期形式与个别、局部的国际商品贸易相适应，非常原始，即通过输送贵金属（黄金和白银）办理结算。使用贵金属结算导致可能出现的风险贴水以及清点费用和识别费用的增加。12 世纪，对外贸易发达的地中海沿岸的商人开始使用“兑换凭证”克服携带现金的不便；15 世纪后，又开始使用商业票据进行结算；到了 18 世纪，使用票据已成为各国普遍的做法。使用票据节省了时间和费用，降低了风险，促进了贸易的发展。

（二）从实物结算发展到凭单据结算

18 世纪末 19 世纪初，国际贸易开始迅速发展。商人通常需要租用船舶，在不同国家的港口停靠，购买当地商品。当时商人从事海上贸易大部分采用 FOB（离岸价）成交。商人当场看货，若决定买下，当场偿付，并指示卖方把货物交到他的船上。19 世纪末 20 世纪初，航运业、保险业和金融业的迅速发展为国际结算业务的发展提供了有利条件，海运提单已经发展成为可以转让的物权凭证，倚着货物收据、运输单据和物权单据的作用，交易双方的结算方式由交货付款变为凭单付款。同时，由于提单具有物权凭证的性质，银行不仅参与国际结算，而且可以以单据为抵押向进出口商提供资金融通，这样不仅扩展了银行的业务，也加快了商人的资金周转，逐渐形成了贸易结算与融资相结合的以银行为中心的结算体系。

（三）从买、卖双方直接结算发展到通过银行结算

国际贸易发展初期，买、卖双方多采用直接结算的方式。但随着银行业的迅速发展，银行机构设点从国内延伸到国外，或与国外银行建立代理行关系，这就为银行进行国际结算创造了有利条件。同时，为了国际资金划拨的方便，银行之间互设账户，形成了银行账户网络。为了使业务处理更加安全可靠，银行的总分行之间、分行之间、与代理行之间设立了鉴别真伪的印鉴密押系统，使银行在国内结算中心的基础上发展成为国际结算的中心。

五、国际结算的发展趋势

（一）国际结算和贸易融资更加紧密地结合

贸易融资是指围绕国际贸易结算的各个环节发生的资金及信用融通的经济活动。这项业务使银行可以获得利息收益，改善自身资产质量。不论是出口商还是进口商，只要符合规定的条件，即可从往来的结算银行处获得短期或长期的资金融通。这既能提高贸易的成交率，又能增加商品在国际市场上的竞争力，而银行也会从中受益。

（二）单据向无纸化方向发展

国际结算中，单据占有重要的地位，它起着资金结算、货物交接、物权转让以及索赔等作用。同时，随着国际结算业务的发展，单据的种类越来越多，使单据在其缮制、审核和传递的过程中耗费了大量的人力、物力。随着科学技术的发展，国际上越来越多地使用计算机和网络技术进行单据的制作、储存、传输、管理。

自 20 世纪 80 年代以来，电子数据交换（Electronic Data Interchange，EDI）被普遍运用。它是将贸易、运输、保险、银行和海关等行业的信息，用一种国际公认的标准格式形成结构化的事务处理或报文数据格式，通过计算机通信网络，使有关部门、公司和企业之间进行数据交换和处理，并完成以贸易为中心的全部业务过程。由于 EDI 具有准确、及时、低成本的优势，可以完全取代传统的纸质文件的交换，因此也有人称之为无纸贸易或电子贸易。目前，国际结算正朝着无纸化方向发展。

（三）结算技术网络化

在国际结算业务中，目前世界上有两大电子服务系统，通过电子计算机来完成资金划拨等业务，在国际结算中起着很大作用。这两大系统分别是 SWIFT（Society for Worldwide Interbank Financial Telecommunications，环球同业银行金融电讯协会）系统和 CHIPS（Clearing House Interbank Payment System，纽约清算所银行同业支付系统）。

（四）国际结算惯例与规则的作用在不断加强

在国际结算业务中，随着交易量的不断增加，发生的纠纷甚至在不同结算方式下的欺诈现象也相应增加，有关国际贸易惯例和规则如《跟单信用证统一惯例》《托收统一规则》《见索即付保函统一规则》《国际备用信用证惯例》等广泛应用于国际结算中，对协调和规范各国

贸易和结算业务发挥了巨大的作用。

拓展阅读

国际贸易惯例（International Trade Custom）是指在国际贸易实践中逐渐自发形成的，在某一地区、某一行业中普遍接受和经常遵守的任意性行为规范。

国际贸易惯例简介

国际贸易惯例本身并不是法律。贸易双方当事人有权在合同中达成不同于惯例规定的贸易条件。但许多国家在立法中明文规定了国际惯例的效力，特别是在《联合国国际货物销售合同公约》中，惯例的约束力得到了充分的肯定。在下列情况中，国际贸易惯例对当事人有约束力：第一，当事人在合同中明确表示选用某项国际惯例；第二，当事人没有排除对其已知道或应该知道的某项惯例的适用，而该惯例在国际贸易中为同类合同的当事人所广泛知道并经常遵守，则应视为当事人已默示地同意采用该项惯例。

主要国际贸易惯例

在国际贸易中，通行的主要惯例均由国际商会制定，主要有以下几种。

(1)《国际贸易术语解释通则》(2020 年)。

(2)《跟单信用证统一惯例》(2007 年)。

(3)《托收统一规则》(1995 年)。

(4)《国际保付代理惯例规则》(1994 年)(国际保理商联合会颁布)。

(5)《见索即付保函统一规则》(1992 年)。

国际惯例是国际法的一个重要渊源。上述惯例在国际贸易中均得到普遍遵守，是从事国际贸易的人员所必须熟知的重要内容。有关贸易术语的国际贸易惯例主要有 3 种，即《1932 年华沙—牛津规则》《1941 年美国对外贸易定义（修订本)》和《2020 年国际贸易术语解释通则》。

国际贸易惯例的特征

(1) 国际贸易惯例是在长期的国际贸易实践中自发形成的，其形成的过程不受政府机关的控制和制约。它的成文一般也是由商业自治团体自发地编纂而成的，这使它有别于依靠国家立法机关制定的国内法以及依靠各国之间的相互谈判、妥协而达成的国际条约。也正是这种非主权性，大大增强了国际贸易惯例的普遍适用性。

(2) 国际贸易惯例是为某一地区、某一行业的人们所普遍遵守和接受的，偶然的实践不能成为国际贸易惯例，这是国际贸易惯例的客观特征。这里的普遍遵守和接受并不要求人人都已经理解和接受，而只要从事这一行业的大多数人已经知道和接受即可，就可以推定其他人理应知道这种惯例的存在。早期的国际贸易惯例一般形成于一些比较大的港口、码头，慢慢地，一些合理的做法就为同行业的其他人们所接受。例如，美国西海岸的码头工会为保护自身利益而向集装箱货主征收近乎落地费性质的杂费，这种杂费就被各国的班轮公会列入班轮运价或班轮条款，因而这种做法就成了同业者之间的国际贸易惯例。

(3) 国际贸易惯例必须能使人们产生必须遵照此惯例办理的义务感和责任感，这是国际贸易惯例的主观特征。心理因素对于判断惯例的存在与否是至关重要的，单纯的经常性做法而没有相应的心理确信是不能构成国际贸易惯例的。在实践中是否存在这种心理上的确信是由主张方加以举证的，当然这可能会是非常困难的。

(4) 国际贸易惯例具有任意性，没有强制适用力。只有在当事人明示或者默示同意采用时，才对当事人具有法律效力。如果当事人明示或者默示地加以排除，则不能将国际贸易惯例强加给当事人。

国际贸易惯例的运用

当买、卖双方发生争议时，如果合同的规定与惯例矛盾，则法院或仲裁机构以合同的规定为准；如果合同的规定与惯例不抵触，则法院或仲裁机构以国际惯例的规定为准；如果合同中明确规定采用某种惯例，则这种惯例就有其强制性。

第二节 国际支付清算体系

随着国际经济贸易往来的不断发展，国际主要货币的跨国清算和支付日益增多。如何快速、高效地清算客户在途资金成为衡量一个银行服务质量和水平的重要标志，也是其竞争力的充分体现。各国中央银行都在开发本国的支付清算系统，并积极了解和参与国际支付清算体系。目前，世界上被广为接受的主要国际支付清算系统有美元支付清算系统、欧元跨国清算系统、伦敦自动清算支付系统、日本的清算系统和环球同业银行金融电讯协会系统。

一、美元支付清算系统

当今的国际贸易绝大多数是通过美元进行计价、支付并完成交易的。银行在进行美元资金的支付与划转过程中，必然涉及美元支付清算系统。

（一）纽约清算所银行同业支付系统

纽约清算所银行同业支付系统（Clearing House Interbank Payment System，CHIPS）是一个由纽约清算所协会（New York Clearing House Association，NYCHA）拥有，100 多家银行参与的电子支付系统。它建于 1970 年 4 月，是当前最重要的国际大额美元支付清算系统。

CHIPS 的成员分成两类：一类是清算用户，它们在联邦储备银行设有储备账户，能直接使用该系统实现资金转移；另一类是非清算用户，它们不能直接利用该系统进行清算，必须通过某个清算用户作为代理行，在该代理行建立代理账户实现资金的清算，如纽约的商业银行、埃奇法公司、投资公司以及外国银行在纽约的分支机构。参与 CHIPS 的银行必须向纽约清算所申请，经批准成为 CHIPS 会员。为了识别每笔付款，防止出现误付，每个会员银行都拥有一个美国银行协会颁发的号码，即 ABA 号码（American Bankers Association Number），作为参加 CHIPS 清算的代号。每个 CHIPS 会员银行所属客户在该行开立的账户，由纽约清算所颁发统一确认号码——UID 号码（Universal Identification Number），作为收款人的代码。凡通过 CHIPS 支付和收款的双方必须都是 CHIPS 的会员银行，只有这样才能经过 CHIPS 直接清算。

CHIPS 是一个贷记转账系统。在转账时，付款方命令银行将资金划转给收款方。此系统通常从当地时间 7：00 开始运行到 16：30，结算一般在 18：00 以前完成。在运行期间，每个参与者在营业日开始时的起始金额均为零。支付系统根据发送和接收的支付信息连续地计算每一个参与者的净头寸。每日 16：30 之后，清算所通知每个参与者的净头寸及结算参与者的总净头寸。如果一个结算参与者的净头寸为净借记，则该参与者必须在 17：45 之前将资金划转到支付系统结算账户上。待资金划转后，清算所将资金偿付给处于净贷记的结算参与者，并在 18：00 之前通知一天的结算完毕。

CHIPS 具有很高的可靠性，达到 99.99%。它维护着两个数据中心，两者之间通过光纤电缆连接。可以在几分钟之内从主系统切换到备份系统，保证支付指令和数据能安全存储于备份系统。CHIPS 还支持 EDI，这样不仅可以减少信息传送失误，而且提高了效率，促进相互间的合作关系。

CHIPS 从 1970 年开始运行，代替了原有的纸质清算支付，为企业间和银行间的美元支付提供清算和结算服务。从 1988 年起，CHIPS 归 CHIP Co. 公司所有并处于其管理之下。所有 CHIPS 的参与者都是 CHIP Co. 的成员。CHIP Co. 由一个 10 人董事会进行管理；根据 CHIPS 参与者的交易量，董事会中有 4 人从其中选出，其余 6 人由清算所任命。CHIPS 作为一个私营的支付清算系统，在以美元进行交易结算和清算方面，已成为一种国际通用方式，对 FEDWIRE 有很强的替代性。

CHIPS 的特点：①为实时的、大额的、多边的、终局性支付；②具有最大的流动性，1 美元可日周转 500 次；③免除了日透支费；④可以提供在线现金管理工具；⑤给公司客户传输汇款相关信息；⑥服务于国内市场和国际市场，可处理超过 95%的美元跨境支付；⑦每日日终进行净额清算的资金转账。

（二）联邦资金转账系统

联邦资金转账系统（Fedral Reserves Wire Transfer System，FEDWIRE）是美国联邦储备银行拥有并运行的全美范围内的大额资金转账系统。它提供实时的全额结算转账服务，主要用于纽约州以外的美国境内银行间的资金划拨。它同样也是一个贷记转账系统，即由付款者发出结算指示。

该系统的参与者可以是联邦储备成员银行、在美国联邦储备银行设有存款账户的金融机构和美国境内的外国银行。

在美国联邦储备银行开设账户的银行可以直接利用此系统发送和接受支付，有 1 万多家金融机构使用此系统进行转账服务。此系统的运行时间从美国东部时间 12：30 开始，运行至 18：30，每笔业务经处理后单独结算。发送机构授权联邦银行将一定金额借记于其在联邦储备银行的账户，接受机构授权联邦储备银行贷记于其在美联储的账户。

FEDWIRE 1 美元日周转为 12 次，远低于 CHIPS。此外，该系统要征收日透支费，银行支付给 FEDWIRE 的日透支费约为 2 400 万美元。

二、欧元跨国清算系统

1999 年 1 月 1 日欧洲统一货币欧元产生以后，为了建立与货币支付方式相适应的跨国支付系统，以保证欧元区资金的自由流动，解决跨国界的银行与客户、银行与银行之间的款项往来、资金调拨问题，在欧洲货币联盟内部出现了以下 3 种主要的跨国欧元清算系统。

（一）泛欧自动实时总额清算系统

泛欧自动实时总额清算系统（Trans-European Automated Real-time Gross settlement Express Transfer System，TARGET）隶属于欧洲中央银行，是建立在区内 15 个国家原有的国内清算系统上，通过连接 15 个国家的资金清算系统及原欧洲货币单位（ECU）的清算系统，并借助 SWIFT 网络组成的欧元跨国清算系统。其他的欧元跨国清算系统大体上也是通过连接欧元区内各国的不同清算系统而形成的。TARGET 体系的 16 个系统如下：①欧元区有芬兰 BoF-RTGS、荷兰 TOP、比利时 ELLIPS、卢森堡 LIPS-Gross、欧洲中央银行 EPM、德国 ELS、法国 TBP、奥地利 ARTIS、意大利 BI-REL、西班牙 SLBE、葡萄牙 SPGT、爱尔兰 IRIS、希腊 HWRMES Euro；②非欧元区有丹麦 DEBES、瑞典 Euro-RIX、英国 CHAPS-Euro。

TARGET 是一种贷记转账支付系统，是为了有效贯彻欧洲中央银行体系的单一货币政策，保证当天完成欧元跨国大额收付款业务而设立的。该系统开始运行于 1999 年 1 月 1 日，是通过欧洲中央银行、各参加国中央银行、各参加国内部 RTGS（实时总额结算）清算系统（也是即时清算）来完成资金清算的。TARGET 的清算流程如图 1-1 所示。

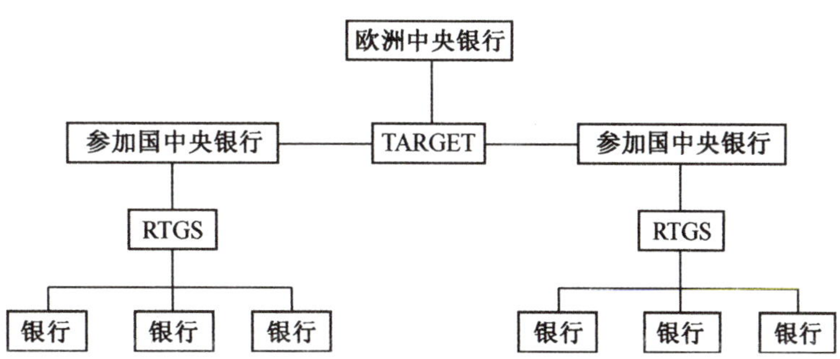

图 1-1　TARGET 的清算流程

TARGET 适用于欧洲中央银行与参加国中央银行之间的货币交付、商业银行间大额款项调拨的清算以及客户大额即时收付款项的清算。

该系统的特点：①款项必须是大额的，且每笔都要有即时的头寸，不能透支；②清算效率高，几分钟内可完成一笔；③清算时间从上午 7：00 到下午 6：00，款项当天支付，当天最终交收，当天起息；④清算是无条件的，不可改变及撤销；⑤款项是每笔分开清算的，一天内系统可完成 10 万笔；⑥由于清算时必须经过 5 家银行，清算成本较高，每笔花费 1.5～3 欧元；⑦本系统用户间不需要签订系统使用协议，亦不需交换用户密码。

2007 年 11 月 19 日，欧洲央行宣布，新的欧元区支付系统 TARGET2 自当天开始在德国等 8 个国家正式启用。

欧洲央行计划分 3 批推行 TARGET2。第一批在德国、立陶宛、拉脱维亚、卢森堡、马耳他、奥地利、斯洛文尼亚和塞浦路斯推行。第二批于 2008 年 2 月 18 日在比利时、芬兰、法国、爱尔兰、荷兰、葡萄牙和西班牙推行。第三批在丹麦、爱沙尼亚、欧洲央行、希腊、意大利和波兰推行，它们已于 2008 年 5 月 19 日加入该系统。

由欧盟和欧洲央行共同推行的 TARGET2 是欧元区支付系统的一大创新，它克服了原有 TARGET 在结构上的一系列缺陷。此外，它还将对计划中的单一欧洲支付区（SEPA）作出贡献。欧洲央行希望通过建立 SEPA，统一区域内本地交易与跨国交易的费率，降低客户的交易成本，促进标准化技术平台的开发，为欧洲金融业提供公平的竞争环境。

（二）欧洲银行协会的欧元清算系统

欧洲银行协会（European Bank Association，EBA）成立于 1985 年，总部设在巴黎。根据其组织章程规定，凡是在当时欧共体国家设有总部或分支机构的商业银行均可申请成为 EBA 的成员银行。获得成员银行资格 2 年后，在符合 EBA 清算规则的基础上，可进一步申请成为 EBA 的清算银行。欧洲银行协会的欧元清算系统（以下简称 EBA 清算系统）以前专为欧洲货币单位支付提供服务，该系统有 49 家清算银行。1999 年后，欧洲货币单位以 1∶1 汇价转为欧元，EBA 改为以欧元清算。

该系统用于货币市场、外汇交易的清算和证券清算以及跟单托收、光票托收的支付。

该系统的特点：①可以即时支付，也可以非即时支付；②款项可以多笔打包清算；③清算行之间的款项交付可当天起息；④效率高，一天可完成 30 万笔；⑤清算款项可撤销及更改；⑥成本低，每笔花费 0.25 欧元；⑦现在已有 49 个国家加入 EBA 清算系统；⑧为避免风险，会员需缴纳保证金；⑨每日营业终了，需做日终净额清算。

（三）区域性支付系统

区域性支付系统主要有法兰克福的欧元支付系统（Euro Access Frankfurt，EAF）和银行网络清算。

1. 法兰克福的欧元支付系统

该系统采用 SWIFT 格式，以大额大宗方式交易，包括外汇、货币市场及国内商品交易的资金移转，转移成本低，但处理速度不及 TARGET，是欧元区内仅次于 TARGET 的极具竞争力的支付系统。

2. 银行网络清算

欧元的推出及固定汇率制的采用，使少数欧洲大银行能充分利用自身在欧洲的分支行网络系统为客户服务。它们以总部为龙头，下属分支机构可直接进入当地的清算系统将款项支付出去。此方式最大的优点是，只需在该大银行总部开立一个账户，即可通过该行网络系统与欧洲各地进行资金往来。同时，由于是同一家银行的网络，服务质量有保证，查询相对简单。该方式通过欧洲网络银行，利用在欧盟（EMU）各成员国的总、分行，使用既有的银行网络与地方网络联机，实现地方性资金的移转。

但是，这种以现金为支付手段、以银行为支付中介的支付方式，仍然没有改变付款人在支付过程中的主动地位。在企业之间的交易支付过程中，付款方不主动支付货币资金，收款方的资金就不能回笼，因而债务衍生机制依然存在。除了法律手段外，没有其他机制能抑制债务关系的衍生和发展。

三、伦敦自动清算支付系统

伦敦自动清算支付系统（Clearing House Automatic Payment System，CHAPS）是一种有关银行进行英镑支付时采用的电子清算系统。它创建于 1984 年，由 12 家清算银行组成。非清算银行进行英镑支付时，须借助这 12 家清算银行来完成。该系统的特点是用高度自动电脑化的信息传递，部分取代了依靠票据交换的方式，使以伦敦城外的交换银行为付款人的部分交易（1 万英镑以上）也可实现当天结算。

参加 CHAPS 的银行付款电报都使用统一格式，它有 8 条信息信道，分别设有对出、入的收付电报自动加押和核押的软件装置及信息储存装置。此外，每个信道都有一个自动加数器，它可把发给或来自其他信道的付款电报所涉及的金额，根据不同收款行分别加以累计，以便每天营业终了时，交换银行间进行双边对账和结算，其差额通过它们在英格兰银行的账户划拨来结清。

四、日本的清算系统

日本的清算系统称为日本银行金融网络系统（Bank of Japan Financial Network System，BOJ-NET），其功能是通过在线网络处理日本银行与金融机构之间的交易。

早在 1982 年，日本银行就开始开发 BOJ-NET。1988 年 10 月，在完成各种测试后，经由日本银行账户进行资金划拨的服务系统投入使用。1989 年 3 月，外汇与日元结算服务系统也相继投入使用。1990 年 5 月，又开发了日本政府债券服务系统。

BOJ-NET 运作之初，有 332 个参与者。至 1990 年年底，外汇与日元结算服务系统及日本政府债券服务系统都投入使用后，参与者达到 448 个，增长了 30%。1990 年 10 月，BOJ-NET 日平均交易量为 22 000 笔，交易额达 264 万亿日元。

BOJ-NET 的产生降低了支付成本，提高了支付效率，增强了支付系统的稳定性，成为全球可接受的支付系统。

五、环球同业银行金融电讯协会系统

环球同业银行金融电讯协会（Society for Worldwde Interbank Financial Teleconmmunications，SWIFT）成立于1973年5月，其总部设在比利时的布鲁塞尔，同时在荷兰阿姆斯特丹和美国纽约分别设有交换中心，并为各参加国开设集线中心，为国际金融业务提供快捷、准确、优良的服务。SWIFT是为了解决各国金融通信不能适应国际支付清算的快速增长而设立的非营利性组织，负责设计、建立和管理SWIFT国际网络，以便在该组织成员间进行国际金融信息的传输和确定路由。最初由来自美国、加拿大和欧洲的15个国家的239家银行发起成立，现已在全世界拥有会员银行上万家。SWIFT运营着世界级的金融电文网络，银行和其他金融机构通过它与同业交换电文来完成金融交易。除此之外，SWIFT还向金融机构销售软件和服务，其中大部分用户都在使用SWIFT网络。

SWIFT的设计能力是每天传输1 100万条电文，而当前每日传送500万条电文，这些电文划拨的资金以万亿美元计，它依靠的便是其提供的240种以上电文标准。SWIFT的电文标准格式已经成为国际银行间数据交换的标准语言。这里面用于区分各家银行的代码就是SWIFT code，依靠SWIFT code便会将相应的款项准确地汇入指定的银行。SWIFT自投入运行以来，以其高效、可靠、低廉和完善的服务，在促进国际贸易的发展、加速全球范围内的货币流通和国际金融结算、促进国际金融业务的现代化和规范化方面发挥了积极的作用。

中国银行于1983年加入SWIFT，是SWIFT组织的第1 034家成员行，并于1985年5月正式开通使用，这成为我国与国际金融标准接轨的重要里程碑。之后，我国的各国有商业银行及上海和深圳的证券交易所，也先后加入SWIFT。采用该系统，全部后台作业可以完全摆脱手工作业，实现自动化处理，从而大大降低成本，减少差错，节约收汇和结汇时间，加速资金周转，提高国际结算业务的效率。

拓展阅读

“赫斯塔特风险”一说的由来

赫斯塔特银行（Bank of Herstatt）是原联邦德国的一家小银行，在外汇交易方面非常积极。由于该行在国际外汇市场上过度从事投机活动，以致无力履行责任，于1974年7月26日（德国时间）下午德国银行同业间系统的所有结算发生后，被原联邦德国银行监管机构下令关闭。原联邦德国银行监管机构是在欧洲市场收市后，但纽约市场却是在运作期间宣布关闭该银行的。当时，外汇交易的欧洲部分已结算，但当赫斯塔特银行倒闭的消息传到纽约后，所有涉及该行的交易均告中止，因此那些在欧洲方面已付了款的交易对手，未能在纽约收到相应数额的美元，所滞留的6.20亿美元的外汇交易未能完成。这在当时是一个大数字，从而造成了国际外汇市场的全球性结算危机。尽管最终部分损失得以补偿，但赫斯塔特风险仍作为结算风险的例子而闻名于世。在20世纪90年代末引进实时总额结算（RTGS）之前，赫斯塔特风险是国际银行业的主要威胁之一。

本章小结

本章是国际结算课程基础内容的导入部分，重点介绍了国际结算的概念、国际结算学科研究的对象和原则、国际结算的历史发展过程、实现国际结算的条件、当今国际结算的发展特点及世界上主要的国际支付清算系统。通过本章的学习，读者可以初步了解国际结算学科的知识体系，为后面章节的学习打下牢固的基础。

思考练习

1. 国际贸易结算经历了哪几个历史发展过程?
2. 国际结算的发展出现了哪些新的特点?
3. 世界范围内有哪些国际支付清算系统，各有什么特点?

第二章

国际汇款业务操作

学习目标

- 了解国际汇款的定义、特点、当事人和种类；
- 了解 SWIFT；
- 掌握境外汇款申请书的内容；
- 掌握 SWIFT MT103 报文内容；
- 掌握银行即期汇票内容；
- 掌握国际汇款的业务流程；
- 能够以汇款人身份根据贸易合同填写境外汇款申请书；
- 能够以汇出行身份受理国际汇款申请，缮制 SWIFT 报文和银行即期汇票；
- 能够以汇入行身份办理汇入汇款业务。

第一节　汇出国外汇款

一、认知国际汇款业务

（一）国际汇款的定义及当事人

汇款（Remittance）也叫汇付，是指付款方通过银行将款项主动汇交收款方。国际汇款（International Remittance），是指付款方向本国银行申请，接受申请的银行通过其国外联行或代理行，将款项付给国外收款方的一种结算方式。

国际汇款方式涉及 4 个当事人：汇款人（Remitter）、收款人（Payee）、汇出行（Remitting Bank）、汇入行/解付行（Receiving Bank/Paying Bank）。

汇款人是付款方，一般是债务人，如国际贸易中的进口方。

收款人一般是债权人，如国际贸易中的出口方。

汇出行是付款方所在国的银行，是接受汇款人的委托，将资金汇出的银行，其所办业务叫汇出国外汇款业务。

汇入行是接受汇出行委托，将资金付给收款方的银行，其所办业务称为国外汇入汇款业务。

在国际汇款方式中，汇款人和汇出行之间、汇出行和汇入行之间都是委托代理关系。

知识链接

顺汇和逆汇

国际结算方式包括国际汇款、国际托收、国际信用证等，如果按照资金的流动方向和结算工具的传递方向相同与否来划分，可将国际结算分为顺汇和逆汇。

顺汇是指资金的流动方向和结算工具的传递方向相同，通俗地讲，是付款方主动“交钱”，即付款方主动将资金交给本国银行，委托该银行使用某种结算工具，通过收款方所在国银行将资金交给收款方。资金的流向和结算工具的传递方向相同，如图 2-1 所示，都是由付款方指向收款方，结算的起点在付款方。

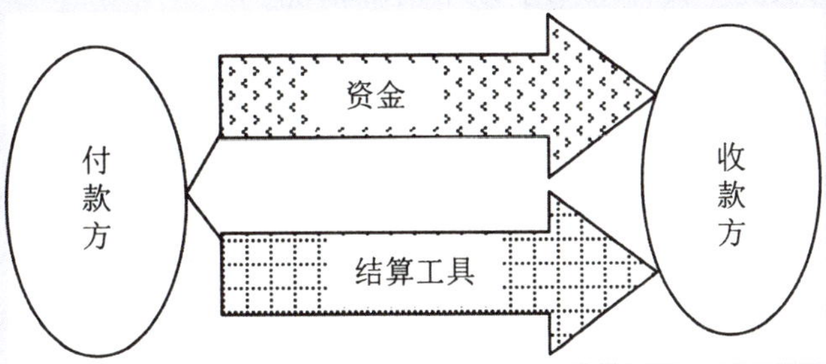

图 2-1　顺汇

逆汇是指资金的流动方向和结算工具的传递方向相反，通俗地讲，是收款方"要钱"，即收款方委托本国银行，使用某种结算工具，通过付款方所在国银行要求付款方付款；付款方付款后，由付款方所在国银行将资金转移给收款方银行，再由该银行交给收款方。如图 2-2 所示，结算工具由收款方向付款方传递；资金从付款方流向收款方，结算的起点在收款方。

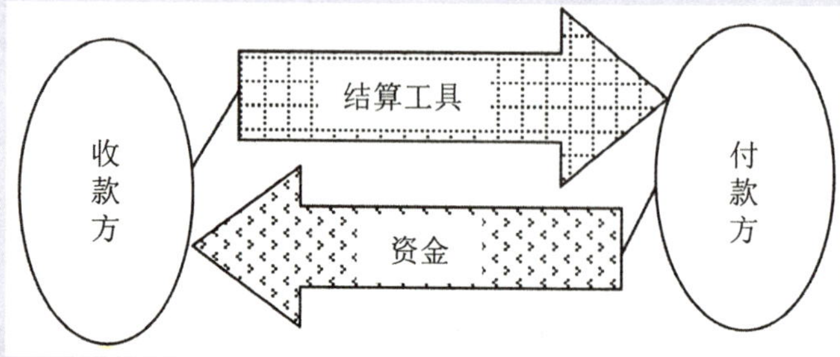

图 2-2 逆汇

资料来源：侯迎春，张文娟. 国际结算［M］. 北京：中国金融出版社，2019.

（二）国际汇款的种类

如表 2-1 所示，按照结算中使用的支付工具，国际汇款分 3 种，即电汇、信汇和票汇。其中，电汇应用最普遍，票汇应用较普遍，信汇较少应用。

表 2-1 国际汇款的种类

种类	结算工具	特点
电汇（T/T）	电报、电传、SWIFT	安全、可靠、迅速、收款快，但费用高
信汇（M/T）	信汇委托书（M/T Advice）、支付委托书（Paymem Order）	费用低，但结算时间长、收款慢
票汇（D/D）	银行即期汇票	汇款人自行将汇票传递给收款人，收款人向汇入行提示汇票

（三）国际汇款结算方式的实际应用

国际汇款结算方式的特点是风险大、资金负担不平衡、手续简便、费用少。因此，这种结算方式在被应用于国际贸易货款结算时，进出口双方往往是彼此信任的老客户，或是货物处于热销、滞销或试销状况，具体应用于以下两种情况。

1. 国际贸易货款的结算

（1）预付货款（Payment in Advance），也称先结后出，是进口商先将货款的一部分或全部汇交出口商，出口商收到货款后，立即或在一定时间内发运货物的一种汇款结算方式。它又分为随订单付现（Cash with Order）和付部分货款或定金（Down Payment）两种。如果采用电汇，称为前 T/T。

（2）货到付款（Payment Upon Arrival of the Goods），是先出后结，出口商先发货，待进口商收到货物后，立即或在一定期限内将货款交出口商的一种汇款结算方式。它又分为交货付款（Cash on Deliveiry）和寄售（Consignment）两种。如果采用电汇，称为后 T/T。

对于预付货款来说，进口方将款项汇出后能否收到与合同相符的货物取决于出口方的商业信用；对于货到付款来说，出口方发货后能否收到货款取决于进口方的商业信用。在整个国际汇款结算过程中，银行只起到结算中介的作用，不承担任何信用保障，也不提供资金融通的便利。可见，国际汇款是建立在商业信用基础上的一种结算方式。

2. 国际贸易从属费用的结算

在国际贸易中发生的运费、保险费、广告费、包装费等费用，或佣金、退款、赔款、利息等款项，往往采用汇款方式结算。这些费用或款项一般金额较小，采用手续简便、费用少的汇款方式结算是明智之举。

除上述应用外，国际汇款结算方式较普遍地应用于个人金融服务之中，如出国留学、国际商旅、投资移民、外派工作等的资金转移。

知识链接

人民币国际化的起点——跨境贸易人民币结算

2009 年 4 月 8 日，国务院常务会议正式决定，在上海、广州、深圳、珠海、东莞等城市开展跨境贸易人民币结算试点，迈开了人民币走向国际化的关键一步。

跨境贸易人民币结算是指经国家允许指定的、有条件的企业在自愿的基础上以人民币进行跨境贸易结算，商业银行在中国人民银行规定的政策范围内，可直接为企业提供跨境贸易人民币相关结算服务。

为全面收集人民币跨境业务信息，支持中国人民银行对跨境人民币业务的管理，人民币跨境收付信息管理系统（RMB Cross-Border Payment & Receipt Management Information System，RCPMIS）于 2009 年 7 月在 5 个试点城市正式上线，接收商业银行上报的跨境业务信息；2009 年 8 月 30 日与海关总署联网，接收海关报关单信息；2009 年 12 月 8 日向税务总局、海关总署发送人民币跨境收付信息。

2015 年 10 月，人民币跨境支付系统（Cross-Border Payment System，CIPS）一期成功上线，直接参与者共 19 家机构，间接参与者共 176 家机构，这些参与者覆盖 6 个大洲的 50 个国家和地区。目前，CIPS 二期也已上线，系统功能日臻完善。至 2019 年 6 月中旬，CIPS 累计处理业务 400 多万笔，金额超过 60 万亿元，直接参与者已增加到 31 家机构，间接参与者增加至 800 家机构，覆盖全球 90 多个国家和地区。

自 2016 年 10 月 1 日人民币正式加入 SDR（Special Drawing Right，特别提款权）以来，人民币的国际使用得到推进，根据 SWIFT 统计，2019 年 11 月，人民币全球支付货币排名第 5 位，市场占有率 1.93%。

资料来源：根据中国人民银行官网 http：//www.pbc.gov.cn/及《中国金融》杂志微信公众号发布的关于人民币国际化的阶段性信息加以整理。

二、国际汇款业务流程

(一)国际电汇业务流程

如图 2-3 所示，国际电汇业务流程可以概括为以下几个步骤。

(1) 汇款人填写境外汇款申请书，在“汇款方式”一栏中选择电汇，并交款付费给汇出行。

(2) 汇出行对汇款申请书审核无误后，收妥资金和汇款手续费，将回执一联交给汇款人。

(3) 汇出行通过电报（加押）或电传或 SWIFT 方式向汇入行发出汇款委托书（Payment Order，P/O）。

(4) 汇入行收到委托书后，对密押进行核对（SWIFT 系统自动核押），以确保业务的真实性，核对无误后通知收款人收款。

(5) 收款人收到通知，到汇入行按照要求在收据联上签收。

(6) 汇入行按照电汇委托书的偿付指示落实头寸后，将款项付给收款人。

(7) 汇入行将付讫借记通知书发给汇出行，通知汇款已经解付。

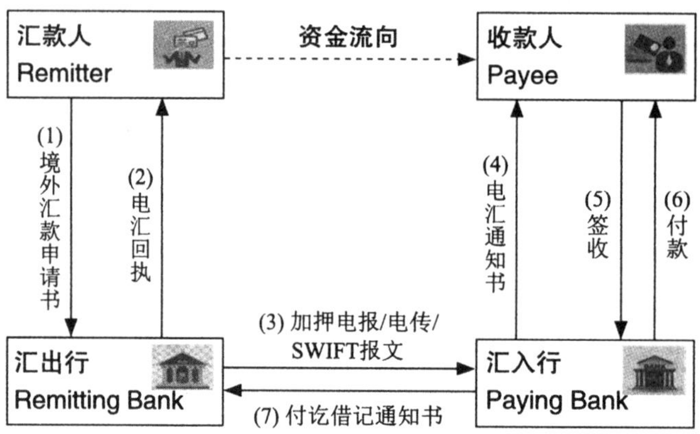

图 2-3 国际电汇业务流程

电汇在国际汇款中的应用最为普遍，其结算工具是通过电报、电传或 SWIFT 方式发出的报文。

(二)国际票汇业务流程

如图 2-4 所示，国际票汇业务流程可以概括为以下几个步骤。

(1) 汇款人填写境外汇款申请书，在“汇款方式”一栏中选择票汇，并交款付费给汇出行。

(2) 汇出行对汇款申请书审核无误后，收妥资金和汇款手续费，并开立银行即期汇票交给汇款人。

(3) 汇款人将汇票寄给收款人（或自行带到收款国）。

(4) 汇出行向汇入行寄出票汇通知书。

(5) 收款人提示银行即期汇票给汇入行要求付款。

(6) 汇入行审核银行即期汇票，落实头寸，凭票解付汇款给收款人。

（7）汇入行将付讫借记通知书发给汇出行，通知它汇款已经解付。

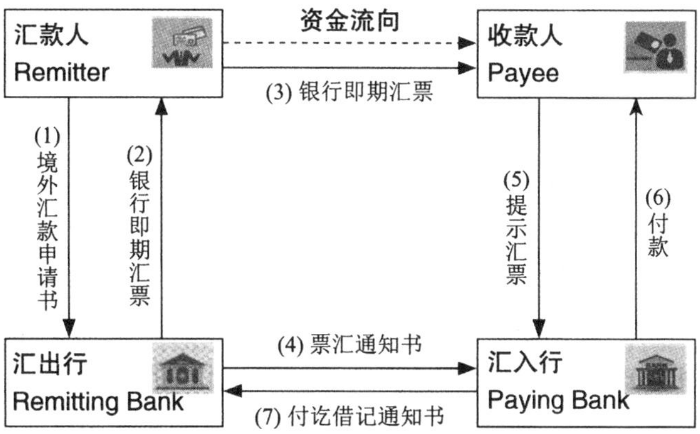

图 2-4 国际票汇业务流程

票汇业务所使用的结算工具是银行即期汇票，真实无误的汇票成为付款的依据。

（三）国际信汇业务流程

如图 2-5 所示，国际信汇业务流程可以概括为以下几个步骤。

（1）汇款人填写境外汇款申请书，在“汇款方式”一栏中选择信汇，并交款付费给汇出行。

（2）汇出行对汇款申请书审核无误后，收妥资金和汇款手续费，将回执一联交给汇款人。

（3）汇出行向汇入行寄出信汇委托书，作为汇出汇款的指示。

（4）汇入行收到委托书后，核验委托书上的印鉴，以确保业务的真实性，核对无误后通知收款人收款。

（5）收款人收到通知，到汇入行按照要求在收据联上签收。

（6）汇入行按照信汇委托书的偿付指示落实头寸后，将汇款付给收款人。

（7）汇入行将付讫借记通知书发给汇出行，通知它汇款已经解付。

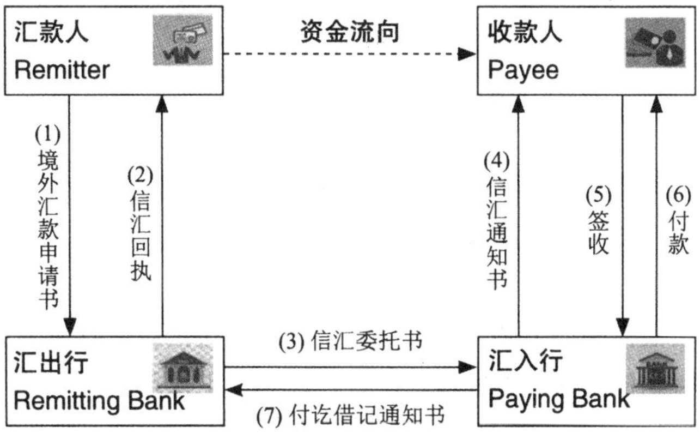

图 2-5 国际信汇业务流程

目前，信汇在国际结算中的应用越来越少，其结算工具是信汇委托书。

综上所述，从业务流程图可以看出，无论是电汇、票汇还是信汇，资金的流动方向与结算工具的传递方向都相同，所以，国际汇款结算方式属于顺汇结算方式。

拓展阅读

发生在国际信汇业务中的争议

中国的A银行发信汇通知书给日本的B银行，收款人是B银行的客户。由于A银行和B银行间没有账户往来关系，A银行就电报通知其境外账户行C银行，将资金调拨给B银行。事后，双方就因此而产生的电报费用引发争议。A银行以电报方式通知C银行是否妥当呢？显然不妥当，因为客户选择信汇，就是为了降低结算成本，而A银行采用电报方式通知账户行调拨资金，成本太高，失去了信汇的意义。

国际信汇业务虽然应用较少，但本案从一个角度说明了信汇并未被完全取代的原因。信汇具有费用低的优点，在汇款货币利率较低、汇率较稳定、汇款金额不大、速度要求不高、汇出行和汇入行有直接账户关系等情况下，仍然有其适用性。

三、汇出汇款业务处理

汇出汇款业务涉及汇款人和汇出行，汇款人要填写境外汇款申请书。如图 2-6 所示，汇出行首先要审核客户资料和申请书，然后落实汇出资金，做好汇出汇款登记，再向国外汇入行发出汇款指示。如果是通过 SWIFT 电汇，则要缮制 MT103 报文；如果是票汇，则要开立银行即期汇票；如果是信汇，则要缮制信汇委托书。

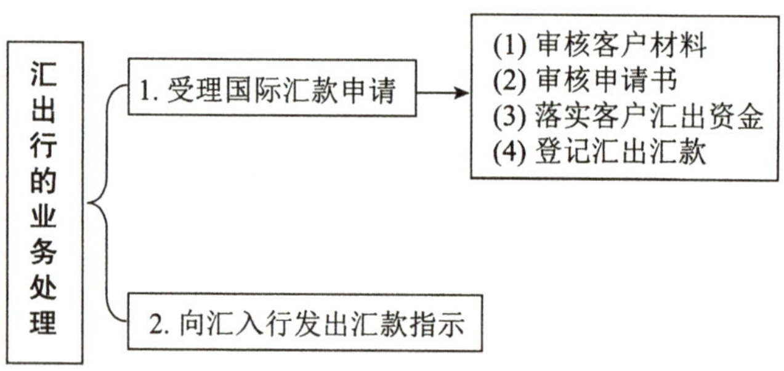

图 2-6　汇出行的业务处理

汇款人申请办理汇出汇款需符合国家有关外汇管理规定，提交证明交易真实性的有效凭证，如合同、商业发票、国际收支申报表（如需）、贸易进口付汇核销单（如需）等。为深化通关作业无纸化改革，完善货物贸易外汇服务和管理，进一步减少纸质单证流转，优化营商环境，国家外汇管理局和海关总署联合发布公告：自 2019 年 6 月 1 日起，全面取消报关单收、付汇证明联和办理加工贸易核销的海关核销联。企业办理货物贸易外汇收付和加工贸易核销业务，按规定须提交纸质报关单的，可通过中国电子口岸自行以普通 A4 纸打印报关单并加盖企业公章。

商业银行受理贸易项下的汇出汇款业务申请后，经办人员首先要审核汇款人的付汇资格，通过联网查询国家外汇管理局发布的“对外付汇进口单位名录”核查。本地客户在“对外付汇进口单位名录”中且没有被列入“由外汇局审核真实性的进口单位名单”，则客户具备对外付汇资格；本地客户不在“对外付汇进口单位名录”中或在“对外付汇进口单位名录”但同时被列入“由外汇局审核真实性的进口单位名单”，则客户还需提交由国家外汇管理局签发的进口付汇备案表；异地客户进行贸易项下付汇，需提交由国家外汇管理局签发的进口付汇备案表。

知识链接

关于商业银行开展贸易真实性审核工作的规定

为提升贸易便利化水平，根据《中华人民共和国外汇管理条例》等规定，国家外汇管理局于2017年4月4日发布通知，决定向商业银行开放货物贸易外汇监测系统（银行版）（以下简称系统）“报关信息核验”模块。通知规定如下。

一、办理单笔等值10万美元（不含）以上货物贸易对外付汇业务（离岸转手买卖业务除外，下同），银行在按现行规定审核相关交易单证的基础上，原则上应通过系统的“报关信息核验”模块，对相应进口报关电子信息办理核验手续；银行能确认企业对外付汇业务真实合法的，可不办理核验手续。

办理单笔等值10万美元以下货物贸易对外付汇业务，银行可按照“了解客户、了解业务、尽职审查”的原则，自主决定是否通过系统对相应进口报关电子信息办理核验手续。

二、企业办理货物贸易对外付汇业务，应向银行提供真实的报关信息。

三、银行应按以下方式在系统中办理进口报关电子信息的核验手续。

（一）对于已完成进口报关手续的，银行自办理货物贸易对外付汇业务之日起5个工作日内，按照本次货物贸易对外付汇金额，在系统中办理核验手续。

（二）对于未完成进口报关手续的，银行应要求企业在完成报关手续之日（即进口日期，下同）起40日内提供相应的报关信息，并按照本次货物贸易对外付汇金额，在系统中补办核验手续。

（三）对于已完成进口报关手续但企业因合理原因无法及时提供报关信息的，银行确认交易真实合法后为其办理付汇业务，在企业完成报关手续之日起40日内补办理核验手续。对于上述确实无法提供报关信息的，银行应在系统中对该笔付汇业务进行记录。

（四）对于因溢短装等合理原因导致货物贸易实际对外付汇金额大于报关金额的，银行在系统中办理核验手续时，应注明原因。

四、对于存在下列情况之一的企业，银行应逐笔在系统中对企业加注相应标识，企业的标识信息通过系统向全国银行开放：

（一）未在规定期限内提供报关信息且无合理解释的；

（二）涉嫌重复使用报关信息且无合理解释的；

（三）涉嫌使用虚假报关信息的；

（四）其他需加注标识的情况。

企业的标识信息保存期限为24个月。由于银行操作失误导致企业被误标识的，经银行内部审批后，银行可撤销相关企业的标识信息。

五、对于因数据传输不完整等原因造成系统缺失相应进口报关电子信息的，银行确认交易真实合法后为其办理付汇业务，并及时在系统中补办理核验手续。对于系统始终缺失进口报关电子信息的，银行应在系统中对该笔付汇业务进行记录。

资料来源：国家外汇管理局网站 http：//www.safe.gov.cn/。

（一）境外汇款申请书的内容及填写方法

境外汇款申请书样式如表 2-2 所示，其各项栏目的填制方法如下所述。

（1）致（To）：××银行，填写汇出行名称。

（2）日期：填写客户去银行办理业务的日期，如 May 11，2019。

（3）汇款方式：如果选择电汇，则在“电汇 T/T”前的方框里画“√”，表示选中。

（4）发报等级：在“普通”和“加急”中进行选择。一般银行的 SWIFT 系统设置默认发送“普通”级别报文。由于多数银行通常是 24 小时接收报文，因此两个级别差别不大。一般此栏可以不填写。

（5）申报号码：由银行根据国家外汇管理局有关申报号码的编制规则编写。

（6）20 银行业务编号：这里“20”是使用 SWIFT 发送报文时的项目代码，这项内容表示“发报行给该汇款业务的参考号”，所以，此栏由汇出行填写，标明该笔业务在汇出行的业务编号。

申请书中的“20、32A、50a 等”代表的是采用 SWIFT 系统发送信息时不同项目的代码。

（7）收电行/付款行：由汇出行填写。

（8）32A 汇款币种及金额：此栏指汇款人申请汇出的实际付款币种及金额，用国际标准化组织（ISO）代码表示币种，用阿拉伯数字写出汇款的总金额。

（9）金额大写：用英文把实际汇款金额翻译成大写，例如，汇款金额是 USD 162 000.00，此栏填写 U.S. DOLLARS ONE HUNDRED AND SIXTY TWO THOUSAND ONLY。

（10）相应金额及账号：“现汇金额”是指汇款人申请汇出的实际付款金额中直接从外汇账户或以外币现钞支付的金额，“购汇金额”是指汇款人申请汇出的实际付款金额中用本币向银行购买外汇直接对境外支付的金额，“其他金额”是指汇款人除购汇和现汇以外对境外支付的金额，包括跨境贸易人民币结算以及记账外汇的金额；“账号”是指银行对境外付款时扣款的账号。

（11）50a 汇款人名称及地址：一般是国际贸易中进口商公司全称和地址，即汇款人预留银行印鉴，或国家市场监督管理总局颁发的组织机构代码证，或国家外汇管理局及其分支局签发的特殊机构代码赋码通知书上的名称及地址。对私业务填写个人身份证件上的姓名及住址。

（12）对公或对私业务：对公业务，填写组织机构代码，按照国家市场监督管理总局颁发的组织机构代码证上的代码，或已由国家市场监督管理总局核准的统一社会信用代码，或国家外汇管理局及其分支局签发的特殊机构代码赋码通知书上的单位组织机构代码，或特殊机构代码填写；对私业务，在“中国居民个人”和“中国非居民个人”中选择。

(13) 54/56a 收款银行之代理行名称及地址：在汇出行和汇入行没有往来账户的情况下，需要通过中转行划拨头寸。如果需要中转行，在没有特殊要求的情况下也可以留空，由汇出行填写中转行的名称、所在国家、城市及其在清算系统中的识别代码。

(14) 57a 收款人开户银行名称及地址：汇出行一般把收款人在出口地的开户行定为汇入行，需填写该开户行的名称、所在国家、城市及其在清算系统中的识别代码。如果该开户行和汇出行没有往来账户，最好填写收款人开户银行在其中转行的账号。

(15) 59a 收款人名称及地址：一般填写国际贸易中出口商公司全称、地址和账号。

(16) 70 汇款附言：对所汇款项的必要说明。要注意容量，这里只限填 140 个字符。此栏可以填写合同号码。

还要注意的是，在实际业务中，出现过汇给阿联酋的美元因为附言中提到某国而被冻结的情况。美国的清算系统自动筛选敏感字眼，如果发现受美国制裁的国家相关信息，资金就可能会被冻结。这类国家和地区清算时，如果要用美元结算只能通过伦敦、中国香港等金融中心清算。

(17) 71A 国内外费用承担：办理境外汇款时发生的国内外费用承担分 3 种方式，即汇款人承担、收款人承担、双方共同承担。境外清算费由对方承担时，如果汇入行与汇出行属同一家银行或有互开往来账户关系，则款项一般可全额汇达对方；如果没有以上关系，款项将通过另一家或几家银行转至收款行，每家转汇行都会从中扣收一笔转汇费。

(18) 收款人常驻国家（地区）名称及代码：查询银行提供的“国家（地区）名称代码表”后填写。

(19) 请选择：按汇款性质可在“预付货款”“货到付款”“退款”“其他”4 项中选择。

(20) 交易编码：根据汇款业务交易性质对应的“国际收支交易编码表（支出）”填写，如一般贸易，填 121010。当一笔付款有多种交易性质时，按金额从大到小，填写最大的两项；如果汇款涉及进口核查项下的交易，则核查项下的交易视为最大金额交易；如果汇款属于退款，则填写对应的原来收入的国际收支交易编码。

(21) 相应币种及金额：根据交易编码填写，在存在多种交易性质的情况下，第一行填写最大金额的一笔，第二行填其余金额，两栏合计数应等于汇款币种及金额。

(22) 交易附言：具体描述汇款的交易性质，如交易编码是 121010，此栏填写“一般贸易”。

(23) 是否为保税货物项下付款：选择“是”或“否”。

(24) 外汇局批件号/备案表号/业务编号：外汇局签发的，凭以对境外付款的各种批件或进口付汇备案表号。外汇报批业务由银行代理，汇款申请表和申报表合一。银行一般在汇款业务发生后的 1 个工作日内向相关机构报批。

(25) 银行专用栏：购汇汇率、等值人民币、手续费等，留空由银行填写。

(26) 申请人签章：此栏需加盖进口商的财务印章，由具体办理业务的公司人员签字或签章，并留下联系电话。

(27) 银行签章：留空由银行填写。

表 2-2 境外汇款申请书样式

境外汇款申请书

APPLICATION FOR FUNDS TRANSFERS (OVERSEAS)

致：______________________银行　　　日期：

To:　　　　　　　　　　　　　　　　Date:

<table>
<tr><td colspan="2"></td><td colspan="2">□电汇 T/T □票汇 D/D □信汇 M/T</td><td colspan="2">发报等级 Priority □普通 Normal □加急 Urgent</td></tr>
<tr><td colspan="2">申报号码 BOP Reporting No.</td><td colspan="4">□□□□□□ □□□□ □□ □□□□□□ □□□□</td></tr>
<tr><td>20</td><td>银行业务编号
Bank Transac. Ref. No.</td><td></td><td>收电行/付款行
Receiver/Drawn on</td><td colspan="2"></td></tr>
<tr><td>32A</td><td>汇款币种及金额
Currency & Interbank Settlement Amount</td><td></td><td>金额大写
Amount in Words</td><td colspan="2"></td></tr>
<tr><td rowspan="3">其中</td><td>现汇金额 Amount in FX</td><td></td><td>账号 A/C No.</td><td colspan="2"></td></tr>
<tr><td>购汇金额 Amount of Purchase</td><td></td><td>账号 A/C No.</td><td colspan="2"></td></tr>
<tr><td>其他金额 Amount of Others</td><td></td><td>账号 A/C No.</td><td colspan="2"></td></tr>
<tr><td>50a</td><td>汇款人名称及地址
Remitter's Name & Address</td><td colspan="4"></td></tr>
<tr><td colspan="3" rowspan="3">□对公组织机构　代码 Unit Code□□□□□□□□□—□</td><td rowspan="3">□对私</td><td colspan="2">□个人身份证号码 Individual ID No.</td></tr>
<tr><td colspan="2">□中国居民个人 Resident Individual</td></tr>
<tr><td colspan="2">□中国非居民个人 Non-Resident Individual</td></tr>
<tr><td>54/56a</td><td colspan="2">收款银行之代理行名称及地址
Correspondent of Beneficiary's Bank Name & Address</td><td colspan="3"></td></tr>
<tr><td>57a</td><td colspan="2">收款人开户银行名称及地址
Beneficiary's Bank Name & Address</td><td colspan="3">收款人开户银行在其代理行账号 Ben. 'S Bank A/C No.</td></tr>
<tr><td>59a</td><td colspan="2">收款人名称及地址
Beneficiary's Name & Address</td><td colspan="3">收款人账号 Ben. 's A/C No.</td></tr>
<tr><td>70</td><td colspan="2">汇款附言 Remittance Information</td><td>71A</td><td colspan="2">国内外费用承担</td></tr>
<tr><td colspan="3">只限 140 个字位 Not Exceeding 140 Characters</td><td colspan="3">All Bank's Charges if any are to be borne by</td></tr>
<tr><td colspan="3"></td><td colspan="3">□汇款人 OUR　□收款人 BEN　□共同 SHA</td></tr>
<tr><td colspan="6">收款人常驻国家（地区）名称及代码 Resident Country/Region Name & Code　□□□</td></tr>
<tr><td colspan="6">请选择：□预付货款 Advance Payment　□货到付款 Payment against Delivery　□退款 Refund　□其他 Others</td></tr>
<tr><td rowspan="2">交易编码
BOP Transac. Code</td><td>□□□□□□</td><td rowspan="2">相应币种及金额
Currency & Amount</td><td></td><td rowspan="2">交易附言
Transac. Remark</td><td rowspan="2"></td></tr>
<tr><td>□□□□□□</td><td></td></tr>
<tr><td colspan="2">是否为保税货物项下付款</td><td>□是　□否</td><td>合同号</td><td>发票号</td><td></td></tr>
<tr><td colspan="2">外汇局批件号/备案表号/业务编号</td><td></td><td></td><td></td><td></td></tr>
<tr><td colspan="2">银行专用栏
For Bank Use Only</td><td colspan="2">申请人签章
Applicant's Signature</td><td colspan="2">银行签章
Bank's Signature</td></tr>
</table>

续表

<table>
<tr><td>购汇汇率 Rate @</td><td></td><td colspan="2" rowspan="6">请按照贵行背页所列条款代办以上汇款并进行申报
Please effect the upwards remittance subject to the conditions overleaf

申请人姓名
Name of Applicant
电话
Phone No.</td><td colspan="2" rowspan="6">核准人签字
Authorized Person
日期
Date</td></tr>
<tr><td>等值人民币
RMB Equivalent</td><td></td></tr>
<tr><td>手续费 Comm.</td><td></td></tr>
<tr><td>电报费
Cable Charges</td><td></td></tr>
<tr><td>合计 Total Charges</td><td></td></tr>
<tr><td>支付费用方式
In Payment of the Remittanee</td><td>□现金 by Cash
□支票 by Check
□账户 from A/C</td></tr>
<tr><td>核印 Sig. Ver</td><td></td><td>经办 Maker</td><td></td><td>复核 Checker</td><td></td></tr>
</table>

（二）MT103 报文

1.1. MT103 报文简介

MT103 报文是 SWIFT（指环球同业银行金融电讯协会，目前全球大多数国家的银行都在使用 SWIFT 系统进行国际结算）系统中的一种报文格式，主要用于国际电汇业务。它承载着汇款指令、收款人信息、汇款金额等关键数据，通过报文在银行间进行传递，实现了跨境支付的快速与便捷。MT103 报文在跨境支付中扮演着举足轻重的角色，通过 SWIFT 系统进行信息流交互，确保了支付过程的透明度和效率。

中国银行于 1983 年加入 SWIFT，并于 1985 年 5 月正式开通使用，是 SWIFT 组织的第 1034 家成员行。

SWIFT 报文格式具有标准化的特点，其报文共有 10 类。

第 1 类：客户汇款与支票（Customer Payments & Checks）；

第 2 类：金融机构间头寸调拨（Financial Institution Transfers）；

第 3 类：资金市场交易（Treasury Markets-FX，MM，Derivatives）；

第 4 类：托收与光票（Collections & Cash Letters）；

第 5 类：证券（Securities Markets）；

第 6 类：贵金属（Treasury Market-Precious Metals）；

第 7 类：跟单信用证和保函（Documentary Credits and Guarantecs）；

第 8 类：旅行支票（Traveler's Checks）；

第 9 类：现金管理与账务（Cash Management & Customer Status）；

第 10 类：SWIFT 系统电报。

SWIFT 电文的日期表示为 YYMMDD（年月日）。如 2018 年 7 月 28 日，表示为 180728；2019 年 11 月 10 日，表示为 191110。在 SWIFT 电文中，数字不使用分隔号，小数点用逗号“，”来表示。如 696，419.36，表示为 696419，36；4/5 表示为 0，8；5% 表示为 5 PERCENT。

每家申请加入 SWIFT 组织的银行都必须事先按照 SWIFT 组织的统一原则，确定本行的 SWIFT 地址代码，经 SWIFT 组织批准后正式生效。银行识别代码（Bank Identifier Code，BIC）是由电脑可以自动判读的 8 位或 11 位英文字母或阿拉伯数字组成，用于在 SWIFT 电文中明确区分金融交易中相关的不同金融机构。11 位数字或字母的 BIC 可以拆分为银行代码、国家代码、地区代码和分行代码 4 个部分。以中国银行北京分行为例，其银行识别代码为 BKCHCNBJ300，其含义为：BKCH（银行代码）、CN（国家代码）、BJ（地区代码）、300（分行代码）。

2. MT103 报文内容

MT103 报文内容如表 2-3 所示，此报文用于单笔客户汇款业务，其各项目栏的填制方法如下所述。

(1) 20：发报行的参号。由汇出行编制汇款业务的参考号。

(2) 13C：时间指示。以中欧时间为准，格式为“/代码字/时间符号时间偏差”，代码字放在两个单斜线之间，包括以下 3 种。

SNDTIME：特指时间 TARGET 支付已经借记发送方的央行。

RNCTIME：特指时间 TARGET 付款已经贷记接受方的央行。

CLSTIME：在特指时间内，付款资金已被贷记清算行开在央行的账号，同时得到证实。

(3) 23B：银行操作代码。由 4 位字母组成，代表了汇款指示的紧急程度，并指示此份 MT103 是否附带 SWIFT 服务承诺协议（SLA）。SWIFT 定义了“SWIFT 支付服务等级”“优先服务等级”“标准服务等级”，并规定了 5 种操作类型指示以何种服务完成汇款操作。这 5 种操作类型对应不同的代码，分别是 CRED、SPAY、SSTD、SPRI、CRTS。我国商业银行多数用“CRED”这种操作类型，指有资金划拨，但不限定服务等级。

(4) 23E：指示代码。由 4 位字母组成，必须包含 SWIFT 提供的下列代码字之一。

CHOB：通过支票付款，使用该代码时，59 栏位内不能放入账号；

CORT：公司之间贸易结算的付款；

HOLD：前来取款，验明身份后付款；

INTC：同一集团内部两个公司之间的付款；

REPA：关于电子支付参考号下的付款；

PHON：请用电话通知账户行；

PHOB：请用电话通知收款人；

PHOI：请用电话通知中间行；

SDVA：付款日也是起息日，汇款必须在同一天交到收款人手里；

TELE：请用最有效的通信方式通知账户行；

TELB：请用最有效的通信方式通知收款人；

TELI：请用最有效的通信方式通知中间行。

(5) 26T：双方约定的交易代码。由 3 位字母组成，用于识别特别交易的种类、用途、原因，如工资、退休金、红利等。

(6) 32A：起息日及银行间清偿币别、金额。格式为“日期币别金额”，日期表示为 YYMMDD（年月日）；币别必须是 ISO4217 的标准货币代码；金额最长 15 位，其中包含一位逗点。

(7) 33B：汇款人指示的币别和金额。当涉及货币兑换或报文中出现 71F 和 71G 时，必须使用此栏位。

(8) 36：汇率。当 32A 和 33B 币别不一致时，必须填写此栏位。

(9) 50a/K：汇款人。此栏位有两种形式：一种是50a，填写汇款人账号及开户行 BIC 代码；另一种是50K，填写汇款人账号、名称和地址。

(10) 51A：发报行。

(11) 52a：汇款行。当汇款行不是发报行时，使用此栏位。

(12) 53a：发报行的代理行。此栏位特指一个账户、发报行的分行或另一家银行，发报行通过其偿付收报行。

(13) 54a：收报行的代理行。此栏位列明收报行的分行或另一家银行，收报行在这家银行收到资金头寸。

(14) 55a：偿付行。

(15) 56a：中间行。

(16) 57a：账户行。此栏位列明收款人的开户行。如果收报行即为收款人的账户行或发报行要求收报行自行选择付款行，则不需使用此栏位。

(17) 59a：收款人。收款人是指由汇款人指定的最终接受所汇款项的个人、银行或其他组织。此栏位有两种形式：一种是59A，填写收款人账号及开户行 BIC 代码；另一种是59，填写收款人账号、名称和地址。

(18) 70：汇款信息。此栏位列明供收款人参考的所汇款项信息。格式为“代码字”，使用以下代码字之一。

INV 发票：后跟日期、参考号和发票详情；

IPI 标志：相关国际付款指令的唯一参号；

RFB：收款人参号；

ROC：付款人参号；

IPI：相关国际支付指令；

TSU：TSU 交易。

代码字放在两个斜线之间，后跟发票号、单斜线、支付的金额。

(19) 71A：费用细则。此栏位列明费用的承担方，包括以下三种情况。

OUR：双方银行的费用都由汇款人承担；

SHA：共同承担，即发报行的收费由汇款人承担，收报行的费用由收款人承担；

BEN：双方银行的费用都由收款人承担。

(20) 71F：发报行的费用。

(21) 71G：收报行的费用。

(22) 72：发报行给收报行的信息。格式为“代码字”，使用以下代码字之一。

ACC：给账户行的附言；

INT：给中间行的附言；

REC：给收报行的附言；

INS：指示行，该指示行要求发报行完成该交易。

(23) 77B：法定报告资料。

(24) 77T：信函内容。

表 2-3 MT103 报文内容

MT103 CUSTOMER TRANSFER（客户汇款）

Status	Tag（代码）	Field Name（栏位名称）
M	20	Sender's Reference（发报行的参号）
O	13C	Time Indication（时间指示）
M	23B	Bank Operation Code（银行操作代码）
O	23E	Instruction Code（指示代码）
O	26T	Transaction Type Code（双方约定的交易代码）
M	32A	Value Date/Currency/Interbank Settled Amount（起息日及银行间清偿币别、金额）
O	33B	Currency/Instructed Amount（汇款人指示的币别和金额）
O	36	Exchange Rate（汇率）
M	50a/K	Ordering Customer（汇款人）
O	51A	Sending Institution（发报行）
O	52a	Ordering Institution（汇款行）
O	53a	Sender's Correspondent（发报行的代理行）
O	54a	Receiver's Correspondent（收报行的代理行）
O	55a	Third Reimbursement Institution（偿付行）
O	56a	Intermediary Institution（中间行）
O	57a	Account with Institution（账户行）
M	59a	Beneficiary Customer（收款人）
O	70	Remittance Information（汇款信息）
M	71A	Details of Charges（费用细则）
O	71F	Sender's Charges（发报行的费用）
O	71G	Receiver's Charges（收报行的费用）
O	72	Sender to Receiver Information（发报行给收报行的信息）
O	77B	Regulatory Reporting（法定报告资料）
O	77T	Envelope Contents（信函内容）

注：M=Mandatory（必选项）；O=Optional（可选项）。

（三）票汇项下的汇票

1. 汇票的定义及必要项目

根据英国票据法的定义，汇票是指由一人向另一人签发的，要求即期或定期或在可以确定的将来时间，对某人或其指定人或来人支付一定金额的无条件书面支付命令。

如图 2-7 所示，汇票在转让前有 3 个基本当事人，即出票人、付款人/受票人和收款人。汇票是出票人向收款人签发的书面支付凭证（出票），票面上载明出票人向付款人发出的无条件支付命令，付款人根据此凭证付款给收款人。

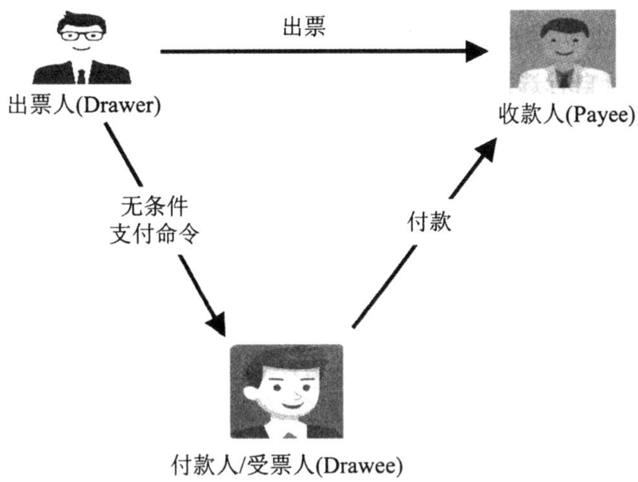

图 2-7 汇票基本当事人

汇票样例如图 2-8 所示，王某代表沈阳某进出口有限公司（出票人）签发汇票，命令韩国某出口公司付款给中国银行沈阳分行（收款人）。汇票有以下 8 个必要项目。

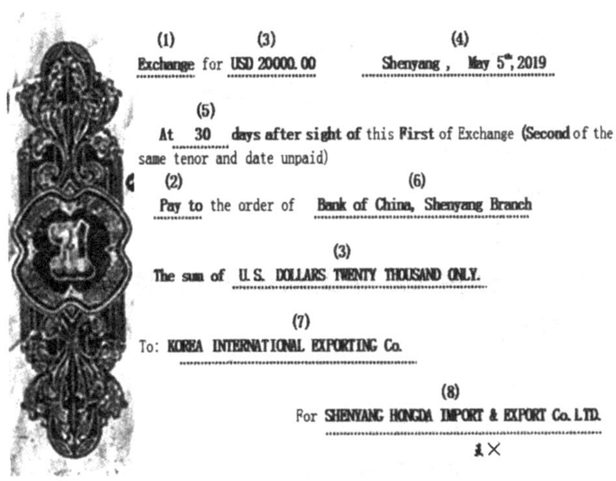

(1) Exchange for (3) USD 20000.00　　(4) Shenyang, May 5th, 2019

At (5) 30 days after sight of this First of Exchange (Second of the same tenor and date unpaid)

(2) Pay to the order of (6) Bank of China, Shenyang Branch

The sum of (3) U.S. DOLLARS TWENTY THOUSAND ONLY.

To: (7) KOREA INTERNATIONAL EXPORTING Co.

For (8) SHENYANG HONGDA IMPORT & EXPORT Co. LTD.

王×

图 2-8 汇票样例

(1)“汇票”字样。“汇票”主要有 3 种写法：Bill of Exchange；Exchange；Draft。

例如：Exchange for GBP 1000.00，Draft for USD 15 000.00。

注明“汇票”字样的目的在于与其他票据相区别。

英国票据法规定，可以不写票据名称，但在实际业务中，为避免给当事人带来不便，一般都注明“汇票”字样。

(2) 书面无条件支付命令（Pay to）。此项要注意以下两点。

①必须使用英语的“祈使句”。

例如：“支付给 ABC 公司或其指定人金额为 5000.00 美元。”（Pay to ABC Co. or order the sum of FIVE THOUSAND U. S. DOLLARS.）这是正确的支付语句。

②支付命令必须是无条件的。

例如：“如果 ABC 公司供应的货物符合合同，支付给它们金额 5000.00 美元。”（Pay to ABC Co. providing the goods they supply are complied with contract the sum of FIVE THOU-

SAND U. S. DOLLARS.）这是不正确的支付语句。

（3）一定金额的货币。此项应注意以下5点。

①汇票的金额必须注明货币名称，如 GBP 5000.00。

②汇票的金额必须是确定的，即不能有“大约”“左右”等字样。

③汇票的金额要用大写（Amount in words）和小写（Amount in figure）分别标明。

④如果汇票中有利息条款，汇票中对适用的利率和利息计算的起止日期应予以确定，以免发生争执。

⑤如果汇票的票面金额是以某种货币折算成另一种货币，汇票中必须注明汇率。

（4）出票地点和日期。出票地点的法律意义在于汇票出票适用法律的选择上以及汇票形式上的有效性，一般以出票地国家的法律为依据。《中华人民共和国票据法》（以下简称《票据法》）和英国票据法都没有将出票地视为汇票的必要项目，也就是可以不填。《票据法》规定，如果说汇票上未记载出票地，以出票人的营业场所、住所或经常居住地为出票地。

此外，标明出票日期可起到以下3个作用。

①决定汇票提示期限是否已过期。

②决定汇票的到期日。

③决定出票人的行为能力。

出票日期的形式有两种写法：

欧洲式：DD/MM/YY，即“日/月/年”。

美国式：MM/DD/YY，即“月/日/年”。

（5）付款期限（Tenor）。付款期限主要有3种。

①即期付款汇票，又称即期汇票（Sight/Demand bill），指持票人提示汇票的当天即为到期日，即见票即付的汇票，其英文表达形式为 at sight/on demand/on presentation。

②定期付款汇票，也称远期汇票（Time/Term/Usance bill），此种汇票的到期日是指可以确定的将来时间，具体情况有3种。

a. 见票后若干天/月付款的汇票。这种汇票必须由持票人及时向付款人提示要求承兑，以便明确承兑人的付款责任，承兑日视为见票日。此种汇票的英文表达为 at ××days/××month（s） after sight。

例如：见票后90天付款的汇票译为 at 90 days after sight。

b. 出票后若干天/月付款的汇票。这种汇票也要由持票人及时向付款人提示要求承兑，以明确承兑人的付款责任。此种汇票的英文表达为 at ×× days/×× month（s） after date。

例如：出票后90天付款的汇票译为 at 90 days after date。

c. 提单日期/装运日期/说明日期后若干天/月付款的汇票。这种汇票仍然需要持票人及时向付款人提示要求承兑，以明确承兑人的付款责任。此种汇票的英文表达为 at ×× days/×× month（s） after B/L date/shipment date/stated date。

例如：提单日期后90天付款的汇票译为 at 90 days after. B/L date。

在国际结算中，远期汇票到期日的计算原则是“算尾不算头；假日顺延；若干月后，对月对日，不跨月”。

③固定将来日期付款的汇票，又称“板期汇票”，尽管这种汇票在票面上已指明付款日期，但仍然要求持票人及时向付款人提示承兑，以明确承兑人的付款责任。英文表达为 on a fixed future date。

例如：固定在 5 月 19 日付款译为 on 19th May fixed。

(6) 收款人名称。收款人通常称为“抬头人”，它有 3 种写法。

①限制性抬头。此种汇票不能转让，具体写法有 3 种。

a. 仅付 ABC 公司：pay to ABC Co. only。

b. 付给 ABC 公司，不可转让：pay to ABC Co. not transferable。

c. 付给 ABC 公司：pay to ABC Co.，再在汇票任何空白处标明“不可转让”(not transferable) 字样。

②指示性抬头。此种汇票可以由收款人收款，也可以由收款人的指定人收款，其特征是经收款人背书后可转让，具体写法有 3 种。

a. 付给 ABC 公司的指定人：pay to the order of ABC Co.。

b. 付给 ABC 公司或其指定人：pay to ABC Co. or order。

c. 付给 ABC 公司：pay to ABC Co.。

根据英国票据法相关规定，此种写法等同于付给 ABC 公司或其指定人。

③来人抬头。此种汇票不规定汇票的收款人，任何持票人均可作为收款人，其特征是经交付即可转让，具体写法有 2 种。

a. 付给来人：pay to bearer。

b. 付给 ABC 公司或来人：pay to ABC Co. or bearer。

(7) 付款人名称和付款地点。此项目必须书写清楚，以便持票人向其提示要求承兑或付款。

一般而言，付款人和出票人是两个不同的当事人，如果付款人是出票人自己，持票人有权选择将此票据当作汇票或者当作本票看待。

(8) 出票人名称和签字。汇票开出后，经由出票人签字方可有效，以此明确其债务责任。因此，如果签字是伪造的，或是未经授权的人签字，则是无效的汇票。

某个自然人代表公司、单位、银行、团体等机构做授权签字时，应在机构名称前写上“For”或“On behalf of”或“For and on behalf of”或“Pre pro.”，并在个人签字后面写上他的职务名称。

例如：

For A Co.，New York

Alice Brown Manager

上述出票形式表明，这张汇票不是 Alice Brown 个人开出的，而是代表 A 公司开出的，A 公司将受到 Alice Brown 签字的约束。

2. 票汇项下汇票的必要项目

票汇项下的汇票是汇出行开立的委托汇入行付款的银行即期汇票，即汇出行是出票人，汇入行是付款人，收款人一般是票汇业务的收款人。票汇项下的汇票样例如图 2-9 所示。

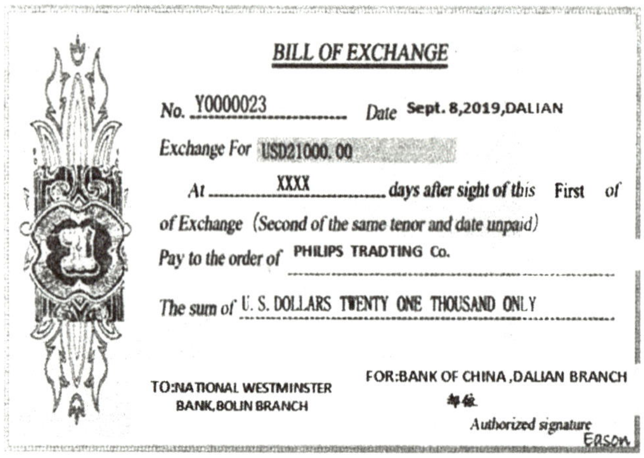

BILL OF EXCHANGE

No. Y0000023 Date Sept. 8,2019,DALIAN

Exchange For USD21000.00

At XXXX days after sight of this First of of Exchange (Second of the same tenor and date unpaid)

Pay to the order of PHILIPS TRADTING Co.

The sum of U. S. DOLLARS TWENTY ONE THOUSAND ONLY

TO:NATIONAL WESTMINSTER BANK,BOLIN BRANCH

FOR:BANK OF CHINA ,DALIAN BRANCH

Authorized signature

Eason

图 2-9　票汇项下的汇票样例

在国际贸易结算中，票汇项下汇票的收款人通常是出口商，但有时是进口商，这是因为进口商需要自带汇票到出口国验货，验货合格后再将汇票的债权转让给出口商。

票汇项下汇票的填写规范与上述汇票必要项目的内容相同。

知识拓展

票据法体系和《票据法》

国际上没有统一的票据法，只有具有代表性的两大法系——大陆法系和英美法系。大陆法系以《日内瓦统一法》为基础，英美法系以英国票据法为基础。

大陆法系和英美法系的主要差异表现在以下几个方面。

(1) 伪造背书后拥有汇票的人能否成为持票人。大陆法系认为可以成为持票人，英国票据法认为不能成为持票人，没有持票人的权利。

(2) 关于“保证”的票据行为的规定。大陆法系关于“保证”有完整的规定，而英国票据法仅有近似的规定。

(3) 关于票据的对价观点。大陆法系没有规定，而英国票据法有明确规定，即付对价持票人和正当持票人享有优越的权利。

(4) 票据的分类不同。

(5) 票据的要式不同，即关于票据的必要项目两大法系的规定不完全相同，如英国票据法规定，不要求必须写票据的名称，而大陆法系则要求必须写。

《票据法》于 1995 年通过，1996 年 1 月 1 日施行，2004 年修正。关于涉外票据该法律作出了如下具体规定。

涉外票据是指票据行为既有发生在国内又有发生在国外的票据，其适用原则为：首先，适用我国缔结或参加的国际条约，但声明保留的条款除外；其次，适用我国有关法律、法规；最后，前两者都没规定，适用国际惯例。在实践中，具体掌握如下几点。

(1) 出票时的记载事项，适用出票地法律。

(2) 背书、承兑、付款和保证行为，适用行为地法律。

(3) 追索权的行使期限，适用出票地法律。

(4) 提示期限，拒绝证明的方式、期限，适用付款地法律。

(5) 票据丧失时，失票人请求保全票据权利的程序，适用付款地法律。

资料来源：章安平，汪卫芳．国际结算操作［M］．北京：高等教育出版社，2014.

中银全球智汇

中银全球智汇，中文简称“中银智汇”，英文简称“BOC-GPI”（Bank of China-Global Payments lnnovation)，它是中国银行推出的国际汇款创新产品，可为汇款人提供优先处理、追踪反馈、费用透明、信息完整传递等智能、贴心的服务。

(1) 优先处理。汇款过程中从汇款银行至最终收款银行都将优先处理“中银智汇”汇款。

(2) 追踪反馈。汇款银行将全程追踪“中银智汇”处理进程并及时反馈汇款人处理情况。

(3) 费用透明。汇款银行将在汇款完成后及时向汇款人通知收费情况。

(4) 信息完整传递。汇款人提供的包括附言在内的汇款信息可完整传递至收款人。

无论是个人客户还是公司客户，均可通过中国银行营业网点的柜台和智能柜台办理“中银智汇”业务，更为便捷的是，通过手机银行和网上银行也可办理。

“中银智汇”支持的汇款币种有美元、欧元、英镑、加元、丹麦克朗、人民币、新加坡元、日元、澳元、韩元、新西兰元等。

资料来源：中国银行官网 https://www.boc.cn/。

第二节　国外汇入汇款

一、汇入行的业务处理

汇入行的业务处理如图 2-10 所示，其中核验汇款指示和汇票的真实性是防范风险的重要措施。核验对象因汇款种类而不同，电汇核对密押，票汇和信汇核对印鉴。

汇款人提出退汇的业务处理如图 2-11 所示。

如遇收款人提出退汇，汇入行可作为拒收处理，并通知汇出行，由汇款人凭汇款回执到汇出行办理退汇手续。

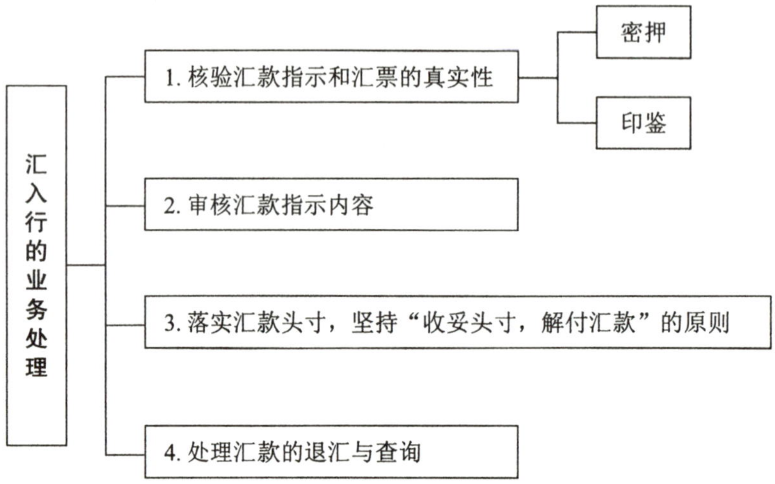

图 2-10　汇入行的业务处理

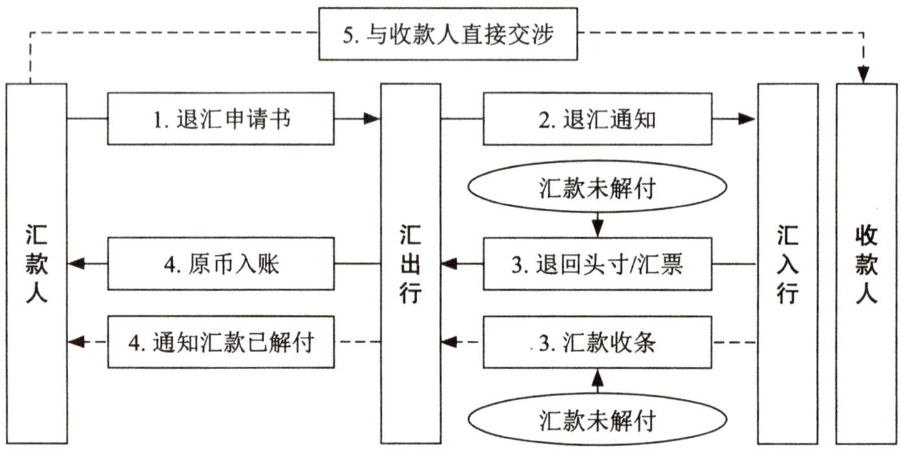

图 2-11　汇款人提出退汇的业务处理

二、汇款业务中的头寸调拨

头寸（Position）旧称“头衬”，是金融界及商业界的行业用语。汇款业务中的头寸调拨是指通过汇出行和汇入行之间的往来账户划拨汇款资金。如图 2-12 所示，汇出行和汇入行的账户往来设置不同，汇款头寸的调拨指示也不同，可以概括为以下 3 类。

（一）账户行直接入账

在汇出行和汇入行直接开设账户的情况下，可以直接划账。

1. 汇入行在汇出行开立往来账户

汇出行向汇入行发出的汇款头寸调拨指示是“我行已贷记你行在我行账户”（In cover, we have credited your A/C with us）。

2. 汇出行在汇入行开立往来账户

汇出行向汇入行发出的汇款头寸调拨指示是“请借记我行在你行账户”（In cover, please

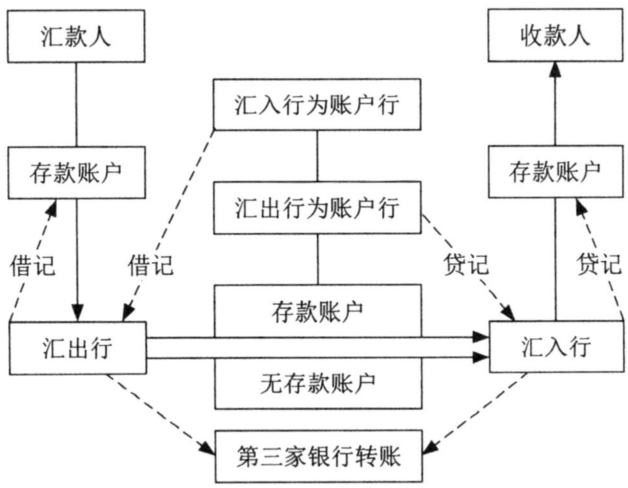

图 2-12 汇款头寸调拨指示

debit our A/C with you)。

(二) 共同账户行转账类

汇出行和汇入行都在第三家银行开设了账户，汇出行向汇入行发出的汇款头寸调拨指示是“我行已授权 A 行（共同账户行）借记我行账户，并贷记你行账户”（In cover, we have authorized A Bank to debit our A/C and credit your A/C with them）。

共同账户行在收到授权后，向汇出行发出借记通知书，向汇入行发出贷记通知书，汇入行在收到贷记通知书后，即可将汇款解付给收款人。

(三) 汇出行和汇入行分别在不同银行开有往来账户

汇出行向汇入行发出的汇款头寸调拨指示是“我行已指示××行将款项汇给你方”（In cover, we have instructed ×× Bank to remit proceeds to you）。

银行头寸调拨是 SWIFT 的第二大类电文，MT202 报文被普遍用于单笔银行头寸调拨，它是由付款行或代表付款行的银行直接或通过代理行发送给收款方的银行，用来将头寸调入收款行账户的报文格式，其内容如表 2-4 所示。该报文格式也可以用来要求收报行将发报行的头寸在发报行开立的几个账户之间调拨，或要求收报行“借记”发报行的账户，同时“贷记”发报行开在另一账户行（项目 57a 中列明的银行）的几个账户中的一个账户。

表 2-4 MT202 报文内容

Status	Tag	Field Name
M	20	Transaction Reference Number（业务参考号）
M	21	Related Reference（相关参考号）
M	13C	Time Indication（要求银行借记或贷记款项的时间）
M	32A	Value Date/Currency/Interbank Settled Amount（起息日及银行间清偿币别、金额）
O	52a	Ordering Institution（汇款人账户行）
O	53a	Sender's Correspondent（发报行的代理行）

续表

Status	Tag	Field Name
O	54a	Receiver's Correspondent（收报行的代理行）
O	56a	Intermediary Institution（中间行）
O	57a	Account with Institution（账户行）
M	58a	Beneficiary Institution（汇入行）
O	72	Sender to Receiver Information（发报行给收报行的信息）

知识拓展

往账和来账

本国银行在外国银行开立的往来账户，称为“往账”（Nostro A/C），本国银行是存款行（Depositor），外国银行是账户行（Depository）。

外国银行在本国银行开立的往来账户，称为“来账”（Vostro A/C），外国银行是存款行，本国银行是账户行。

资料来源：刘晶红．国际结算操作［M］．北京：中国金融出版社，2012.

本章小结

汇出国外汇款任务以汇出行业务为主体，内容主要包括汇出行办理国际电汇、票汇业务的操作要点。通过本章的学习，掌握境外汇款申请书、MT103报文的内容，能够准确熟练地开立票汇项下的汇票。此外，要清楚把握汇出行受理汇出汇款业务的注意事项。

（1）要审查汇款人经营的合法性。如果是第一次来行办理业务的客户，要提交以下材料。

①依法核准登记，具有经年检的法人营业执照或其他足以证明其经营合法性和经营范围的有效证明文件。

②具有进出口经营资格的证明文件。

（2）要落实汇款资金。如果是现汇账户结算，要提交现汇账户的支款凭证；如果是用购汇方式结算，则要提交用于购汇的人民币支票。此外，还要注意款项的汇出是否符合国家有关外汇管理规定，如有需要，还要提交外汇管理办法要求的有效凭证。

（3）要审核汇款申请书。要求汇款申请书内容完整、印鉴齐全、字迹清楚。

国外汇入汇款任务以汇入行为主体，内容包括汇入行审核登记汇入汇款、解付汇款、退汇等业务处理，通过学习要掌握汇入汇款登记的内容，把握解付汇款的原则，理解什么是汇款业务的头寸调拨，能够根据汇出行入行的账户设置情况，检查头寸调拨指示是否准确。

思考练习

1. 中国银行为了便于开展国际业务，与美国花旗银行建立了代理关系，并且中国银行在纽约花旗银行开立了一个美元活期存款账户。请回答下列问题：

(1) 对我国来讲该账户是往账，还是来账？存款行和账户行各是什么？

(2) 如果中国银行是汇出行，如何填写头寸调拨指示？

2. 2018 年 7 月，A 市甲银行下属的一家支行受理一笔汇出汇款业务，该支行经办员按操作流程接受委托后，于当日通过甲银行办理汇出汇款。过了一段时间，汇款人来支行查询，称收款人一直未收到自己汇出的此笔款项。支行经办员随即联系甲银行，甲银行立即电询账户行告知收款人尚未收到汇款，请复电告知划付日期。账户行回电称，该笔汇款已由收款银行退回，理由是无法解付。

支行经办员再次仔细审核汇款申请书后发现，收款银行一栏填写的是“Hong Kong and Shanghai Banking Corp. Ltd. HONG KONG”，收款人一栏写的是“UK Trading Co.，SINGAPORE”，随即与汇款人联系确认汇入地，原来收款银行地址应为新加坡而不是中国香港。在征得汇款人同意后，更改了此笔汇款的收款银行地址，并立即通过甲银行重新通知其账户行将头寸划拨至汇丰银行新加坡分行，才最终完成了这笔汇款业务。

请分析：本案发生的原因是什么？外贸从业人员和汇出行经办员应从中吸取什么教训？

第三章

托收业务操作

学习目标

- 了解托收的定义及当事人；
- 掌握托收的种类与交单方式；
- 熟悉托收结算方式的特点与运用。

第一节 托收的定义及当事人

一、托收的定义

托收是出口商（或债权人）开立金融票据或商业单据或两者兼有，委托托收行通过其联行或代理行向进口商（或债务人）收取货款或劳务费用的结算方式。其中，金融票据是指汇票、本票、支票、付款收据等工具，商业单据主要是指商业发票、运输单据、所有权单据或其他类似单据。

二、《托收统一规则》

《托收统一规则》(*Uniform Rules for Collection*，URC）是由国际商会（ICC）编写的关于国际贸易和国际结算方面的重要国际惯例。1958 年，国际商会为了调和托收业务中各当事人之间的矛盾，促进国际贸易和金融活动的开展，草拟了《商业单据托收统一规则》（*Uniform Rules for Collection of Commercial Paper*）（“192 小册子”），建议各国采用。1967 年，国际商会重新制定了这一规则（第 254 号出版物），为银行的托收业务提供了一套统一的术语、定义、程序和原则，也为出口商提供了一套在委托代收货款上的统一规则。1978 年，国际商会根据当时的需要再次修改和补充了这一规则，并更名为《托收统一规则》（*Uniform Rules for Collection*，ICC Publication No. 322）(URC322)。1996 年 1 月 1 日，URC522 正式生效并实施。URC522 的公布实施为减少当事人之间在托收业务中的误解、争议和纠纷起到了较大的作用。我国银行在采用托收方式结算时，也参照 URC522 的规定办理。URC522 明确规定，除非另有规定，或者与一个国家、一个地区或当地的法律、法规有所抵触，否则本规则对托收的所有当事人都具有约束力。

随着全球数字贸易和金融科技的发展，贸易项下电子单据的签发和流转已经成为趋势。国际商会认为 URC522 尽管在纸质世界极具价值，但如果应用到电子交易中，仅能提供有限的保护。2017 年国际商会正式启动《跟单托收统一规则（URC522）关于电子交单的附则（版本 1.0)》(eURC）的起草工作，并于 2019 年 7 月 1 日正式生效。用电子单证替代纸质单证，可以降低贸易结算的成本、提高单据流转时效、提升单证处理过程的安全性和准确性。eURC 的生效填补了托收业务项下电子交单惯例规定的空白，在一定程度上推动了单证业务电子化和自动化的进一步发展。

eURC 惯例共有 13 个条款，包含惯例的适用范围、与 URC522 的关系、电子交单的相关定义、交单、电子记录的交付、电子记录数据受损、提交电子记录额外免责等方面的内容。就适用范围而言，eURC1.0 是对 URC522 的补充，在托收指示表明受 eURC 约束时适用，且仅适用于银行之间电子交单，不适用于委托人向托收行电子交单，亦不适用于代收行或提示行向付款人提示电子记录或混合交单。

三、托收的当事人

托收业务中有4个基本当事人，即委托人、托收行、代收行和付款人。此外，还可能出现其他当事人，主要有提示行和需要时的代理。

（一）委托人（Principal）

委托人就是委托银行进行托收的当事人。委托人一般是出口商，依据票据法，即为出票人。当贸易合同所确定的结算方式为托收时，出口商就需委托收款。因此，作为出口商和委托人，同时要受贸易合同与托收行之间的托收申请书的约束。委托人的责任与义务具体如下。

（1）根据贸易合同的要求交付货物。这是出口商最基本的合同义务，也是跟单托收的前提条件。

（2）提交符合合同要求的单据。跟单托收项下，进口商提货必须先获取单据，单据是合同项下货物所有权的代表。出口商在装运货物后需要取得证明自己履约的单据，如运输单据、保险单（CIF价格条件），连同自己缮制的商业发票等单据交给托收行。这些单据的名称、份数以及内容均应与合同相符。

（3）填写托收申请书，开立汇票，并将托收申请书和汇票连同商业单据一并交给托收行。委托申请书一旦为托收行接受，即成为委托人与托收行之间的法律契约，构成委托代理关系。委托人必须全面、准确地表达自己的意图和要求，根据商业合同条款据实填写申请书。若填制不当，所引起的后果由委托人自行负责。

委托申请书的内容包括：①托收申请人的名称、地址、印鉴；②托收付款人的名称、地址，或开户行的名称、地址、账号；③托收所附单据的名称与份数；④托收交单方式（D/P、D/A）；⑤托收收妥后的收账要求；⑥托收若遇拒付或者拒绝承兑时应采取的必要措施，如是否要求做成拒绝证书、货物抵港时是否代办存仓保险等；⑦托收费用由谁负担；⑧有关托收的其他要求。

（二）托收行（Remitting Bank）

托收行是接受委托人的委托并通过国外代理行办理托收的银行。托收行一般是出口商的往来银行。托收行是托收业务的代理收款人，其责任就是根据委托人的指示办理，并对自己的过失负责。具体而言，托收行有下列责任和义务。

1. 缮制托收委托书

托收行在接受委托时应当根据托收申请书的内容缮制托收委托书，并将委托书及单据寄给国外的代理行，指示其向付款人收款。托收委托书样式如下。

COLLECTION ORDER ORIGINAL

Office:

Address: Date ________

Our reference number
For all communications Please always quote

Telex:

Fax:

Dear Sirs,

We enclose the following documents for collection.

□Documentary Collection □Clean Collection

<table>
<tr><td colspan="6">To (Collecting Bank)</td><td colspan="5">Drawer</td></tr>
<tr><td colspan="6">Drawee</td><td colspan="5">Amount</td></tr>
<tr><td>Documents</td><td>Draft (S)</td><td>Commercial Invoice</td><td>Ocean B/L</td><td>N/N Ocean B/L</td><td>Airway Bill</td><td>Ins. Policy</td><td>P/W List</td><td>Cert. of Origin</td><td>G. S. P Form A</td><td>Beneficiary's Cert</td></tr>
<tr><td></td><td></td><td></td><td></td><td></td><td></td><td></td><td></td><td></td><td></td><td></td></tr>
<tr><td colspan="11">Disposal of proceeds upon collection:</td></tr>
</table>

Collection instructions are marked with "×" as below:

□Deliver documents against□Payment□Acceptance□.

□All your banking charges are for account of□Drawer□Drawee.

□Waive banking charges and/or interest if refused by Drawee.

□Do not waive banking charges and/or interest.

□Advise US acceptance of draft (s) and giving due date by teletransmission.

□Hold draft (s) and documents pending further instructions from US in case of non-payment/non-acceptance.

□In case of dishonor, have the goods stored in bond and insured against usual risks when deemed necessary, and advise us immediately to that effect.

□If payment is delayed collect interest at _ %p. a. for the period of such delay.

□In case of need, refer to.

For ____________

AUTHORIZED SIGNATURE (S)

2. 核验单据

托收行应当审慎核对实收单据的名称与份数是否与申请书中填写的相同，但除此之外没有进一步审核单据的义务。

托收行按照常规处理业务，对自己的过失承担责任。凡委托人就某些方面未提出要求的，托收行应当按照常规处理，如自行选择其在付款地的联行或代理行作为代收行。只要按常规处理，托收行选择代收行的费用和风险（如破产）由委托人负担，托收行不承担责任。

（三）代收行（Collecting Bank）

代收行是指接受委托行委托向付款人办理收款并交单的银行。

代收行在托收业务中所承担的责任与托收行基本相同，如核对单据的名称和份数，若有不符立即通知托收行。代收行在未经托收行同意前不得擅自变更委托书上的任何条件，否则责任自负。除此之外，代收行负有如下责任。

1. 保管好单据

单据是物权代表，进口商取得货物必须先取得单据。代收行在进口商付款或承兑前不可以将单据释放给进口商。付款人拒付，代收行应当通知托收行，若发出通知 90 天后仍未收到指示，可将单据退回托收行。

2. 谨慎处理货物

代收行原则上无义务处理货物，只有在付款人拒付时，才会根据委托人指示办理存仓、保险等手续。但是，若代收行为了保护货物，则在天灾人祸等紧急情况下即使未得到委托人的指示也可以对货物采取行动。

（四）付款人（Drawee）

付款人是根据托收委托书被提示单据要求付款的当事人。付款人一般是进口商。依据票据法，付款人即为受票人。付款人有审查单据以决定接受与否的权利，同时根据托收交单方式承担付款或承兑的业务。在具备正当理由的前提下，付款人有拒绝接受单据的权利，但其拒付理由必须经得住委托人的抗辩，否则会遭受信誉和经济上的损失。

（五）提示行（Presenting Bank）

提示行是指向付款人提示单据要求付款人付款的银行。一般情况下，代收行直接向付款人提示单据，但是如果代收行与付款人无账户关系或者不在同一城市，则代收行须转托另一家银行提示单据，该银行即为提示行。

（六）需要时的代理（Representative in Case of Need）

需要时的代理是指委托人指定的代表。付款人被提示付款时若拒绝付款或拒绝承兑，需要时的代理可代理委托人办理货物存仓、保险、转售、运回或改变交单条件等事宜。委托人在托收指示中应明确、完整地规定其权限，否则银行将不接受该代理的任何指示。

综上所述，托收行与代收行只是委托人收款的代理人，在具体执行委托时，仅被允许根据托收申请书所给予的指示和 URC522 办理，不能擅自超越、修改、疏漏、延误委托人在申请书上的指示，否则引起的后果将由银行负责。国际商会为了进一步明确银行在托收业务中的地位，减少银行与客户间的误解和争议，还规定银行的免责条款，主要条款如下：

“银行对于任何单据的形式、完整性、准确性、真实性、伪造或法律效力，或对于单据上规定的或附加的一般和/或特殊条件，概不负责；银行对于任何单据代表之货物的描述、数量、重量、质量、状况、包装、交货、价值或存在，或对于货物的发货人、承运人、运输行、收货人或货物保险人或其他任何人的诚信、行为和/或疏忽、偿付能力、执行能力或信誉，也概不负责。

银行对于任何发电信件或单据在寄送途中的延误和/或丢失所引起的后果，或由于任何电信工具在传递中的延误、残缺或其他错误，或由于专门术语在翻译或解释上的错误，不承担义务或责任；银行对自己所收到的指示因意思不明而需澄清所引起的延误不负责任。

银行对由于天灾、暴动、内乱、叛乱、战争或它们所不能控制的任何其他原因，或罢工、停工致使营业中断所造成的后果，不承担义务或责任。”①

第二节 托收的种类与交单方式

一、托收的种类

托收结算分为光票托收和跟单托收两个种类。

（一）光票托收（Clean Bill for Collection）

光票托收是出口商仅开立汇票而不随附任何商业货运单据，委托银行收取货款的一种托收方式。国际贸易中光票托收方式的货运单据由出口商直接邮寄给进口商。光票托收一般用于收取货款尾数、代垫费用、佣金、样品费或其他贸易从属费用。

光票托收的汇票有即期汇票和远期汇票。若是即期汇票，代收行应于收到汇票后立即向付款人提示，要求付款。若是远期汇票，代收行应在收到汇票后向付款人提示，要求承兑，以确定到期付款的责任。承兑后，代收行收回汇票，于到期日再作提示，要求付款。若付款人拒绝付款或承兑，除托收委托书另有规定外，应由代收行在法定期限内及时将拒付情况通知托收行，转知委托人。

（二）跟单托收（Documentary Bill for Collection）

跟单托收包括两种：金融票据随附商业单据的托收、商业单据不随附金融票据的托收。

金融票据随附商业单据的托收，一般是商业汇票随附发票、提单、装箱单、品质证以及保险单等其他单据。这种跟单托收是凭汇票付款，其他单据是汇票的附件，起“支持”汇票的作用。付款人根据该无条件支付命令对指定的收款人或持票人支付汇票金额，这一业务在托收中比较常见。

商业单据不随附金融票据的托收，一般指不附带汇票、仅提交发票等商业单据的跟单托收，与上述跟单托收比较无汇票这一重要单据。采用这类托收，主要是由于某些国家对汇票征收印花税。为了减免税收负担，跨国公司内部以及相互信任的公司之间，均采用这种托收方式。

① URC522 对银行的负责条款。

二、跟单托收的交单方式

根据 URC522，跟单托收的结算有两种交单方式：付款交单和承兑交单。

（一）付款交单（Documents against Payment，D/P）

付款交单是指代收行必须在进口商付清票款后，才将货运单据交给进口商的一种交单方式。

付款交单又有即期付款交单（D/P at sight）和远期付款交单（D/P at×× days after sight）两种。

1. 即期付款交单

即期付款交单是代收行提示跟单汇票给付款人要求其付款，而付款人见票即付后，代收行才交单给付款人的一种交单方式。即期付款交单的业务程序见图 3-1。

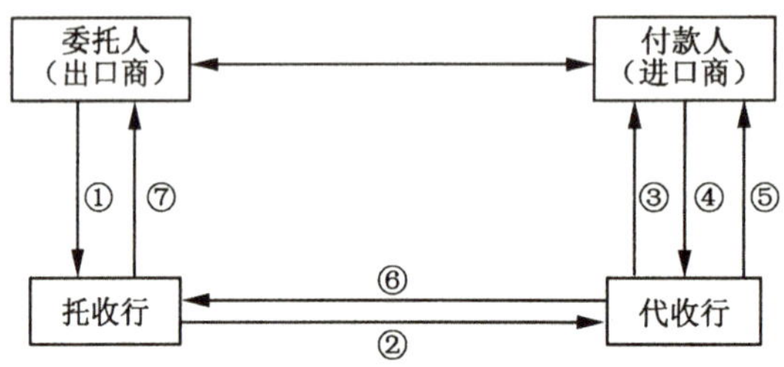

图 3-1 即期付款交单的业务程序

图 3-1 的说明如下：

①出口商发运货物后，填写托收申请书，开立即期汇票，连同商业单据，交托收行委托收款；

②托收行接受委托后，将汇票、单据和托收委托书邮寄给代收行；

③代收行按照托收委托书向付款人提示汇票和单据；

④付款人审单无误后向代收行付款；

⑤代收行向付款人交单；

⑥代收行按托收委托书规定的方式将货款交付托收行；

⑦托收行向出口商交付货款。

2. 远期付款交单

远期付款交单是指代收行提示跟单汇票给付款人要求其承兑，付款人承兑后由代收行保管全套商业单据，于到期日提示付款，付款人付款后代收行才交单给付款人的一种交单方式。其业务程序见图 3-2。

图 3-2 的说明如下：

①出口商发运货物后，填写托收申请书，开立远期汇票，连同商业单据交托收行，并委托托收行收款；

②托收行接受委托后，将汇票、单据和托收委托书邮寄给代收行；

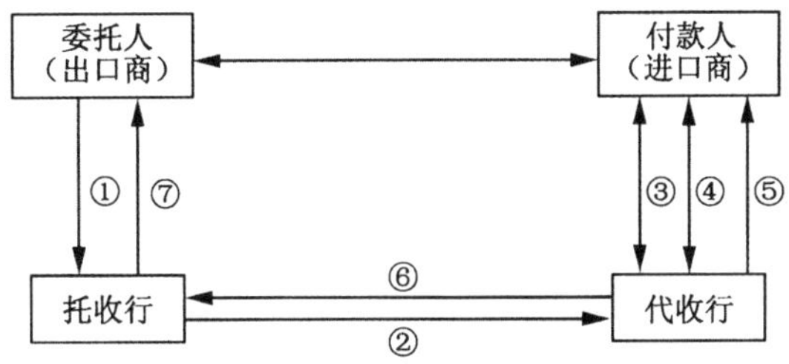

图 3-2 远期付款交单的业务程序

③代收行按照托收委托书向付款人提示汇票和单据，付款人审单无误后，在汇票上承兑，代收行收回汇票和单据；

④到期时代收行向付款人提示付款，付款人付款给代收行；

⑤代收行向付款人交单；

⑥代收行按托收委托书规定的方式将货款交付托收行；

⑦托收行向出口商交付货款。

远期付款交单在托收委托书上往往加列以下条款。

（1）列明计息条款。

① “Discount at the rate of ____% per annum is allowed on payment effected before the due date of the draft.”

② “In case of the draft being not duly honoured by the drawer at maturity. kindly collect from the drawer an overdue interest at the rate of ____% per annum from the original date of maturity to the date of actual payment.”

（2）列明分期付款、分批提货的条款。

“Merchandise may be partially released against partial payment.”

（二）承兑交单（Documents against Acceptance，D/ A）

承兑交单是指代收行在付款人承兑远期汇票后，把货运单据交给付款人，于汇票到期日时由付款人付款的一种交单方式。其业务程序见图 3-3。

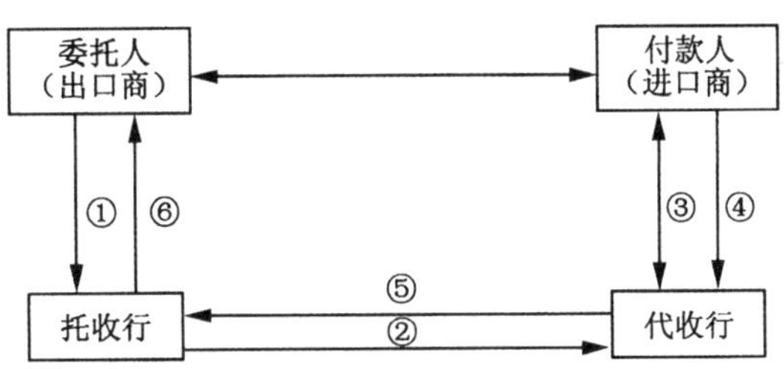

图 3-3 承兑交单的业务程序

图 3-3 的说明如下：

①出口商发运货物后，填写托收申请书，开立远期汇票，连同商业单据交托收行，并委托托收行收款；

②托收行接受委托后，将汇票、单据和托收委托书邮寄给代收行；

③代收行按照托收委托书向付款人提示汇票和单据，付款人审单无误后，对汇票进行承

兑，代收行收回汇票，将单据交给付款人；

④付款人到期付款；

⑤代收行按托收委托书规定的方式将货款交付托收行；

⑥托收行向出口商交付货款。

承兑交单与远期付款交单都是远期付款，但是交单条件不同。承兑交单仅凭付款人对远期汇票付款的承诺交单，而在远期付款交单的情况下，代收行必须在付款人对已承兑的远期汇票付款后才能交单。在实务中，远期付款交单使用不多，这主要是因为进口商无法从银行获得资金融通的便利，且有些国家和地区一直将远期付款交单作为承兑交单处理，这样将导致不同国家的银行可能由于对同一托收业务的理解及习惯做法的不同而引起不必要的纠纷、矛盾。其次，从票据法来看，付款人既已承兑了一张远期汇票，就成为汇票的主债务人，承担到期必须付款的法律责任，如到期不付款，便要受票据法的惩处。但是，付款人在承兑汇票的同时没有取得对价，即物权单据，这有欠公平。

【案例 3－1】[①]A 公司委托 N 银行办理了两笔 D/P 30 DAYS AFTER SIGHT 的出口托收业务，提交的出口单据中包括全套正本海运提单。之后 1 个月 N 银行未收到款项，数次催收代收行 I 银行仍毫无回音。而此时 A 公司告知 N 银行，进口商 B 公司已凭全套单据提取了货物，要求 N 银行催促 I 银行立即付款，否则退回全套单据。N 银行电告 I 银行，但 I 银行既不付款，也未退单。4 个月后，N 银行收到 I 银行的报文，称因货物质量问题 B 公司不同意付款，但未就退单作出答复。N 银行立即予以反驳，指出银行处理的是单据而不是货物，强调付款方式是 D/P 30 DAYS AFTER SIGHT，I 银行应该按照托收指示行事。1 个月后 N 银行收到了 I 银行的报文，确认单据已交 B 公司签收，并就放单作出了解释，称其是按照 D/A 30 DAYS AFTER SIGHT 的方式处理单据。为此，N 银行坚持要求 I 银行付款，否则必须立即退回全套单据。A 公司则在国内提起诉讼，将 N 银行列为第一被告人、I 银行国内代表处列为第二被告人。迫于压力，B 公司同意付款，N 银行最后收到全额款项。

分析：国际商会颁布的 URC522 明确规定托收业务的两种交单方式，即承兑交单和付款交单，且对即期和远期汇票的票据处理程序作出了明确阐述。但在实际操作中，许多国家尤其是一些欧洲国家，往往将远期付款交单视同承兑交单，违规操作。在这种情况下，如果进口商信誉欠佳，出口商就面临钱货两空的境地。

国际商会并不鼓励 D/P 远期的做法。URC522 第 7 条 a 款规定，带有凭付款交单指示的跟单托收不应含有远期付款的汇票；c 款规定，如果托收中含有远期付款汇票，而托收指示中又规定在付款后才交付单据，就应该仅凭付款交单，代收行对于迟交单所产生的任何后果概不负责。这均表明了国际商会对 D/P 远期业务的处理立场，即不可以按 D/A 处理。

① 刘静．远期付款交单托收业务蕴含的风险［J］．中国外汇，Z01（8）：51.

第三节 托收结算方式的特点与运用

一、托收结算方式的特点

（一）托收是以商业信用为基础的结算方式

跟单托收中银行只提供代收货款的服务，款项能否按期收回完全取决于进口商的资信。若进口商不付款不承兑，或承兑后无力支付或故意拖延支付，出口商就收不到货款或不能按期收回货款；即使出口商还控制着物权，但由于货物已发运至国外，所以出口商将承担货物存仓、保险、转售或运回的费用损失；另外，进口商也面临一定的商业风险，付款或承兑后，凭单提出的货物可能与单据、合同不符。进出口商之所以会面临上述风险是因为跟单托收的信用基础是商业信用。

（二）托收有比较强的安全性

虽然跟单托收以商业信用为基础，进出口双方仍面临商业风险，但是与汇款结算方式的货到付款相比，其安全性有了较大的提高。跟单托收中出口商以控制物权单据来控制货物，以交付物权单据代表交货，而交单又是以进口商付款或承兑为条件的。采用付款交单方式，出口商一般不会遭受钱货两空的损失，比货到付款安全；采用承兑交单方式，虽然在进口商付款前已交付物权单据风险较大，但是与货到付款相比，同样是在付款前出口商已经交货，前者获得了一张已由进口商承兑的汇票，出口商可在汇票到期前以贴现方式提前取得货款。

（三）托收业务中资金负担不平衡

托收业务中，出口商的资金负担较重，在进口商付款前，货物的占用资金主要由出口商来承担；进口商基本不负担资金。虽然出口商有物权单据，可以通过出口押汇从银行融通资金，在一定程度上减轻资金负担的压力，但是托收行对跟单托收较少做出口押汇；同时进口商也可以通过信托收据和担保提货向银行融资。

【案例 3－2】①某外贸公司按 CFR（成本加运费）价格条件与德国汉堡贸易公司签订了出口石墨的合同，价值 4 万美元，托收方式为 D/P AT SIGHT。货物于 2020 年 3 月 18 日上午装船至“胜利号”货轮。当天装船完毕，因经办人员工作繁忙，于第二天 21 点才向德国买方发出装船通知。14 日，德国买家在接到出口方通知后向当地保险公司投保，但此时保险公司已获悉“胜利号”在完成装船当晚在海上遇险，保险公司拒绝承保。德国买家致电出口商，

① 曹远波，许俊铭．托收实务案例及风险解析［J］．中国外汇，2022（5）：61－63.

声明由于出口商没有及时发出装船通知，以致其无法投保，货物损失应由出口商负担。由于进口商拒不赎单，因此通过托收银行寄往德国的全部单据被退回，出口商遭受了巨额损失。

分析：托收的信用基础是商业信用，出口业务是否顺利，完全取决于进口商是否赎单，托收中的银行只是一般的代理人，对托收业务中的一切风险损失、费用等概不负责。本案例中出口商货物装上船的次日晚上才向德国进口商发送装船通知，致使货物因出险在先而失去投保机会，其结果是进口商拒绝接受托收单据，对此托收银行无须承担任何责任。

二、托收结算方式的运用

托收结算方式有光票托收和跟单托收之分。不同结算方式有不同的运用特点。

（一）光票托收的运用

对于光票托收，一般是委托人向托收行提交国际汇票（出票人与付款人不在同一个国家），委托银行向国外付款人收款。在实务中，对于此类国际票据，银行不愿承办贴现业务，因为存在伪造票据的风险。因此，持票人均通过委托收款的方式向国外付款人收取款项。托收行将该票据邮寄至海外代理行向付款人提示付款，国内托收行只有在代理行收妥款项（已确认贷记国内银行账户）以后才能入委托人账户。款项无法收妥的风险由委托人自行承担。

（二）跟单托收的运用

跟单托收作为国际贸易的主要结算方式之一，长期为进出口商所使用。跟单托收虽然仍建立在商业信用的基础上，但是与汇款结算方式相比，其收款的安全性有较大的提高，再加上托收手续较简便，银行费用也较低，所以有较大的适用范围。

但是，跟单托收给出口商收款带来的潜在风险依然是存在的。由于目前国际商品市场竞争激烈，所以出口商有时不得不采用这一对进口商相对有利的结算方式。为了进一步加强收款的安全，出口商在采用跟单托收方式的过程中应当注意以下几个方面的问题。

1. 对进口商的资信调查

采用托收方式，是出口商出于对进口商的信任，带有对进口商融资的性质。所以，出口商在托收前，应对进口商的资信进行详细的调查。若进口商资信不好，则最好不要使用托收方式，否则有可能出现进口商无理拖延货款的现象，出口商由此将遭受损失。因此，一般只在进口商资信较好时才采用托收结算方式。

2. 了解进口国信用

了解进口国的经济政治状况可以有效控制托收业务中出口商面临的国家信用风险。国际大银行通常都研究并发布本国以外其他国家的政治经济报告，详细反映有关国家的现行外汇管理政策、经济发展态势以及政治动态。

3. 正确使用交单方式和价格条件

在托收业务中，出口商还应注意妥善确定交单方式，尽可能采用即期付款交单方式。对远期付款交单，由于对该方式尚存诸多的分歧与争议，应尽量避免使用；若一定要使用，就应对期限加以控制，付款期限不宜过长，一般掌握在不超过从出口地到进口地的运输时间，否则，非但不能起到远期付款交单的作用，反而会受进口商所在国当地法规对收取货款设置障碍的影响，使出口商遭受经济损失。

同样，出口商在托收业务中还应该选择较好的价格条件。根据交货方式不同，国际商会在2010年出版的《国际贸易术语解释通则》中介绍的11种价格术语，分为实际交货条件和推定交货条件。所谓实际交货条件，就是以出口商向进口商实际交付货物的行为来履行其交货义务，进口商只有在收到货物后才有义务付款。EXW、DDP等都是实际交货条件，对于这类交货条件，不宜采用托收支付方式，因为出口商交货后不再拥有控制货物的物权单据。所谓推定交货条件，是指出口商不是直接将货物交给进口商，而是只要将货物向承运人托运就作为自己向进口商交货，出口商向进口商出示物权单据，后者就必须付款。采用这种交货方式时，出口商交货与进口商付款不同时发生，转移物权以单据为媒介，CIF、CFR就是这类交货条件，采用这类交易条件时，一般宜于采用托收方式。不过，其中有些交货条件，如FOB、FCA，由于运输是由进口商安排的，所以也不宜采用托收方式。

4. 正确选择代收行

托收项下对代收行的选择非常重要。虽然托收中银行只是收款代理人，并不担保货款的回收，但是具体向付款人提示付款以及催收货款的是代收行，所以正确选择代收行，有利于保证国际惯例的遵守以及各种代收指示的执行，以减少收款的风险。

代收行可以由委托人在托收申请书中指定，也可以由托收行选定，托收行应当在进口商所在地选择一家资信良好、善于合作的银行作为代收行。

5. 注意投保运输险

托收中出口商应要求由出口商安排相应的货物运输保险，以便货物万一在运输中发生灭失和损坏时或在目的港仓库遭到灭失或损坏时，可以通过向保险公司索赔以保障自己的权益。

另外，许多国家开展出口保险业务，对进口商拒付或由进口商国家风险导致的不能如期支付提供保险，如英国的出口信用保险局（Export Credit Guarantee Department，ECGD）以及中国出口信用保险公司均提供此类服务。出口公司只要向中国出口信用保险公司投保短期出口信用险，则对于以付款交单和承兑交单为方式的放账期限不超过180天的出口合同，一旦进口商无力支付货款，不按期付款，或因进口国实施外汇和贸易管制、发生战争和骚乱，使出口商遭受经济损失，保险公司将予以赔付。

本章小结

托收是出口商开立金融票据和（或）商业单据，委托银行通过其在国外的联行或代理行向进口商收取款项的结算方式。托收一般有4个基本当事人：委托人（出口商）、托收行、代收行及付款人（进口商）。托收根据所附单据的不同，有光票托收和跟单托收之分。光票托收是指仅有金融票据的托收，一般用于收取货款尾数、代垫费用、佣金、样品费或其他贸易从属费用。跟单托收是指金融票据随附商业单据或者仅有商业单据的托收，国际商品贸易的托收一般是指跟单托收。跟单托收有两种不同的交单方式，即付款交单和承兑交单。与汇款方式相比，跟单托收是建立在商业信用基础上的具有较高收款安全性，且对进口商较为有利的结算方式。但是由于对出口商而言，货款能否回收依赖商业信用，因此为了进一步提高收款的可能性，在采用跟单托收方式时应当注意考察各相关因素，如进口商的信用、进口国的信用、交单方式和价格条件的选定、代收行的选择、运输保险等。

思考练习

1. 托收行的责任是什么？
2. 什么是光票托收？
3. 托收的交单方式包括哪些？请阐述各自的特点。
4. 什么情形下，托收行可以对托收项下的风险免责？
5. 采用跟单托收时，出口商将如何有效提高收款的安全性？

第四章 信用证业务操作

学习目标

- 了解信用证的含义、特点、形式与内容；
- 了解信用证的业务流程和各当事人的权利、义务；
- 学会读懂信用证的内容；
- 掌握信用证开证申请书的填写；
- 掌握信用证的风险及其防范。

第一节　信用证的含义、特点、形式与内容

一、信用证的含义和特点

（一）信用证的含义

信用证是银行作出的有条件的付款承诺。它是开证银行根据申请人的要求和指示作出的，在满足信用证要求和提交信用证规定的单据的条件下向第三者开立的，承诺在一定期限内支付一定金额的书面文件。也就是说，开证行在收到受益人交付全部符合信用证规定的单据的条件下，向受益人或其指定人履行付款的责任。因此，信用证结算是一种银行信用。2007 年 7 月 1 日生效的《跟单信用证统一惯例》(*Uniform Customs and Practice for Documentary Credit*)，即国际商会第 600 号出版物（简称《UCP 600》）对信用证的定义是：信用证是指一项不可撤销的安排，无论其名称或描述如何，该项安排构成开证行对相符交单予以承付的确定承诺。其中，承付是指：

（1）如果信用证为即期付款信用证，则即期付款；

（2）如果信用证为延期付款信用证，则承诺延期付款并在承诺到期日付款；

（3）如果信用证为承兑信用证，则承兑受益人开出的汇票并在汇票到期日付款。

通俗地讲，信用证是由独立于债权人与债务人之外的第三者（开证行），依照债务人的申请和要求向债权人开立的，在一定期限内凭符合信用证条款规定的单据，即期或在一个可以确定的将来日期，支付一定金额的书面承诺。如果在国际贸易结算中采用信用证方式结算货款，那么上述债权人就是出口商（卖方），债务人就是进口商（买方）。

（二）信用证的特点

信用证的特点可概括为以下三个方面。

1. 信用证是一项独立的自足文件

信用证是开证行与信用证受益人之间存在的一项契约，该契约虽然是以贸易合同为依据开立的，但是一经开立就不再受贸易合同的约束。信用证业务的各关系人只受信用证条款的约束，由于银行不是贸易合同的当事人，所以银行不受贸易合同的约束。《UCP 600》第 4 条 a 款规定：“信用证与可能作为其开立基础的销售合同或其他合同是相互独立的交易，即使信用证中含有对此类合同的任何援引，银行也与该合同无关，且不受其约束。”因此，一家银行作出付款、承兑并支付汇票或议付及/或履行信用证项下其他义务的承诺，并不受申请人与开证行之间或受益人之间在已有关系下产生的索偿或抗辩的制约。据此，出口方只要提交符合信用证条款规定的单据，就能确保安全、快速地收汇，但对出口方来讲，必须保证提交的单

据与贸易合同内容一致。对信用证条款与贸易合同不一致的地方，出口商应根据贸易合同认真审核。若发现不能接受的信用证条款，出口商应通知开证人修改信用证。若可以接受信用证条款时，则应及时修改贸易合同，写出合同的变更通知书。

【案例 4-1】 我国某公司向外国某商进口一批钢材，货物分两批装运，支付方式为不可撤销即期信用证，每批分别由中国银行开立一份信用证。第一批货物装运后，卖方在有效期内向银行交单议付，议付行审单后，该行议付货款，中国银行也对议付行作了偿付。我国某公司在收到第一批货物后，发现货物品质不符合合同规定，要求开证行对第二份信用证项下的单据拒绝付款，但遭到开证行拒绝。

请问：开证行的拒绝是否合理？

分析：开证行拒绝是有道理的。在本案中，开证行是按信用证支付原则还是按买方要求，这是本案分析的焦点。根据“单单相符，单证一致”的信用证支付原则，开证行依信用证规定的支付原则行事是合法、合理的，这也是分析本案开证行拒绝买方要求的关键。

本案货物买卖的支付方式为不可撤销即期信用证。根据《UCP 600》的规定，信用证一经开出，在有效期内不经受益人或有关当事人同意，开证行不得单方面加以修改或撤销信用证，即银行见票即付。因为信用证开出以后就成了独立于买卖合同之外的另一个交易关系，银行只对信用证负责，只要卖方提交符合信用证规定的单据，在“单单一致，单证一致”的条件下，银行承担无条件付款的义务。为此，开证行拒绝我国某公司提出对第二份信用证项下的交易拒绝付款的要求是合法、合理的，因为开证行只依据信用证而不看重双方买卖合同的规定。

2. 开证行承担第一性的付款责任

信用证是开证行以自己的信用作出的付款保证，所以，一旦受益人满足了信用证规定的付款条件，就可以直接向开证行要求付款，而无须向开证申请人要求付款。开证行负有第一性的付款责任，其对受益人负有不可推卸的、独立的付款责任。并且开证行的付款是终局的，开证行审单付款后，即使发现单据有误，也不具备追索权。

【案例 4-2】 某出口企业收到一份国外开来的不可撤销即期议付信用证，正准备按信用证规定发货时，突接开证行通知，声称开证申请人已经倒闭。

请问：

(1) 出口企业应如何处理？依据何在？

(2) 银行是否有权拒付货款，为什么？

(3) 作为卖方律师，应当如何处理此事？

分析：某出口企业可按信用证规定发货，根据《UCP 600》第 2 条对信用证定义的规定，开证行负第一性的付款责任。只要出口人提交的单据构成相符交单，即构成开证行承付责任。并且开证行的付款是终局性的。开证行审单付款后，即使发现单据有误，也不具追索权。开证行不能以开证申请人倒闭为由拒付，只要受益人提交单据符合信用证规定，开证行必须付款。当然，出口人在发货之前要确保能提交相符单据，因为此种情况下开证行审单非常苛刻。

3. 信用证结算是一种纯粹的单据业务

《UCP 600》第 5 条规定，银行处理的是单据，而不是单据可能涉及的货物、服务或履约行为。由此可见，信用证业务是一种单据买卖，银行只看单据，而不管货物。开证行付款的基础是受益人提交的单据满足信用证条款，同时各类单据之间相互一致。另外，银行只要求受益人所提交的单据表面上与信用证条款相符即可，而对于出口商所提交货物的实际情况是否符合贸易合同，能否安全、如期到达目的地等均不负责，也不受贸易合同争议的影响。对于单据的真伪、单据在传递过程中的丢失，银行也不负责任。

【案例 4－3】 某受益人将符合信用证要求的单据，提交给开证行要求付款，经开证行审核认为，完全符合信用证的要求，于是开证行向受益人付了款。但开证行要求进口商对其付款赎单时，遭到进口商的拒绝，理由是货物已经遭遇沉船，无法提货。

请问：该进口商的做法对吗？

分析：信用证业务是一种单据买卖，银行处理的是单据，对货物不负责任。《UCP 600》在第 5 条中规定："银行处理的是单据，而不是单据可能涉及的货物、服务或履约行为。"所以，信用证是一种纯粹的单据业务。

《UCP 600》在第 14 条"审核单据的标准"中的 a 项规定："按照指定行事的被指定银行、保兑行（如有）以及开证行必须对提示的单据进行审核，并仅以单据为基础，以决定单据在表面上看来是否构成相符交单。"即银行对任何单据的形式、完整性、准确性、真实性以及伪造或法律效力，或者单据上规定的或附加的一般和/或特殊条件概不负责。单证相符强调的是单据表面的内容与信用证相符，而不是指单据真正的内容相符。

另外，《UCP 600》在第 2 条"定义"中明确规定："相符单据是指与信用证条款、本惯例的相关适用条款以及国际标准银行实务相一致的交单。"

对开证申请人来说，只要开证行凭符合上述规定的单据要求付款赎单时，开证申请人就必须向开证行付款，而不管单据是否伪造、货物是否存在等，如货物存在问题，开证申请人只能以进口商的身份，凭贸易合同向出口商索赔。

因此，此案例中进口商的做法是错误的。因为信用证是凭单付款的文件，开证行凭合格单据对受益人付款是完全正确的。作为银行来说，它处理的仅是单据，而不是货物，所以进口商必须向开证行付款赎单。此案中，进口商的损失可以向保险公司索赔。

二、信用证下的契约安排

（一）信用证下的三方契约

在国际贸易结算的信用证结算方式中，除了信用证之外，实际业务中还存在其他契约，用来维系各有关当事人之间的特定关系。

（1）买、卖双方间的销售合同。这份贸易合同是采用信用证结算方式进行支付的基础。

（2）开证申请人与开证行间的开证申请书，还包括开证协议、担保协议等。这份开证申请书保证了信用证项下凭单支付的款项将由开证申请人偿还。

（3）开证行与受益人间的信用证。若存在保兑行，则保兑行与受益人间仍存在信用证的契约安排。信用证保证了信用证受益人在规定的单据与单证相符的条件下，可以得到开证行确定的支付。

三者之间的关系如图 4-1 所示。

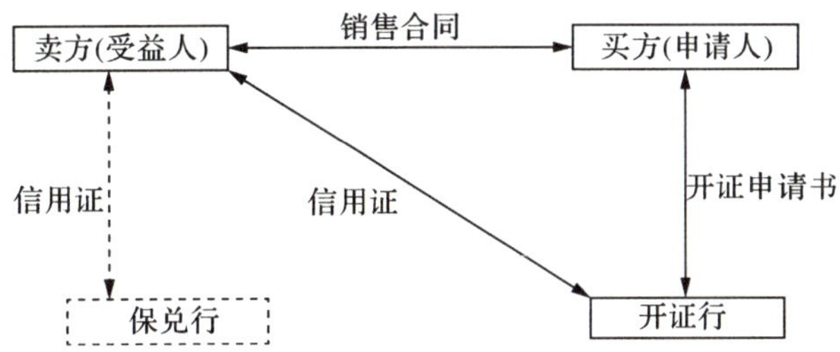

图 4-1 信用证下的契约关系

(二) 三方的契约关系

(1) 受益人不得利用银行与银行之间或开证行与申请人之间存在的契约关系。

(2) 申请人因与开证行或受益人间的关系而产生的索偿或抗辩不得影响银行的付款承诺。

三、信用证的形式和内容

(一) 信用证的形式

1. 信开信用证

信开信用证（Mail Credit）就是开证行用书信格式缮制并通过邮寄方式送达通知行的信用证。信开信用证是传统的信用证开立形式。信开信用证一般一式两份或两份以上，开证行用函寄方式与其在出口地的代理银行联系，要求该行将信用证通知给受益人（出口商）。

2. 电开信用证

电开信用证就是用电讯方式开立和通知的信用证。电开信用证的具体方式还可以进一步分为电报、电传方式和 SWIFT 方式。

(1) 电报、电传方式。开证行将信用证内容以加注密押的电报或电传通知出口商所在地的通知行，并且有简电本和全电本两种情况。①简电本（Brief Cable）即将信用证金额、有效期等主要内容用电文预先通知出口商，目的是使出口商早日备货。但由于内容不完整，简电本不是有效的信用证，在简电本后一般注有“随寄证实书”字样。证实书则是随后寄来的信开信用证。②全电本（Full Cable）是以电文形式开出的完整的信用证。开证行一般会在电文中注明“This is an operative instrument no airmail confirmation to follow”，后面不注有“随寄证实书”字样。这样的信用证是有效的，可以凭以交单议付。

(2) SWIFT 方式。SWIFT 方式是根据 SWIFT 提供的标准电文格式 MT700/701 来开立跟单信用证。

(二) 信用证的内容

关于信用证的内容，世界各地的银行虽无统一的规定，且每一份信用证所规定的条款内容及其措辞也可能各不相同，但基本内容大致相同，主要包括以下几个方面。

1. 关于信用证本身的项目

(1) 信用证的形式（Form of Credit）。一切信用证均应明确表示为可撤销的信用证或不可撤销的信用证（Revocable or Irrevocable），否则应视为不可撤销的信用证。此点在《UCP 600》中已被取消。

（2）信用证的号码和开证日期（L/C No. and Issuing Date）。信用证必须标明开证日期，这是信用证生效的基础。

（3）受益人（Beneficiary）。这是唯一享有利用信用证支取款项权利的人，一般为出口方，因此必须标明完整的名称和详细的地址。

（4）开证申请人（Applicant）。一般为国际贸易中的进口方，应标明完整的名称和详细地址。

（5）信用证金额（Amount）。这是开证行付款责任的最高限额，一般应有大写和小写数字。

（6）有效期限（Terms of Validity，Expiry Date）。一般是受益人交单取款的最后期限，超过这一期限，开证行就不再负付款责任。

（7）生效地点（Place of Effectiveness）。即交单地点，一般为开证行指定的银行。

2. 关于汇票的项目

（1）出票人（Drawer）。一般是信用证的受益人，只有可转让信用证经转让后，出票人才可能不是原证的受益人。

（2）付款人（Drawee，Payer）。一般是汇票开立的对方，汇票付款人需根据信用证的规定来确定。

（3）收款人（Payee）。一般是议付银行。

（4）出票条款（Drawn Cclauses）。主要表明汇票是某某开证行开出的。

（5）出票日期（Date of Drawn）。主要表明开立汇票的时间。

（6）汇票期限（Tenor）。主要表明汇票有效的最后期限。

3. 关于单据的项目

信用证业务处理的主要是单据，所以信用证上一般要列明受益人需要提交的单据，并应说明单据的名称、份数和具体要求。信用证结算中最基本和最重要的单据分别是商业发票（Commercial Invoice）、运输单据（Transport Documents）、保险单据（Insurance Policy）。此外，还包括卖方提供的商检证、产地证、包装单据等。

4. 关于商品的描述

商品的描述一般包括货名（Names）、数量（Quantity）、单价（Unit Price）、包装（Packing）、唛头（Marks）、价格条件（Price Terms）、合同号码（Contract No.）等主要内容。

5. 关于运输的项目

运输的项目一般包括以下几个方面。

（1）装运港或起运地（Port of Loading or Departure）。

（2）卸货港或目的港（Port of Discharge or Destination）。

（3）装运期限（Time of Shipment）。

（4）可否分批装运（Partial Shipment Allowed or not Allowed）。

（5）可否转运（Transhipment Allowed or not Allowed）。

（6）运输方式（Mode of Shipment）。

6. 其他事项

其他事项一般包括以下几个方面。

(1) 开证行对议付行、通知行、付款行的指示条款 (Instructions to Negotiating Bank/Advising Bank/Paying Bank)。这一条款对于通知行来说，常要求其在通知受益人时加注或不加注保兑；对于议付行或代付行来说，一般规定议付金额背书条款 (Endorsement Clause)、索汇方法 (Method of Reimbursement)、寄单方法 (Method of Dispatching Documents)。议付金额背书条款规定，议付后议付银行须在信用证正本背面做好必要的记录；索汇方法通常是指议付后议付银行向开证行索取外汇的方法和路线，如通过上海浦东发展银行北京分行转账等；寄单方法一般会注明单证如何寄送，如必须分两个连续航班用航空邮寄开证行等。

(2) 开证行保证条款 (Engagement/Undertaking Clause)。每一个信用证必须有此条款，表明开证行对其付款责任的书面承诺，一般的保证文句是以 "We hereby engage/undertaking…" 之类的句式开头。需要注意的是，该保证条款只出现在信开信用证，SWIFT 信用证将保证条款省略掉，但其必须加注密押。

(3) 开证行名称及代表签名 (Opening Bank's Name and Signature)。开证行名称及代表签名主要包括电报、电传的密押等。

(4) 其他特别条件 (Other Special Conditions)。其他特别条件主要用以说明一些特别要求，如限制由某银行议付、限制由某国籍船只装运、装运船只不允许在某港口停靠或不允许采取某航线、发票须加注信用证号码、受益人必须交纳一定的履约保证金后信用证方可生效等。

(5) 适用《UCP 600》规定的声明 (Subject to UCP 600 Clause)。一般的文句为："This L/C was issued subject to uniform customs and practice for documentary credits 2007 reversion ICC publication No. 600."。

四、信用证当事人及其权利和义务

信用证的当事人是指一笔信用证业务的参与者。较之其他结算方式，信用证结算方式涉及的当事人较多，而且当事人之间的相互关系更为复杂。一笔信用证业务所涉及的当事人依信用证的种类而异，有的信用证所涉及的当事人较多，有的则较少。一般来说，一笔信用证业务包含 4 个基本的当事人，即开证申请人、开证行、通知行和受益人，但在有些类型的信用证业务中，还涉及转递行、议付行、承兑行、付款行、偿付行和保兑行等。总之，信用证一经开出，其所涉及的当事人就围绕该信用证形成了双边与多边的契约关系。每一当事人均须履行其相应的责任义务，同时享有既定的权利，所有当事人必须按照国际惯例及信用证条款的规定严格行事。以下对信用证项下主要当事人的义务和权利分别予以介绍。

(一) 开证申请人

开证申请人 (Applicant) 是指向一家银行申请开立信用证的当事人，在国际贸易中通常为进口商或中间商。开证申请人的义务和权利如下。

1. 开证申请人的义务

(1) 根据国际贸易买卖合同规定，向银行开立信用证。当合同规定采用信用证结算方式时，进口商应在合同规定的期限内，委托其往来银行及时开立信用证。进口商在申请开证时，应根据商品合同内容填写开证申请书，合理指示开证。应注意以下几点：①开证申请书的措辞必须十分明确，不能含混不清、模棱两可；②避免过多烦琐的条款；③指示内容应当前后保持一致，避免相互矛盾。

（2）交纳开证费。

（3）根据开证行的要求，提供开证担保。开证申请人提供担保的形式可以是现金、动产或不动产，也可以是第三者提供的担保。

（4）在开证行履行付款责任后，应根据开证申请书的规定，及时向开证行付款赎单。

2. 开证申请人的权利

开证申请人在付款赎单时可以检验单据，并拒绝赎取不符合信用证条款的单据，但进口商在赎单提货之后，如发现货物规格、质量、数量等与单据不符，不能向开证行追究责任和索还货款，只能根据过失责任向出口商、承运人或保险商等有关方面提出索赔。

（二）开证行

开证行（Issuing Bank）是指应开证申请人要求，开立信用证的银行。开证行的义务和权利如下。

1. 开证行的义务

（1）根据申请书条款，正确、及时地开出信用证。开证行开立信用证时必须做到完整和明确，使信用证的条款单据化，这样可以通过受益人提交的单据来检验其行为是否符合信用证的要求，而开证行在付款时也只需审核单证的一致性就可以了，不用再考虑商品合同。

（2）对开出的信用证承担第一性的付款责任。当受益人提交符合信用证规定的单据后，开证行必须履行付款责任。此外，开证行凭单付款后，不能因为进口商拒绝赎单或者无力付款而向议付行、代付行、偿付行或出口商追索票款。

2. 开证行的权利

（1）向开证申请人收取开证费用。

（2）若受益人提交的单据不符合信用证条款的规定，开证行有权拒付。对偿付行凭索汇证明书已作出的偿付，当接到的单据不符合信用证规定时，开证行有权向议付行退还单据，进行票款追索。

（3）开证行履行付款责任后，若进口商无力付款赎单，开证行有权处理单据和货物。若出售货物不能抵偿其垫款，开证行仍有权向进口商追索不足部分。

（三）通知行

通知行（Advising Bank）是将信用证通知给受益人的银行。通知行一般由开证行在出口商所在地的代理行担任。通知行的义务和权利如下。

1. 通知行的义务

（1）核实信用证表面的真实性。通知行若同意通知信用证，就应该合理谨慎地核实所通知信用证的表面真实性。如果不能确定信用证表面的真实性或存在疑点，就必须毫不延误地告知发出该指示的银行，说明其不能确定该信用证的真实性，及时向开证行澄清疑点。如果通知行仍决定通知，则必须告知受益人本行不能核对信用证的真实性；通知行若决定不同意通知信用证，则必须毫不延误地告知开证行。

（2）向受益人通知信用证。在信用证的真实性得到核实后，通知行应根据开证行的要求，缮制通知书，及时、正确地通知受益人。

2. 通知行的权利

（1）可以向开证行收取通知费。

（2）通知行对开证行和受益人都不承担必定议付或代为付款的责任。

（3）对电文传递中出现的一些差错有权免责。《UCP 600》第35条规定："当报文、信件或单据按照信用证的要求传输或发送时，或当信用证未作指示，银行自行选择传送服务时，银行对报文传输或信件或单据的递送过程中发生的延误、中途遗失、残缺或其他错误产生的后果，概不负责。银行对技术术语的翻译或解释上的错误，不负责任，并可不加翻译地传送信用证条款。"

（四）受益人

受益人（Beneficiary）是指信用证中明确指定的信用证的接受者，并根据信用证发货、交单和收款的人，通常为国际贸易中的出口方或卖方。受益人的义务和权利如下。

1. 受益人的义务

（1）收到信用证时，应及时审核信用证条款与合同条款的相符性及其是否可以履行。

（2）接受信用证后，应及时履行信用证条款，在规定的装运期内装货，并在信用证有效期内提交规定的单据，交单收款。受益人不仅要对单据的正确性负责，而且要保证所交货物符合贸易合同要求。

2. 受益人的权利

（1）在审核信用证时，若发现信用证条款与贸易合同条款不相符或者无法履行时，有权要求进口商修改信用证或者拒绝接受信用证。

（2）可凭符合信用证规定的单据向议付行交单议付货款，也可向开证行、保兑行、偿付行、代付行或其他指定付款银行请求交单付款。

（3）交单时如遇开证行倒闭，原开信用证作废，开证行所作的付款保证已无法兑现时，受益人有权向进口商提出付款要求，进口商仍有付款责任。受益人可将符合原信用证要求的单据通过银行寄交进口商进行托收索款。若开证行并未倒闭而无理拒付时，受益人或议付行应向开证行据理交涉甚至诉讼，也有权向进口商提出付款要求。

（五）转递行

转递行（Transmitting Bank）与通知行的作用基本相同，但转递手续比通知手续简单。转递行在收到开证行开立的以受益人为收件人的信用证后，也必须核对信用证的印鉴是否相符，以证明信用证的真实性，但转递行是直接将信用证原件照转给受益人。

（六）议付行

议付行（Negotiating Bank）是指对受益人交来的跟单汇票办理交单贴现的银行。限制议付信用证的议付行由信用证上指定的银行担当；而自由议付信用证的议付行可由受益人根据需要任意选择一家银行担当，通常是通知行或受益人的往来银行。议付行的义务和权利如下。

1. 议付行的义务

在受益人提交满足“单证相符、单单相符”的单据时，对议付信用证先行给予垫款。

2. 议付行的权利

(1) 在对受益人支付垫款之后，有权凭符合信用证条款的单据向开证行、保兑行、代付行或偿付行索回垫款。

(2) 可以要求受益人将货权作质押，议付行有权处理单据甚至变卖货物。

(3) 在给受益人支付垫款后，保留向受益人追索垫款的权利。

(七) 承兑行

承兑行（Accepting Bank）是指远期信用证中指定的对受益人出具的远期汇票给予承兑的银行。承兑行的义务和权利如下。

1. 承兑行的义务

在受益人提交满足信用证条款的单据时，对受益人出具的远期汇票进行承兑并到期付款。

2. 承兑行的权利

承兑行付款后有权要求开证行偿付。

(八) 付款行

付款行（Paying Bank）是指在信用证中被指定对信用证项下的汇票进行凭单付款或在付款信用证项下执行付款的银行。付款行也称代付行，开证行通常委托通知行担任付款行。付款行的义务和权利如下。

1. 付款行的义务

付款行一经接受开证行的代付委托，在对受益人进行验单付款后，即不得再向受益人追索。付款行付款后无追索权，它只能向开证行索偿。

2. 付款行的权利

付款行可以在开证行资信较差时，有权拒绝接受开证行代为付款的委托。

(九) 偿付行

偿付行（Reimbursing Bank）是指开证行委托的对议付行或代付行进行偿付的代理银行。通常来说，当开证行与议付行或代付行之间无账户关系时（特别是在信用证采用第三国货币结算时），为了结算便利，开证行往往委托另一家与其有账户关系的银行代向议付行或代付行偿付。凡是开证行授权第三家银行作为偿付行的信用证，在偿付授权书中应加列“本信用证项下的偿付受《跟单信用证项下银行间偿付统一规则》（国际商会出版物第 525 号）的约束”。偿付行的义务和权利如下。

1. 偿付行的义务

依据偿付授权书在权限内对有权索偿银行（议付行或付款行）偿付货款。当信用证中规定有偿付行时，开证行开出信用证后应立即向偿付行发出偿付授权书（Reimbursement Authorization），通知授权付款的金额、有权索偿银行等事项。有权索偿银行在议付或代付款项之后，一方面将单据寄送开证行，另一方面向偿付行发出索偿书（Reimbursement Claim）。

偿付行收到索偿书后，与开证行的偿付授权书进行核对，如与索偿银行相符，且索偿金额不超过授权金额，则立即向出口地银行付款。

2. 偿付行的权利

偿付行不接受单据，不审核单据，不与受益人发生联系，因此偿付行对议付行或代付行的偿付不能视为开证行的付款，不是终局性付款。当开证行收到单据发现与信用证条款不符时，可以向议付行或代付行追回已付款项，但不能向偿付行追索。

（十）保兑行

保兑行（Confirming Bank）是根据开证行的要求对不可撤销信用证加具保兑的银行。保兑行的义务和权利如下。

1. 保兑行的义务

保兑行在信用证上加具保兑之后，即对信用证承担必须付款或议付的独立责任。保兑行的付款责任如同开证行，是终局性付款，一旦对受益人或其他前手银行验单付款之后，便不能再向其行使追索权，而只能向开证行索偿。

2. 保兑行的权利

根据《UCP 600》第 8 条的规定，如果开证行授权或要求某一银行对信用证加具保兑，而其不准备照办，则其必须毫不延误地通知开证行，并可通知此信用证而不加保兑。

第二节 信用证的业务流程

一笔以信用证结算的国际贸易业务从开始到结束大体上有 12 个环节，其流程如图 4-2 所示。

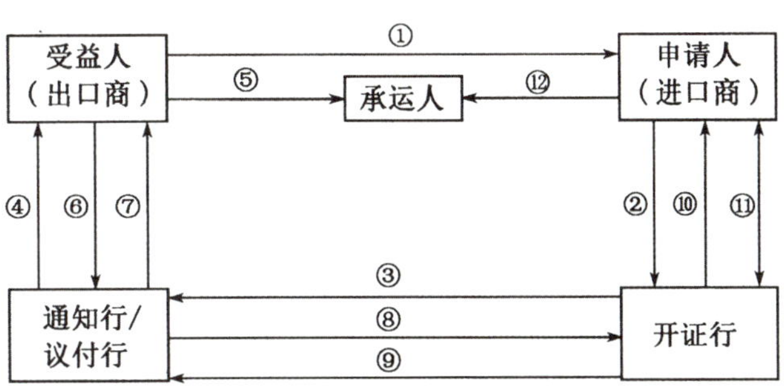

图 4-2 信用证的业务流程

在图 4-2 中，各环节的具体内容如下：

（1）进、出口商鉴定买卖合同，并约定以信用证进行结算；

（2）进口商向所在地银行申请开立信用证；

（3）开证行开出信用证；

（4）通知行将信用证通知给受益人（出口商）；

(5) 出口商接受信用证后，将货物交与承运人，取得相关单据；

(6) 出口商备齐信用证规定的单据和汇票后向议付行提示，要求议付；

(7) 议付行审单无误后，垫付货款给出口商（议付）；

(8) 议付行议付后，将单据和汇票寄至开证行索汇；

(9) 开证行收到与信用证相符的单据后，审单付款；

(10) 开证行通知进口商备款赎单；

(11) 进口商审核单证相符后，付清所欠款项（申请开证时已交保险金），开证行将信用证下的单据交给进口商，不再受开证申请书的约束；

(12) 进口商凭单据向承运人提货。

一、进口商申请开证

进口商作为开证申请人应在买卖合同规定的期限内，向其所在地银行申请开立以出口商为受益人的信用证。在申请开证时，开证申请人要按照合同内容填写开证申请书，并交付相应的开证押金（保证金）及开证手续费。开证申请书是约束开证申请人与开证行之间权利和义务关系的契约性文件，是开证行开立信用证的依据，在信用证业务流程中起关键作用，直接关系到整个信用证业务流程的顺利运作。信用证的开证指示、信用证本身、信用证的修改指示和修改书本身必须完整准确，其中信用证的开证指示就是指开证申请书。为了使申请书的格式标准化、国际化，以方便使用，国际商会第516号出版物（《最新跟单信用证标准格式》）相应制定了开证申请书的格式，从而统一了信用证申请书的格式。申请书通常包括两个部分：第一部分为根据合同条款确定的信用证内容，开证行据此开出信用证；第二部分为开证申请人对开证行的若干项声明和保证，用以明确双方的权利和义务。为确保信用证结算的顺利进行，进口商在填制开证申请书时，应注意以下几点：

(1) 开证申请书的内容应与买卖合同的条款保持一致；

(2) 不得将与信用证无关的内容和合同中的过细条款写入申请书中；

(3) 写入申请书的内容必须完整、准确、简洁，避免模糊、模棱两可或有争议的内容；

(4) 申请书所列条款内容与《UCP 600》规定不相符的，一定要在特殊指示中利用特别条款加以说明。

进口商在申请开证时，还应作如下保证：

(1) 进口商承认银行在进口商赎单以前，对单据及单据所代表的货物具有所有权，必要时银行可以处置货物，以抵付进口商的欠款；

(2) 进口商承认银行有接受“表面上合格”的单据的权利，对于伪造的单据、货物与单据不符或货物中途遗失，银行概不负责；

(3) 单据到达后，进口商有如期付款赎单的义务，单据到达前，银行可在货款范围内，随时要求追加押金（保证金）；

(4) 进口商同意电报传递中如有错误、遗漏或单据邮递遗失等，银行概不负责；

(5) 进口商承担该信用证所需的一切国内外银行费用。

二、开证行开证

银行接到申请人完整明确的指示后，应立即按指示开出信用证。开立信用证的银行即为开证行。开证行一旦开出信用证，在法律上就与开证申请人构成了开立信用证的权利和义务的关系，开证申请书也就构成了两者的契约关系。

三、通知与保兑

出口方银行收到开证行开来的信用证后，应根据信用证的要求，将信用证通知或转递给受益人。受益人即接受信用证，凭以发货、交单、取款的人，一般为出口商。

（一）信用证的通知与传递

通知行在收到开证行开来的信开信用证或电开信用证后，若拒绝接受开证行通知信用证的委托，应毫不迟延地通知开证行。若决定接受开证行通知信用证的委托，就有义务合理谨慎地鉴别信用证表面的真实性；若不能确认信用证的真实性时，应及时向开证行查询；若在未核实前通知了信用证，应向受益人讲明情况；在确认信用证的真实性后，通知行一般要对信用证进行相关条款的审核，但这并不是开证行的义务，只是为了受益人的利益和竞争的需要；最后，通知行必须在信用证上加盖“印鉴已符”或“密押已符”的印章，并缮制通知书及时通知受益人。

（二）信用证的保兑

信用证的保兑是指开证行开出的信用证，由另一银行保证对符合信用证条款规定的单据履行付款义务。对信用证加保兑的银行为保兑行。保兑行对信用证加具保兑的具体做法如下：

（1）开证行在给通知行的信用证通知书中授权另一家银行（通知行）在信用证上加保；

（2）通知行用加批注等方法，表明保证兑付或保证对符合信用证条款规定的单据履行付款并签字。

（三）信用证的修改

受益人应审证、发货、制单。受益人接到信用证通知书后，首先要对信用证进行审核，以确定其是否和贸易合同相符。如果来证与贸易合同不符，则必须立即通知开证申请人，要求其通知开证行修改信用证，尤其要对是否存在软条款进行谨慎分析。

四、议付与索汇

（一）议付行及议付程序

出口商接受信用证后，将货物交与承运人，取得货运单据、保险单据等相关单据。最后，出口商根据信用证要求缮制发票、装箱单、产地证明和装船通知等单据。出口商备齐信用证规定的单据后，根据所开信用证的支付方式向有关银行提示信用证，请求议付（议付行）、承兑（承兑行）或付款（付款行/保兑行）。

有关银行审单无误后，垫付（议付行）或支付（付款行或保兑行）货款给出口商。若是承兑信用证，则承兑行审单后先对远期汇票进行承兑，于汇票到期日再垫付货款给出口商。根据信用证的支付方式，如果受益人向议付行交单，无论是自由议付还是限制性议付，议付行对受益人的付款都具有追索权。除非双方事先签有协议，议付行放弃追索权，否则受益人得到的只是凭单据抵押的银行融资或垫款；如果受益人向指定保兑行或付款行交单，后者审单无误后对受益人的付款是没有追索权的。

（二）索汇

如果信用证没有指定偿付行，则有关银行凭单据向受益人垫付款项后，将单据和汇票寄至开证行索偿。若信用证指定有偿付行，则索偿行在向开证行寄单的同时，凭索偿书直接向偿付行索偿。

五、付款赎单

开证行将票款拨付议付行后，应立即通知进口商备款赎单。如单证相符，进口商应将开证行所垫付票款付清，取得单据，这样开证行和进口商之间由开立信用证所构成的权利和义务关系即告结束。

第三节　信用证的开立

进口方与出口方签订国际贸易货物进出口合同并确认以信用证为结算方式后，即由进口方向有关银行申请开立信用证。开证申请是整个进口信用证处理实务的第一个环节，进口方应根据合同规定的时间或在规定的装船前一定时间内申请开证，并填制开证申请书，开证行根据有关规定收取开证押金和开证费用后开出信用证。

开证申请人（进口方）在向开证行申请开证时必须填制开证申请书。开证申请书是开证申请人对开证行的付款指示，也是开证申请人与开证行之间的一种书面契约，它规定了开证申请人与开证行的责任。在这一契约中，开证行只是开证申请人的付款代理人。

开证申请书主要依据贸易合同中的有关主要条款填制，申请人填制后附上合同副本一并提交银行，供银行参考、核对。但信用证一经开立则独立于合同，因而在填写开证申请时应审慎查核合同的主要条款，并将其列入申请书中。

一般情况下，开证申请书都由开证银行事先印就，以便申请人直接填制。开证申请书通常为一式两联，申请人除填写正面内容外，还须签具背面的“开证申请人承诺书”。

一、申请开证应注意的问题

(1) 申请开证前，要落实进口批准手续及外汇来源。

(2) 开证时间的掌握应以卖方在收到信用证后能在合同规定的装运期内出运为原则。

(3) 开证时要注意信用证的内容与合同的一致。

(4) 合同规定为远期付款时，要明确汇票期限，价格条款必须与相应的单据要求以及费用负担、表示方法等相吻合。

（5）由于银行是凭单付款，不管货物质量如何，都不受买卖合同的约束，所以为使货物质量符合合同规定，买方可在开证时规定要求对方提供商品检验机构出具的装船前检验证明，并明确规定货物的规格品质，指定检验机构（合同中应事先订明）。这样，交单时如发现检验结果与证内不一致，可拒付货款。

（6）信用证内容必须明确无误，明确规定各类单据的出单人（商业发票、保险单和运输单据除外），明确规定各单据应表述的内容。

（7）在信用证支付方式下，只要单据表面与信用证条款相符合，开证行就必须按规定付款。所以，进口方对出口方的要求须在申请开证时按合同有关规定转化成有关单据，具体规定在信用证中。如信用证申请书中含某些条件而未列明应提交与之相应的单据，银行将认为未列此条件，对此将不予理睬。

（8）根据《UCP 600》的规定，信用证都是不可撤销信用证。

（9）国外通知行由开证行指定，进口方不能指定，但如果出口商在订立合同时，坚持指定通知行，进口商可在开证申请书上注明，供开证行在选择通知行时参考。

（10）不准分批装运、不准中途转运、不接受第三者装运单据，均应在信用证中明确规定，否则，将被认为是允许分批装运、允许中途转运、接受第三者装运单据。

（11）对于进口方开出的信用证，如出口方要求其他银行保兑或由通知行保兑，进口方原则上不能同意（在订立合同时，应说服国外出口方免除保兑要求，以免开证时被动）。

（12）我国银行一般不开可转让信用证（因为对第一受益人的资信难以了解，特别是对于跨地区和国家的转让更难掌握）。但在特殊情况下，如大额合同项下开证要求多家出口商交货，照顾实际需要可与银行协商开出可转让信用证。

（13）我国银行一般也不开立载有电报索偿条款（T/T Reimbursement Clause）的信用证。

二、申请开立信用证的具体手续

（1）递交有关合同的副本及附件；

（2）填写开证申请书；

（3）缴付保证金。

三、信用证申请书的填制

（1）To（致××行）：填写开证行名称。

（2）Date：填写申请开证的日期，如200428。

（3）填写传递方式。

①Issue by Airmail：以信开的形式开立信用证。选择此种方式，开证行以航邮将信用证寄给通知行。

②With Brief Advice by Teletransmission：以简电开的形式开立信用证。选择此种方式，开证行将信用证主要内容发电预先通知受益人，银行承担必须使其生效的责任，但简电本身并非信用证的有效文本，不能凭以议付或付款，银行随后寄出的“证实书”才是正式的信

用证。

③Issue by Express Delivery：以信开的形式开立信用证。选择此种方式，开证行以快递（如 DHL）将信用证寄给通知行。

④Issue by Teletransmission (which shall be the operative instrument)：以全电开的形式开立信用证。选择此种方式，开证行将信用证的全部内容加注密押后发出，该电讯文本为有效的信用证正本。如今大多数开证行采用全电开证的方式开立信用证。

(4) Nature of Letter of Credit：信用证性质。

(5) Credit No.：信用证号码，由银行填写。

(6) Date and Place of expiry：信用证有效期及地点，地点填受益人所在国家，如 200815 IN THE BENEFICIARY'S COUNTRY。

(7) Applicant：填写开证申请人名称及地址。开证申请人又称开证人（Opener），是指向银行提出申请开立信用证的人，一般为进口人，就是买卖合同的买方。开证申请人为信用证交易的发起人。

(8) Beneficiary (full name and address)：填写受益人全称和详细地址。受益人是指信用证上所指定的有权使用该信用证的人，一般为出口方，也就是买卖合同的卖方。

(9) Advising Bank：填写通知行名址。如果该信用证需要通过收报行以外的另一家银行转递、通知或加具保兑后给受益人，该项目内填写该银行。

(10) Amount：填写信用证金额，分别用数字小写和文字大写。以小写输入时须包括币种与金额，如 USD 89 600（U. S. DOLLARS EIGHTY NINE THOUSAND SIX HUNDRED ONLY）。

(11) Partial Shipments：分批装运条款。填写跟单信用证项下是否允许分批装运。

(12) Transshipment：转运条款。填写跟单信用证项下是否允许货物转运。

(13) Loading on Board/Dispatch/Taking in Charge at/from：填写装运港。

(14) Not Later than：填写最后装运期，如 200610。

(15) For Transportation to：填写目的港。

(16) Price Terms：价格条款。根据合同内容选择或填写价格条款。

(17) Credit Available with——填写此信用证可由××银行即期付款、承兑、议付、延期付款，即押汇银行（出口地银行）名称。

如果信用证为自由议付信用证，银行可用“ANY BANK IN…（地名/国名）”表示。

如果该信用证为自由议付信用证，而且对议付地点也无限制时，可用“ANY BANK”表示。

①Sight Payment：勾选此项，表示开具即期付款信用证。即期付款信用证是指受益人（出口商）根据开证行的指示开立即期汇票，或无须汇票仅凭运输单据即可向指定银行提示请求付款的信用证。

②Acceptance：勾选此项，表示开具承兑信用证。承兑信用证是指信用证规定开证行对于受益人开立以开证行为付款人或以其他银行为付款人的远期汇票，在审单无误后，应承担承兑汇票并于到期日付款的信用证。

③Negotiation：勾选此项，表示开具议付信用证。议付信用证是指开证行承诺延伸至第三当事人，即议付行，其拥有议付或购买受益人提交信用证规定的汇票/单据权利行为的信用证。如果信用证不限制某银行议付，可由受益人（出口商）选择任何愿意议付的银行，提交

汇票、单据给所选银行请求议付的信用证称为自由议付信用证，反之为限制性议付信用证。

④Deferred Payment at：勾选此项，表示开具延期付款信用证。如果开具这类信用证，需要写明延期多少天付款。例如，at 60 days from payment confirmation（60 天承兑付款）、at 60 days from B/L date（提单日期后 60 天付款）等。

延期付款信用证指不需汇票，仅凭受益人交来单据，审核相符，指定银行承担延期付款责任起，延长直至到期日付款。该信用证除能够为欧洲地区进口商避免向政府缴纳印花税而免开具汇票之外，其他都类似于远期信用证。具体填制内容如下：

against the documents detailed herein and beneficiary's draft（s）for　　　　% of invoice value

at　　　　sight

drawn on

意为："连同下列单据：受益人按发票金额________%，做成限制为________天，付款人为________的汇票。"

注意：延期付款信用证不需要选择连同此单据。

"at sight"为付款期限。如果是即期，需要在"at"和"sight"之间填"* * * *"或"——"，不能留空。远期有几种情况：at××days after date（出票后××天）、at××days after sight（见票后××天）或 at××days after date of B/L（提单日后××天）等。如果是远期，要注意两种表达方式的不同：一种是见票后××天（at××days after sight），另一种是提单日后××天（at××days after B/L date）。这两种表达方式在付款时间上是不同的，"见票后××天"是指银行从见到申请人提示的单据时间算起的××天，而"提单日后××天"是指从提单上的出具日开始计算的××天，所以如果能尽量争取到以"见单后××天"的条件成交，等于又争取了几天迟付款的时间。

"drawn on"为指定付款人。注意：信用证项下汇票的付款人应为开证行或指定的付款行。如：

against the documents detailed herein and beneficiary's draft（s）for 100% of invoice value

at * * * * sight

drawn on THE CHARTERED BANK

（18）Documents required：(marked with X)：信用证需要提交的单据（用"X"标明）。根据《UCP 600》，信用证业务是纯单据业务，与实际货物无关，所以信用证申请书上应按合同要求明确写出所应出具的单据，包括单据的种类，每种单据所表示的内容，正、副本的份数，出单人等。一般要求提示的单据有提单（或空运单、收货单）、发票、箱单、重量证明、保险单、数量证明、质量证明、产地证、装船通知、商检证明以及其他申请人要求的证明等。

注意：如果是以 CFR 或 CIF 成交，就要要求对方出具的提单为"运费已付"（freight prepaid）；如果是以 FOB 成交，就要要求对方出具的提单为"运费到付"（freight collect）；如果按 CIF 成交，申请人还应要求受益人提供保险单，且注意保险险别，赔付地应要求在到货港，以便一旦出现问题，方便解决。汇票的付款人应为开证行或指定的付款行，不可规定为开证申请人，否则会被视作额外单据。

①经签字的商业发票一式________份，标明信用证号________和合同号________。

②全套清洁已装船海运提单，作成空白抬头、空白背书，注明"运费［ ］待付/［ ］已付"，［ ］标明运费金额，并通知________________。

空运提单收货人为________，注明“运费[ ]待付/[ ]已付”，[ ]标明运费金额，并通知____________。

③保险单/保险凭证一式____________份，按发票金额的____________%投保，注明赔付地在________，以汇票同种货币支付，空白背书，投保________________。

④装箱单/重量证明一式________份，注明每一包装的数量、毛重和净重。

⑤数量/重量证一式________份，由____________出具。

⑥品质证一式________份，由[ ]制造商/[ ]公众认可的检验机构________出具。

⑦产地证一式________份，由________________出具。

⑧受益人以传真/电传方式通知申请人装船证明副本，该证明须在装船后________日内发出，并通知该信用证号、船名、装运日以及货物的名称、数量、重量和金额。

(19) Description of goods：货物描述，如：

01005 CANNED SWEET CORN，3 060G×6TINS/CTN

QUANTITY：800 CARTON

PRICE：USD14/CTN

(20) Additional instructions：附加条款，是对以上各条款未述之情况的补充和说明，且包括对银行的要求等。

①开证行以外的所有银行费用由受益人担保。

②所需单据须在运输单据出具日后________天内提交，但不得超过信用证有效期。

③第三方为托运人不可接受，简式/背面空白提单不可接受。

④数量及信用证金额允许有________%的增减。

⑤所有单据须指定________________船公司。

(21) Other terms，if any：其他条款。

(22) 申请书下面有关申请人的开户银行（填银行名称）、账户号码、执行人、联系电话、申请人（法人代表）签字等内容。

【案例 4—4】

根据下列资料填写开证申请书：

进口商：杭州××化妆品贸易公司

HANGZHOU ××

COSMETICS TRADE COMPANY

168 HUSHU ROAD，HANGZHOU

CHINA

法人代表：××

电话：××××××××

账号：××—××—×××××××××

出口商：日本××株式会社

×× CORPORATION

1—3—6 HOMMACHI，OSAKA

JAPAN

进口产品：××清凉薄荷漱口水

×× FRESHMINT MOUTHWASH

规格：250ml/Bottle，净重 300 克（G）/Bottle
贸易术语：CIF SHANGHAI 每瓶 1.88 美元
总数量：40 320 瓶（Bottles）
总金额：75 801.60 美元
装运港：大阪（OSAKA）
卸货港：上海（SHANGHAI）
运输要求：不允许分批，不允许转运，一个 20 尺集装箱装运
最迟装运日：2019 年 3 月 15 日
支付方式：即期议付信用证，汇票金额为发票金额的 100%
开证日期：2019 年 2 月 5 日
开证银行：中国银行杭州分行
开证方式：SWIFT
信用证有效期：2019 年 3 月 30 日
到期地点：日本大阪
单证要求：发票一式三份显示合同号码和信用证号码
装箱单一式三份
清洁已装船提单一套，做成“凭指示”，空白背书，通知开证申请人
保险单一式两份，空白背书，承保中国人民保险公司的一切险，加一成，赔付地点为中国，赔付币制与汇票币制一致
有关当局签署的产地证一份
官方机构签署的质量检验证一份
其他要求：交单期是提单日期后 15 天内但又必须在信用证有效期内
第三方单证不接受，简式提单不接受
中国以外的银行费用由受益人承担
合同号码：TT190120

IRREVOCABLE DOCUMENTARY CREDIT APPLICATION

To：BANK OF CHINA，HANGZHOU BRANCH　　Date：05 FEB.，2019

（ ）Issue by airmail （ ）With brief advice by teletransmission （×）Issue by SWIFT	Credit No. **Date and place of expiry**（1） 30 MARCH 2019 IN OSAKA JAPAN
Applicant（2） HANGZHOU ×× COSMETICS TRADE COMPANY 168 HUSHU ROAD，HANGZHOU CHINA	**Beneficiary**（3） ×× CORPORATION 1－3－6 HOMMACHI，OSAKA JAPAN
Advising bank	Amount（figure and words）（4）USD75801.60 SAY U. S. DOLLARS SEVENTY FIVE THOUSAND EIGHT HUNDRED AND ONE AND POINT SIXTY ONLY

续表

Partial shipment (5) ( ) allowed (×) not allowed	Transshipment (6) ( ) allowed (×) not allowed	Credit available with (8) ANY BANK by ( ) sight payment ( ) acceptance (×) negotiation ( ) deferred payment at ______ days after against the documents detailed herein and beneficiary's drafts for 100 % of invoice value at sight drawn on BANK OF CHINA, HANGZHOU BRANCH
Port of Loading: (7) OSAKA not later than 15 MARCH 2019 Port of discharge: SHANGHAI		
( ) FOB ( ) CFR (×) CIF ( ) Other terms		

Documents required: (marked with×)

1. (×) Signed commercial invoice in 3 copies indicating L/C No. and contract No. TT190120.
2. (×) Full set of clean on board Bill of Lading made out to order and blank endorsed marked freight.
   (×) prepaid/ ( ) collect notify APPLICANT.
   ( ) Air Waybill/cargo receipt/copy of railway bill issued by ______________ showing freight prepaid ( ) / ( ) collect indicating freight amount and consigned to __________ .
3. (×) Insurance Policy/Certificate in DUPLICATE for 110 % of invoice value showing claims payable in CHINA in the currency of the drafts, blank endorsed, covering All risks.
4. (×) Packing List in 3 copies.
5. ( ) Certificate of Quantity/weight in ______ copies issued by ____________ .
6. (×) Certificate of Quality in 1 copies issued by ( ) manufacturer/ (×) public recognized surveyor/ ( ).
7. (×) Certificate of Origin in 1 copies issued by COMPETENT AUTHORITIES.
8. ( ) Beneficiary's certified copy of fax/telex dispatched to the applicant within ______ hours after the shipment advising L/C No., name of vessel, date of shipment, name, quantity, weight and value of goods.

Other documents, if any

Description of goods: (9)

40320 BOTTLES OF ×× FRESHMINT MOUTHWASH

250ML (N. W.: 300G) PER BOTTLE

CIF SHANGHAI USD1. 88 PER BOTTLE

SHIPMENT BY ONE 20 FEET CONTAINER LOAD

Additional instructions:

1. (×) All banking charges outside China are for the account of beneficiary.
2. (×) Documents must be presented within 15 days after the date of issuance of the transport documents but within the validity of this credit.
3. (×) Third pany documents is not acceptable, short form/blank back B/L is not acceptable.
4. ( ) Both quantity and amount ___% more or less are allowed.
5. ( ) All documents must be forwarded in ______ .

Other terms, if any

STAMP OF APPLICANT 杭州××化妆品贸易公司 ××（章）

(10) 电话：××××××××

账号：××－××－××××××××

第四节 信用证的通知、修改及审核

一、信用证的通知

在大多数情况下，信用证不是由开证行直接通知受益人，而是通过其在受益人国家或地区的代理行，即通知行进行转递的。通知行通知受益人的最大优点就是安全。

（一）通知行应合理、谨慎地审核所通知的信用证的表面真实性

依照《UCP 600》第 9 条的规定，若通知行决定通知信用证，它应合理、谨慎地审核信用证的表面真实性。

通知行是以其技术和条件来从事信用证通知业务的，它一般掌握有开证行的签字样本、印鉴、密押本等，用以检查来证的表面真实性。若此法不通，通知行应以其他方法，如通过开证行的代理行发送的检查函件来确认来证的表面真实性。通知行的核验只要尽到合理、谨慎即可。若通知行不能确定来证的表面真实性，它必须不延迟地通知发出该指示的银行，说明它不能确定来证的真实性。若通知行仍决定通知该信用证，则它必须告知受益人它不能确定该信用证的真实性。据此，除非通知行另有说明，否则，只要通知行将信用证通知受益人，受益人就可断定该证的表面真实性无误。若信用证有两家以上的通知行，核对开证行印鉴或密押的责任在于第一通知行，而其以后的通知行只需对其前手通知行的密押或印鉴的真实性负责。

（二）“通知行无须承担责任”的真正含义

通知行在向受益人发出通知时，一般附加有这样的标准条款，即“我方不承担义务，现向你方通知如下……”对此有人认为，通知行除了通知信用证以外并不承担任何责任，不能要求它做其他任何事情。然而，还有人认为实际上通知行受理单据已成惯例，这一惯例暗示，若单据交给通知行，该行如无正当理由不能拒绝受理。若通知行不准备承担上述义务，应在通知中对受益人作特别声明，否则就不能违背实践中为银行界和商业界所周知的习惯。

根据《UCP 600》的规定，通知行除通知信用证并核验其表面真实性外，并无任何其他义务。但由于通知行受理单据已成为交易惯例，所以，若通知行未加特别相反的声明，则其可能应承担受理单据的责任。不过，通知行仍有权在通知中通过特别声明的形式排除该责任的承担。总体而论，通知行并非信用证当事人，不受信用证的约束，其仅仅是受开证行的委托而提供特定的服务而已。即使在其无特别相反声明的情况下，其应根据惯例而受理单据，但这仅限于予以传递，并不意味着应对单据进行审核。尽管开证行可能委托其对信用证加以保兑或对受益人进行付款或议付，通知行仍然有拒绝的权利，只有其愿意接受上述委托，才

承担相应的义务。

（三）信用证通知书

信用证通知书是在贸易过程中为保证卖方发货后即能得到货款，由银行作为付款中介开出的。本单证是卖方银行发给卖方的，作为买方的付款保证的通知。该单证是以 UN/EDIFACT 标准中的 CREADV、CREEXT 报文为模板设计的（如图 4-3 和图 4-4 所示）。

图 4-3 中各项说明如下。

（1）参考号：作为发信方的所有报文索引，限长 35 位，即 35 个数字或英文字母。

（2）通知书号：作为发信方的所发各“通知书”索引，限长 35 位，即 35 个数字或英文字母。

（3）日期：单证申请日期。格式（年/月/日），如 1999/08/02（必选）。

（4）致：填写卖方名称。用下拉式菜单选择（必选）。

（5）开证行（买方银行）（必选）。

①名称：限长 35 位（限长 17 个汉字）。

②编码：该行金融编码，限长 11 位。

（6）转递行（买方银行与卖方银行之间的中介行，本栏为可选栏）（必选）。

①名称：限长 35 位（限长 17 个汉字）。

②编码：该行金融编码，限长 11 位。

（7）通知行（卖方银行）（必选）。

①名称：限长 35 位（限长 17 个汉字）。

②编码：该行金融编码，限长 11 位。

③地址：限长 35 位（限长 17 个汉字）。例如，北京市海淀区黄庄 75 号。

④电传：限长 25 位数字。

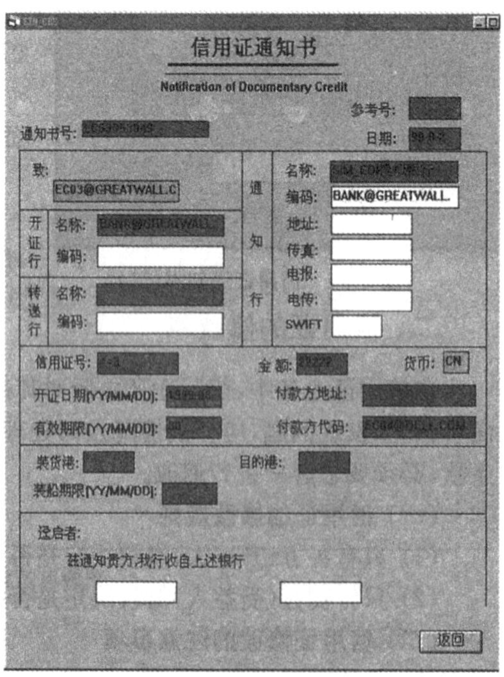

图 4-3　信用证通知书（一）

⑤传真：限长 25 位数字。

⑥电报：限长 25 位数字。

⑦SWIFT：限长 25 位数字。

(8) 信用证号：银行所开的信用证编号，限长 35 位，即 35 个数字或英文字母（必选）。

(9) 开证日期：格式（年/月/日）（必选）。

(10) 金额：由银行担保的付款总额，限长 17 位（必选）。

(11) 货币：弹出式可选项。例如，“CNY”代表人民币（必选）。

(12) 收自上述银行________，________信用证一份。

①例如，“电传开立，预先通知”（必选）。

②例如，“未生效，证实书”（必选）。

(13) 该信用证：弹出式可选项。例如，“保兑并限向我行交单，不保兑不负责”（必选）。

(14) 备注：限长 70 位（限长 35 个汉字）。

(15) 共______纸：限长 2 位数字。例如，5。

(16) 附注：限长 70 位（限长 35 个汉字）。例如，若对本单中各项有任何疑问，请与开证申请人联系。

图 4-4 中各项说明如下：

(1) 单据号：限长 35 位（限长 17 个汉字）。

(2) 单据名称：限长 35 位（限长 17 个汉字）。

(3) 开单时间：格式（年/月/日），如 1999/07/31。

(4) 单据来源：限长 35 位（限长 17 个汉字）。

(5) 单据份数：限长 2 位数字。例如，2。

(6) 备注：限长 70 位（限长 35 个汉字）。例如，注明合同号和信用证号。

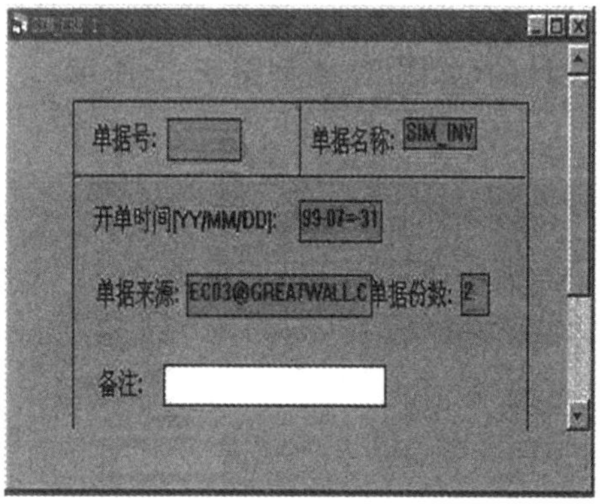

图 4-4 信用证通知书（二）

二、信用证的修改

在信用证业务中，信用证开立后对其进行修改是经常发生的事情。通过对信用证的全面审核，如发现问题，应分别根据情况及时处理。对于影响安全收汇、难以接受或做到的信用证条款，必须要求客户进行修改。

（一）信用证的修改规则

（1）只有买方（开证人）有权决定是否接受修改信用证。

（2）只有卖方（受益人）有权决定是否接受信用证修改。

（二）信用证修改的注意事项

（1）凡是需要修改的内容应做到一次性向客人提出，避免多次修改信用证的情况。

（2）对于不可撤销信用证中任何条款的修改，都必须取得当事人的同意后才能生效。对信用证修改内容的接受或拒绝有以下两种表示形式：

①受益人作出接受或拒绝该信用证修改的通知；

②受益人以行动按照信用证的内容办事。

（3）收到信用证修改后，应及时检查其修改内容是否符合要求，并分别根据情况表示接受或重新提出修改。

（4）对于修改内容要么全部接受，要么全部拒绝，部分接受修改中的内容是无效的。

（5）有关信用证修改必须通过原信用证通知行才具有真实性、有效性。通过客人直接寄送的修改申请书或修改书复印件不是有效的修改。

（6）明确修改费用由谁承担，一般按照责任归属来确定修改费用由谁承担。

修改申请书样本如图 4-5 所示。

APPLICATION FOR AMENDMENT TO LETTER OF CREDIT

信用证修改申请书

No. of Credit Facility: Date:

授信额度编号： 日期：

To:China Merchants Bank Branch (Sub-Branch)

致：招商银行 分(支)行

L/C No.______________ Amqunt:______

信用证号码：______________ 金 额：______

Amendment No.

修改次数(银行填写)：

Please amend the above L/C by Swift/Telex as follows ＜marked with (X)＞:

请以 SWIFT/电传方式修改上述信用证如下＜注有(X)部分＞：

( )Shipment date is extended to________

( )Expiry date is extended to________

( )Increasing credit amount by to ________

Others:

( )______________

All other terms and conditions remain unchanged.

其余条款不变。

Charges and fees if any, are for our a/c No.________

修改之手续费及电信费用请从我司________账号扣付。

Stamp and signature(s) of the applicant:

申请人签章：

银行审查意见：

经办：

复核： 授权：

图 4-5 信用证修改申请书

三、信用证的审核

许多不符点单据的产生以及提交后被银行退回，大多是对收到的信用证事先检查不够造成的，这往往使一些本来可以纠正的错误由于审核不及时没能及时地加以修改。因此，一般应在收到信用证的当天对照有关的合同认真地按下列各条仔细检查，这样可以及早发现错误，采取相应的补救措施。

（一）信用证的主要风险

信用证方式虽较能为买、卖双方所共同接受，但由于它所固有的独特的性质（特别是它的机械的“严格一致”原则），常为不法商人行骗所利用，客观上也存在一系列的风险。从出口贸易业务的角度分析，出口方的风险主要有以下几个方面。

1. 进口商不依合同开证

信用证条款应与买卖合同严格一致。但实际上由于多种原因，进口商不依照合同开证，从而使合同的执行发生困难或者使出口商遭到额外的损失。最常见的是，进口商不按期开证或不开证（如在市场变化和外汇、进口管制严格的情形下）；进口商在信用证中增添一些对其有利的附加条款（如单方面提高保险险别、金额，变换目的港及更改包装等），以达到企图变更合同的目的；进口商在信用证中作出许多限制性的规定等。

2. 进口商造假

进口商伪造信用证，或窃取其他银行已印好的空白格式信用证，或与已倒闭或濒临破产的银行的职员恶意串通开出信用证等。出口商若未察觉，将导致货、款两空的损失。

3. 进口商故意设置障碍

进口商往往利用信用证“严格一致”的原则，蓄意在信用证中增添一些难以履行的条件或设置一些陷阱。如规定不确定、有字误以及条款内容相互矛盾的信用证。信用证上存在字误，如受益人名称、地址、装运船、地址、有效期限等打错字，不要以为是小瑕疵，它们将直接影响要求提示的单据，有可能成为开证行拒付的理由。

信用证是一项独立的约定。一般来说，受益人按照信用证规定要求去执行，就应取得相应的单据，议付结汇。但是，有的信用证在开出之时就被设置了条款陷阱，就是常说的“软条款”。软条款就是指开证申请人（进口商）在申请开立信用证时，故意设置若干隐蔽性的陷阱条款，以便在信用证运作中置受益人（出口商）于完全被动的境地，而开证申请人或开证行则可以随时将受益人置于陷阱，而以单据不符为由，解除信用证项下的付款责任。

软条款的表现形式多种多样。例如，进口商规定要求不易获得的单据，或注明货物配船部位，或明确要求 FOB 或 CFR 条件下凭保险公司回执申请议付，这些对作为受益人的卖方来说根本无法履行或非卖方所能控制。如信用证规定，要求受益人提供由商检局出具品质和数量和价格检验证明的条款。而根据中国海关总署的规定，海关总署只能出具品质和数量的检验证明，但不能出具价格的检验证明。因此，其非卖方所能获得，应及时要求买方通过银行修改，取消有关价格检验的词句。又如：执行信用证的主动权被进口方掌握，装船需要进口方指示；结汇单据依赖进口方提供；收取货款需要进口方同意；信用证条款与要求不配套，单据条款与操作条款不衔接，相关规定自相矛盾，如信用证中规定禁止分批装运却又限定每批交货的期限，或者既允许提示联运提单又禁止转船，或者所要求的保险的种类相互重叠等。如果接受信用证软条款，出口商必然承担相应的收汇风险。

4. 信用证规定的要求与有关国家的法律规定不一致或与有关部门规章不一致

实践中，卖方不可疏忽大意的是，虽然信用证表面规定有利于己方的条件，但有关国家或地方的法律以及有关出单部门的规定不允许信用证上的规定得以实现，因此，应预防在先，了解在先，适当时应据理力争，删除有关条款，不应受别国法律的约束。如国外开来的信用证，要求投保伦敦协会的一切险（all risks）和中国人民保险公司的战争险（war risks）条款，虽然这两种险别可以同时投保，但根据中国人民保险公司的规定，不能同时投保中外两个保险机构，只能取其一。因此，中方出口商应及时联系客户，删除其中一个机构，然后再投保。

5. 涂改信用证诈骗

进口商将过期失效的信用证刻意涂改，变更原证的金额、装船期和受益人名称，并直接邮寄或面交受益人，以骗取出口货物或诱使出口方向其开立信用证，骗取银行融资。

6. 伪造保兑信用证诈骗

所谓伪造保兑信用证诈骗，是指进口商在提供假信用证的基础上，为获得出口方的信任，蓄意伪造国际大银行的保兑函，以达到骗取卖方大宗出口货物的目的。

7. 规定要求的内容已非信用证交易实质

如信用证规定必须在货物运至目的地后，货物经检验合格后或经外汇管理当局核准后才付款，或规定以进口商承兑汇票为付款条件，如买方不承兑，开证行就不负责任，这些已非信用证交易，对出口商也没有保障可言。

（二）信用证审核的要点

1. 检查信用证的付款保证是否有效

应注意有下列情况之一的，不是一项有效的付款保证或该项付款保证是存在缺陷问题的。

（1）信用证明确表明是可以撤销的。此信用证由于无须通知受益人或未经受益人同意可以随时撤销或变更，应该说对受益人是没有付款保证的，对于此类信用证，一般不予接受；信用证中如没有表明该信用证是否可以撤销，但按《UPC 600》的规定，应理解是不可以撤销的。

（2）应该保兑的信用证未按要求由有关银行进行保兑。

（3）信用证未生效。

（4）有条件生效的信用证。如待获得进口许可证后才能生效。

（5）信用证密押不符。

（6）信用证简电或预先通知。

（7）由开证人直接寄送的信用证。

（8）由开证人提供的开立信用证申请书。

2. 检查信用证的付款时间是否与有关合同规定相一致

（1）信用证中规定有关款项须在向银行交单后若干天内或见票后若干天内付款等情况。对此，应检查此类付款时间是否符合合同规定或公司的要求。

（2）规定信用证在国外到期，有关单据必须寄送国外。由于无法掌握单据到达国外银行所需的时间且容易延误或丢失，因此此种做法有一定的风险。通常，应要求在国内交单付款。在来不及修改的情况下，应提前一个邮程（邮程的长短应根据地区远近而定）以最快方式寄送。

（3）如信用证中的装期和效期是同一天即通常所称的“双到期”，在实际业务操作中，应将装期提前一定的时间（一般在效期前 15 天），以便有合理的时间来制单结汇。

3. 检查信用证受益人和开证人的名称和地址是否完整和准确

受益人应特别注意信用证上的受益人名称和地址应与其印就好的文件上的名称和地址内容相一致。

还应注意买方的公司名称和地址的写法是不是完全正确。在填写发货票时照抄信用证上写错了的买方公司名称和地址是有可能的，如果受益人的名称不正确，将会给今后的收汇带来不便。

4. 检查装期的有关规定是否符合要求

检查信用证规定的装期应注意以下几点。

（1）能否在信用证规定的装期内备妥有关货物并按期出运。若来证收到时间距装期太近，无法按期装运，应及时与客户联系修改。

（2）实际装期与交单期时间相距时间是否太短。

（3）信用证中规定了分批出运的时间和数量，应注意能否办到。否则，任何一批未按期出运，以后各期即告失效。

5. 检查能否在信用证规定的交单期交单

若来证中规定向银行交单的日期不得迟于提单日期后若干天，如果过了限期或单据不全有错漏，银行有权不付款。

交单期通常按下列原则处理。

（1）信用证有规定的，应按信用证规定的交单期向银行交单。

（2）信用证没有规定的，向银行交单的日期不得迟于提单日期后 21 天，应充分考虑办理下列事宜对交单期的影响：①生产及包装所需的时间；②内陆运输或集港运输所需时间；③进行必要的检验如法定商检或客检所需的时间；④申领出口许可证/FA 产地证所需的时间（如果需要）；⑤报关查验所需的时间；⑥船期安排情况；⑦到商会和/或领事馆办理认证或出具有关证明所需的时间（如果需要）；⑧申领检验证明书如 SGS 验货报告/OMIC LETTER 或其他验货报告如客检证等所需的时间；⑨制造、整理、审核信用证规定的文件所需的时间；⑩单据送交银行所需的时间，包括单据送交银行后经审核发现有误退回更正的时间。

6. 检查信用证内容是否完整

如果信用证是以电传或电报拍发给了通知行，即电讯送达，那么应核实电文内容是否完整。如果电文无另外注明，写明是根据《UCP 600》即可。

7. 检查信用证的通知方式是否安全、可靠

信用证一般是通过受益人所在国家或地区的通知行/保兑行通知给受益人的。这种方式的信用证通知比较安全，因为《UCP 600》）有如下规定：

(1) 信用证是直接从海外寄来给客户的，那么应该小心查明它的来历；

(2) 信用证是从本地某个地址寄出，要求把货运单据寄往海外，而客户并不了解他们指定的那家银行。

对于上述情况，应该首先通过银行调查核实。

8. 检查信用证的金额、币种是否符合合同规定

(1) 信用证金额是否正确。

(2) 信用证的金额应该与事先协商的金额相一致。

(3) 信用证中的单价与总值要准确，大、小写并用内容要一致。

(4) 如数量上可以有一定幅度的伸缩，那么，信用证也应相应规定在支付金额时允许有一定幅度。

(5) 如果在金额前使用了“大约”一词，其意思是允许金额有10%的增减。

(6) 检查币种是否正确。如合同中规定的币种是“英镑”，而信用证中使用的是“美元”。

9. 检查信用证的数量是否与合同规定相一致

检查信用证的数量是否与合同规定相一致时，应注意以下几点。

(1) 除非信用证规定数量不得有增减，那么，在付款金额不超过信用证金额的情况下，货物数量可以容许有5%的增减。

(2) 应特别注意的是，以上提到的货物数量可以有5%增减的规定一般适用于大宗货物，对于以包装单位或以个体为计算单位的货物不适用。如5 000 100%COTTON SHIRTS (5 000件全棉衬衫)，由于数量单位是“件”，实际交货时只能是5 000件，而不能有5%的增减。

10. 检查价格条款是否符合合同规定

不同的价格条款涉及具体的费用，如运费、保险费由谁分担。如合同中规定是FOB SHANGHAI AT USD，根据此价格条款有关的运费和保险费由买方即开证人承担。如果信用证中的价格条款没有按合同的规定作上述表示，而是规定CIF NEW YORK AT USD，对此条款如不及时修改，那么受益人将承担有关的运费和保险费。

11. 检查货物是否允许分批出运

除信用证另有规定外，货物是允许分批出运的。

应特别注意的是，如信用证中规定了每一批货物出运的确切时间，则必须按此照办，如不能办到，必须修改。

12. 检查货物是否允许转运

除信用证另有规定外，货物是允许转运的。

13. 检查有关的费用条款

检查有关的费用条款的主要内容如下。

（1）信用证中规定的有关费用如运费或检验费等应事先协商一致，否则，对于额外的费用原则上不应承担。

（2）银行费用如事先未商定，应以双方共同承担为宜。

14. 检查信用证规定的文件能否提供或及时提供

（1）一些需要认证的单据特别是使馆认证等能否及时办理和提供。

（2）由其他机构或部门出具的有关文件，如出口许可证、运费收据、检验证明等能否提供或及时提供。

（3）信用证中指定船龄、船籍、船公司或不准在某港口转船等条款能否办到等。

15. 检查信用证中有无陷阱条款

应特别注意下列信用证条款是否有很大陷阱的条款，否具有很大的风险。

（1）1/3 正本提单直接寄送客人的条款。如果接受此条款，将随时面临货、款两空的危险。

（2）将客检证作为议付文件的条款。如果接受此条款，受益人正常处理信用证业务的主动权很大程度上掌握在对方手里，影响安全收汇。

16. 检查信用证中有无矛盾之处

如明明是空运，却要求提供海运提单；明明价格条款是 FOB，保险应由买方办理，而信用证中却要求提供保险单等。

17. 检查有关信用证是否受《UCP 600》约束

明确信用证受《UCP 600》的约束可以在具体处理信用证业务中，对于信用证的有关规定有一个公认的解释和理解，从而避免因对某一规定的不同理解产生的争议。

【案例 4－5】

请根据所给出的合同审核信用证。

1. 买卖合同

上海××外贸有限公司

SHANGHAI ×× FOREIGN TRADE CO., LTD.

No. 941 Jiaozhou Road, Shanghai, China

销售确认书

SALES CONFIRMATION

To:

×× INC　　　　No.: SJ2019－JB02

304－310 FINCH STREET　　　　Date: 20 MAR. 2019

TORONTO

CANADA

The undersigned Sellers and Buyers have agreed to close the following transaction according to the terms and conditions stipulated below:

Art. No.	Name of commodity and specifications	Quantity	Unit Price	Amount
TR5234	VALVE SEAT INSERT	3 000 PCS	CIF TORONTO	
			USD 5.00/PC	USD 15 000.00
	TOTAL AMOUNT：U. S. DOLLARS FIFTEEN THOUSAND ONLY.			

Time of shipment：On or before 15 JUN 2019

Shipping Marks：JAMES/SJ2019—JB02/TORONTO/NO. 1—60

Loading port and destination：From **SHANGHAI** to **TORONTO**

Packing：50 PCS PER WOODEN CASE TOTAL 60 WOODEN CASES.

Insurance：To be effected by the Sellers at 110 percent of the invoice value covering all risks as per ICC dated 01/01/2009.

Terms of payment：By 100 percent value irrevocable letter of credit available by sight draft with transshipment and partial shipments allowed，to reach the Sellers before **30 APR.，2019** mentioning relative S/C number remaining valid for negotiation in China until the 15th days after the shipment validity. The terms and conditions in the L/C should be strictly in accordance with those in this S/C.

Remarks：The General Terms &. Conditions and Remarks on the back page of this S/C constitute an inseparable part to this S/C and shall be equally binding upon both parties.

The Buyer：	**The Seller**：
×× INC.	Shanghai ×× Foreign Trade Co.，Ltd.
××	××
Signature	签署

Please return one copy for our file

2. 国外开来的有错误的信用证

FROM：THE ROYAL BANK OF CANADA，TORONTO

TO：BANK OF CHINA，SHANGHAI BRANCH

27：Sequence of Total	1/1
40A：Form of Documentary Credit	IRREVOCABLE
20：Documentary Credit Number	RBC—T—12420
31C：Date of Issue	20190429
31D：Date and Place of Expiry	20190630 IN CANADA
50：Applicant	×× INC 304—310 FINCH STREET TORONTO，CANADA
59：Beneficiary SHANGHAI	×× FOREIGN TRADE CORP.

	NO. 941 JIAOZHOU ROAD
	SHANGHAI, CHINA
32B: Currency Code, Amount	CAD 15 000. 00
41C: Available With…By…	ANY BANK IN CHINA
	BY NEGOTIATION
42C: Draft at…	AT 15 DAYS AFTER SIGHT
	FOR FULL INVOICE VALUE
42D: Drawee	THE ROYAL BANK OF CANADA
	TORONTO
43P: Partial Shipments	ALLOWED
437: Transshipment	ALLOWED
44E: Port of loading	SHANGHAI, CHINA
44F: Port of discharge	VANCOUVER, CANADA
44C: Latest Date of Shipment	20190609
45A: Description of Goods	VALVE SEAT INSERT

46A: Documents Required

+2/3 SET ORIGINAL CLEAN ON BOARD OCEAN BILLS OF LADING MADE OUT TO ORDER OF ROYAL BANK OF CANADA AND MARKED FREIGHT PREPAID NOTIFY APPLICANT

+ORIGINAL SIGNED CERTIFIED INVOICE IN TRIPLICATE AND SHOULD BEAR THE FOLLOWING CLAUSES: WE HEREBY CERTIFY THAT THE CONTENTS OF INVOICE HEREIN ARE TRUE AND CORRECT

+INSURANCE POLICY OR CERTIFICATE IN TWO FOLD ENDORSED IN BLANK TO BE EFFECTED BY THE SELLERS AT 130 PERCENT OF THE INVOICE VALUE COVERING ALL RISKS AS PER ICC DATED1/1/1982

+PACKING LIST IN TRIPLICATE

+CERTIFICATE OF ORIGIN 3 COPIES

71: Chargcs	ALL BANKING COMMISSION AND CHARGES OUTSIDE CANADA ARE FOR THE ACCOUNT OF BENEFICIARY
48: Presentation Period	12 DAYS AFTER THE ISSUANCE OF B/LDATE BUT WITHIN THE VALIDITY O THECREDIT
49: Confirmation	WITHOUT

78: Instructions to Paying/Accepting/Negotiation Bank

THE NEGOTIATION BANK MUST FORWARD THE DRAFTS AND ALL DOCUMENTS BY REGISTERED AIRMAIL DIRECT TO US IN TWO CONSECUTIVE LOTS, UPON RECEIPT OF DRAFTS AND DOCUMENTS ORDER WE WILL RE-

MIT THE PROCEEDS AS INSTRUCTED BY THE NEGOTIATING BANK

分析：经审核，信用证上的错误有以下几处。

1. 到期地点错（31D）

按照合同信用证应该是装运后15天在中国到期，应改为：190630 IN CHINA。

2. 受益人名称错（50）

按照合同，受益人名称应该是：SHANGHAI ×× FOREIGN TRADE CO.，LTD.。

3. 信用证币制错（32B）

按照合同，应该是美元USD，应改为：USD 15 000.00。

4. 汇票期限错（42C）

按照合同，应该是即期议付信用证，应改为：DRAFT AT SIGHT。

5. 目的港错（44F）

按照合同，目的港是多伦多，不是温哥华，应改为：TORONTO，CANADA。

6. 装运日期错（44C）

按照合同，最迟装运日是2019年6月15日，应改为：20190615。

7. 货物描述错（45A）

品名是：VALVE SEAT INSERT，贸易术语不能省略，也不可以省略诸如合同号码等合同上规定要显示的内容。应改为：VALVE SEAT INSERT，CIF TORONTO，AS PER CONTRACT NO SJ2019－JB02。

8. 提单份数错（46A第1条）

一般情况下提单应该是“整套”，也就是FULL SET或3/3 SET，应改成“FULL SET ORIGINAL…”或“3/3 SET ORIGINAL…”。

9. 保单加成错（46A第3条）

按照合同，保险金额是发票金额的110%，应改成AT 110 PERCENT OF THE INVOICE VALUE。

10. 交单期错（48）

合同规定交单期是15天，应改为：15 DAYS…。

第五节 信用证的主要种类

一、光票信用证和跟单信用证

按信用证是否附带有货运单据划分，信用证可分为光票信用证和跟单信用证。

（一）光票信用证（Clean L/ C）

光票信用证是开证行凭不附单据的汇票付款的信用证。有的信用证要求汇票附有非货运单据，如发票、垫款清单等，这类信用证也属于光票信用证。在采用信用证方式预付款时，通常使用光票信用证。

（二）跟单信用证（Documentary L/ C）

跟单信用证是开证行凭跟单汇票或仅凭单据付款的信用证。单据是指代表货物或货物已交运的运输单据，如提单、铁路运单、航空运单等。它通常还包括发票、保险单等商业单据。国际贸易中一般使用跟单信用证。

二、可撤销信用证与不可撤销信用证

根据开证行对所开出的信用证所负的责任来区分，信用证可分为可撤销信用证和不可撤销信用证。

（一）可撤销信用证（Revocable Credit）

可撤销信用证是指在开证之后，开证行无须事先征得受益人同意就有权修改其条款或者撤销的信用证。这种信用证对于受益人来说是缺乏保障的。

（二）不可撤销信用证（Irrevocable Credit）

不可撤销信用证是指信用证一经开出，在有效期内，未经开证行、保兑行（如有）以及受益人同意，开证行既不能修改也不能撤销的信用证。这种信用证对于受益人来说是比较可靠的。根据《UCP 600》第 3 条的解释，信用证是不可撤销的，即使未如此标明。所以，目前国际贸易中使用的信用证，基本上是不可撤销信用证。

【案例 4—6】 某年 8 月 20 日开证行撤销了信用证，但没有通知受益人，受益人依然将货物装运并于当年 9 月 30 日将单据连同汇票交给开证行。在被开证行拒付后，受益人遂提起诉讼，主张开证行在撤销信用证之前应该给受益人一个合理的通知。

请问：法院能否支持受益人的主张?

分析：信用证是可撤销且未经保兑的，开证行没有法律义务在撤销信用证之前给予受益人合理的通知。尽管这样判决对受益人是不公平的，但这是合理的商业实务和商人的安排。尽管开证行给予受益人一个撤销信用证的通知是一项很好的银行服务，但是法律并没有将这一义务加在开证行头上，所以本案应该被驳回。

三、保兑信用证与不保兑信用证

根据是否有另一家银行对之加以保兑，信用证可分为保兑信用证和不保兑信用证。

（一）保兑信用证（Confirmed Irrevocable Credit）

保兑信用证是指开证行开出的、由另一家银行保证对符合信用证条款规定的单据履行付款义务的信用证。对信用证加保兑的银行称为保兑行，保兑行承担第一性付款责任。是否需要保兑取决于开证行的信用。

《UCP 600》第 8 条规定，保兑行自对信用证加具保兑之时起即不可撤销地承担承付或议付的责任。所以，保兑行对信用证所负担的责任与信用证开证行所负担的责任相当。即当信用证规定的单据提交到保兑行或任何一家指定银行时，在完全符合信用证规定的情况下则构成保兑行在开证行之外的确定承诺。

保兑行对信用证加具保兑的具体做法如下。

（1）开证行在给通知行的信用证通知书中授权另一家银行（通知行）在信用证上加保。例如：

☐without adding your confirmation

☒adding your confirmation

☐adding your confirmation，if requested by the Beneficiary

（2）通知行用加批注等方法，表明保证兑付或保证对符合信用证条款规定的单据履行付款并签字。例如：

This credit is confirmed by us. We hereby added out confirmation to this credit.

由我行加保的 L/C。我行因此给该信用证加具保兑。

（二）不保兑信用证（Unconfirmed Irrevocable Credit）

不保兑信用证是指开证行开出的、未经另一家银行加保的信用证。即便开证行要求另一家银行加保，如果该银行不愿意在信用证上加具保兑，则被通知的信用证仍然只是一份未加保的不可撤销信用证。通知行在给受益人的信用证通知中一般会写上以下表示责任范围的面函：

This is merely an advice of credit issued by the above mentioned bank which conveys no engagement on the part of this bank.

这是上述银行所开信用证的通知，我行只通知而不加保证。

四、即期付款信用证、延期付款信用证、承兑信用证和议付信用证

按信用证付款方式的不同，信用证可分为即期信用证、延期付款信用证、承兑信用证和议付信用证。

（一）即期付款信用证（Sight Payment L/C）

即期付款信用证是指采用即期兑现方式的信用证。证中通常注明“付款兑现”字样。即期付款信用证的付款行可以是开证行，也可以是出口地的通知行或指定的第三国银行。付款行一经付款，对受益人均无追索权。

（二）延期付款信用证（Deferred Payment L/C）

延期付款信用证是指开证行在信用证中规定货物装船后若干天付款，或开证行收单后若干天付款的信用证。延期付款信用证不要求出口商开立汇票，所以出口商不能利用贴现市场资金，只能自行垫款或向银行借款。

（三）承兑信用证（Acceptance L/c）

承兑信用证是指付款行在收到符合信用证规定的远期汇票和单据时，先在汇票上履行承兑手续，在汇票到期日再行付款的信用证。由于承兑信用证以开证行或其他银行为汇票付款人，故这种信用证又称为银行承兑信用证。

其具体做法是，受益人开出以开证行或指定银行为受票人的远期汇票，连同商业单据一起交到信用证指定银行；银行收到汇票和单据后，先验单，如单据符合信用证条款，则在汇票正面写上“承兑”字样并签章，然后将汇票交还受益人（出口商），收进单据。待信用证到期时，受益人再向银行提示汇票要求付款，这时银行才付款。银行付款后无追索权。如：
Credit available with The Bank of×××，Tokyo，Japan

□by payment at sight □by deferred payment at：

☒ by acceptance of drafts at：□by negotiation against the documents detailed herein：

☒ and beneficiary's drafts drawn on The Bank of×××，Tokyo，Japan

（四）议付信用证（Negotiation L/C）

议付信用证是指开证行允许受益人向某一指定银行或任何银行交单议付的信用证。议付信用证又可以分为公开议付信用证（Open Negotiation L/C）和限制议付信用证（Restricted Negotiation L/C）。前者又称自由议付信用证，是指开证行对愿意办理议付的任何银行作公开议付邀请和普遍付款承诺的信用证，即任何银行均可按信用证条款自由议付的信用证。后者是指开证行指定某一银行或开证行本身进行议付的信用证。如果因单据有问题，遭开证行拒付，其有权向受益人追索票款。这是议付行与付款行的本质区别。

议付信用证下受益人开出的汇票有即期和远期之分。

即期汇票即受益人开立以开证行为付款人、以受益人（背书给议付行）或议付行为收款人的即期汇票，到信用证允许的银行进行交单议付；议付银行审单无误后立即付款，然后议付行凭汇票和单据到开证行索偿。

远期汇票即受益人开立远期汇票，到信用证允许的银行交单议付；议付行审单无误后，将汇票、单据寄交开证行承兑，开证行承兑后，寄出“承兑通知书”给议付行或将汇票退给议付行在进口地的代理行保存，等汇票到期时提示开证行付款，款项收妥后汇交出口商。如果出口商要求将银行承兑汇票贴现，则议付行在进口地的代理行可将开证行的承兑汇票送交贴现公司办理贴现，出口商负担贴现息。但是，议付行未买入单据，只是审单和递送单据，并不构成议付。

五、即期信用证、远期信用证和假远期信用证

按信用证付款时间的不同，信用证可以分为即期信用证、远期信用证和假远期信用证。

（一）即期信用证（Sight L/C）

即期信用证是指开证行或开证行指定的付款行收到符合信用证条款的跟单汇票或转运单据后，立即履行付款议付的信用证。其特点是出口商能够安全、有效、快速地周转资金，在进出口贸易中使用得较为广泛。

（二）远期信用证（Usance L/C）

远期信用证是指开证行或付款行收到信用证项下的单据时，不立即付款，而是在规定的期限内履行付款义务的信用证。远期信用证主要包括承兑信用证和延期付款信用证。

（三）假远期信用证（Usance L/C Payable at Sight）

假远期信用证是指信用证规定受益人开立远期汇票，由付款行负责贴现，其一切费用和利息由开证申请人负担的信用证。对于开证申请人来说，其开立的属于远期付款信用证，只有远期汇票到期才将货款付给银行。对于受益人来说，虽然其收到的是远期信用证，实际上却是一张即期信用证，因为可以立即贴现取得货款，获得资金融通，损失的利息和费用又由开证申请人承担。实际上，这种做法是买、卖双方套用了银行的资金。

六、可转让信用证和不可转让信用证

按受益人对信用证的权利是否可转让，信用证可分为可转让信用证和不可转让信用证。

（一）可转让信用证（Transferable L/C）

1. 含义

可转让信用证是指信用证的受益人（第一受益人）可以要求授权转让的银行将信用证全部或部分转让给一个或数个受益人（第二受益人）使用的信用证。

根据《UCP 600》的规定，只有注明“可转让”字样的信用证才可以转让。可转让信用证只能转让一次，第二受益人不能再将信用证转让给任何其他人，但第二受益人可将信用证重新转让给第一受益人。

很多情况下，可转让信用证的第一受益人是中间商，第二受益人是实际出口商。

2. 可转让信用证的具体操作

（1）受益人提出转让要求后，转让行会让其填写一份“转让申请书”（Application for Transfer）。

（2）转让行可以重新缮制信用证。在重新缮制的信用证内，开证行与原证的开证行是一

致的。因为转让后的信用证仍然由原证的开证行负责付款，若开证行不同，第二受益人的单据就无法与原证相符。在新证中，开证申请人可以与原证不同。第一受益人可以把自己作为新证的开证申请人。但是，如果原证中规定办理转让信用证是原开证申请人不能改变，那么新证中的开证申请人就必须与原证一致。

在新证内，原信用证的条款不能加以改变，但以下项目除外。

①信用证金额。新证的金额可以减少。

②规定的任何单价。单价可以减小。

③到期日。到期日可早于原证。

④最后交单日期。最后交单日期也应当早于原证的最后交单日期。

⑤装运期限。装运期限应相应提前。

⑥必须投保的金额。必须投保的保险金额应当增加，以满足原信用证的保额。

缮制新证的银行对新证所负的责任与对原证相同，并不因开出新证而有所改变。银行开出新证后，应及时通知第二受益人。

（3）可转让信用证的修改。①在申请转让时，并且在信用证转出之前，第一受益人必须不可撤销地指示转让银行，说明其是否保留拒绝允许转让行将修改的信用证通知第二受益人的权利。第一受益人对于修改的优先处理权有三种说明方法：第一种情况是保留修改权利；第二种情况是部分放弃修改权利；第三种情况是放弃修改权利。②如果信用证转让给一个以上的第二受益人，其中一个或几个第二受益人拒绝接受信用证的修改，并不影响其他第二受益人接受修改。

（4）信用证只能转让一次。只要信用证不禁止分批装运/分批支款，可转让信用证可以分为若干部分予以分别转让，而这些转让的总和被认为是该信用证的一次转让。

（5）第二受益人将货物出运后按照新证规定的条款备齐单据，向新证规定的银行（转让行）交单议付。第二受益人交来的发票和汇票是以第二受益人自己的名义缮制的。议付行审单议付后通知第一受益人。

（6）第一受益人接到通知后，有权及时用自己的发票和汇票替换第二受益人提交的发票和汇票。第一受益人可以在信用证下支取其发票与第二受益人发票间可能产生的差额。转让行将两张汇票/发票的差额付给第一受益人。若第一受益人未及时去银行替换发票、汇票，转让行可以将第二受益人的单据直接寄至开证行，不再对第一受益人负责。

（7）除非信用证另有规定，银行转让信用证所发生的费用由受益人负担，并且转让费用要预先支付。

（8）根据《UCP 600》第 39 条的规定，即使信用证未表明可转让，并不影响受益人根据现行法律规定，将信用证项下应得的款项让渡给他人的权利。但仅是款项的让渡，而不是信用证项下执行权利的让渡。

3. 可转让信用证的业务流程

可转让信用证的业务流程如图 4-6 所示。

在图 4-6 中，各环节的具体内容如下：

①进口商申请开立可转让信用证；

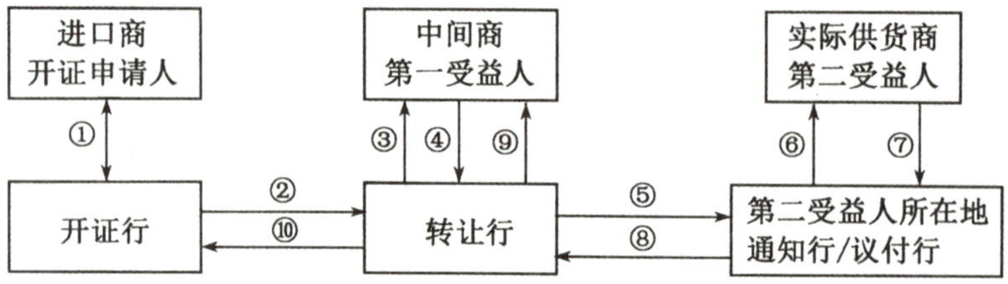

图 4-6　可转让信用证的业务流程

②开证行将可转让信用证开给中间商所在地银行（转让行）；

③转让行将可转让信用证通知给中间商；

④第一受益人（中间商）向转让行申请，将信用证转让给第二受益人；

⑤转让行按第一受益人指示开立可转让信用证，通过第二受益人所在地银行进行通知；

⑥通知行将可转让信用证通知给第二受益人；

⑦第二受益人审证无误后，出运货物，按规定交单议付；

⑧第二受益人所在地议付行审单议付后，向转让行寄单索偿，转让行履行付款或议付；

⑨转让行通知第一受益人提供自己的发票、汇票，以替换第二受益人的发票，第一受益人取得两者间应得的差额；

⑩转让行将第一受益人开具的发票、汇票及第二受益人提供的其他单据一并寄至开证行索偿，开证行凭符合信用证规定的单据付款后，通知进口商付款赎单。

（二）不可转让信用证（Non-transferable L/ C）

不可转让信用证是指受益人不能将信用证的权利转让给他人的信用证。

七、背对背信用证

背对背信用证（Back to Back L/C）又称转开信用证，是指受益人以原证为抵押，要求银行在原证的基础上，另开立一张内容相似的信用证。这类信用证通常也是由中间商申请，开立给实际供货商的。其使用方式与可转让信用证类似，不同的是原证开证行并未授权受益人，因而也不对新证负责。

背对背信用证虽然以原证为基础，但具体的条款与原证略有不同，如装运期和交单期一般比原证提前，以便中间商能有足够的时间替换单据交单议付，单价也往往比原证低，以保证中间商的佣金。

背对背信用证的业务流程如图 4-7 所示。

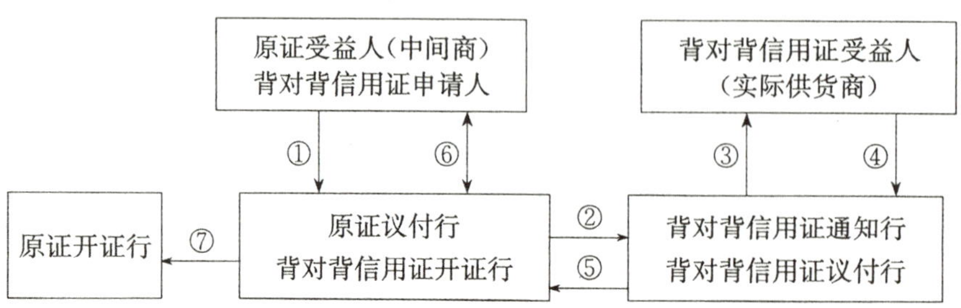

图 4-7　背对背信用证的业务流程

在图 4-7 中，各环节的具体内容如下：

①原证受益人（中间商）申请开立背对背信用证；

②原证议付行开立背对背信用证给背对背信用证通知行；

③背对背信用证通知行通知背对背信用证受益人（实际供货商）；

④实际供货商交单；

⑤背对背信用证议付行向开证行寄单索偿；

⑥中间商和背对背信用证申请人换发票与汇票；

⑦背对背信用证开证行向原证开证行寄单索偿。

【案例 4—7】

背对背信用证

1. 背景

业务类型：不可撤销，背对背，120 天远期付款信用证业务

转开行：L 银行

寄单行：P 银行

原开证行：F 银行

申请人：A 公司

受益人：B 公司

最终买方：C 公司

2. 案情经过

2019 年 6 月 15 日，P 银行收到转开行 L 银行开立的金额为 USD 1 000 000.00、受益人为 B 公司的 120 天远期付款信用证，在审核了信用证的表面真实性后，遂通知 B 公司。

7 月 15 日，B 公司向 P 银行提交了信用证项下全套出口单据（包括信用证规定的 2/3 套正本海运提单），经 P 银行审核后认为单证相符，即按照信用证的要求寄单至 L 银行（根据信用证规定，另 1/3 套正本海运提单已由 B 公司直寄 A 公司）。

7 月 24 日，P 银行收到 L 银行拒付通知，提示不符点如下：

(1) 发票上“买方”一栏未显示最终买方 C 公司；

(2) 单据未按照信用证规定，在装运日后 14 天内寄达开证行。

L 银行声明，L 银行保留全套单据，听候 P 银行进一步指示。

P 银行遂以加押电传通知 L 银行不接受其拒付理由，主要是因为：

(1) 信用证中未明确要求在发票上显示 C 公司为买方；

(2) B 公司确实在信用证的有效期及提单期以内将单据提示给 P 银行，且按照正常的邮程时间，单据可以在装运日后 14 天寄达开证行，同时根据《UCP 600》第 35 条的规定，银行对单据在传递过程中的延误、中途遗失、残缺或其他错误产生的后果不承担任何责任和义务。

但是，L 银行仍坚持自己的拒付理由，并于 7 月 31 日向 P 银行退回了全套单据。

调查得知，该批货物的最终进口方是 C 公司。C 公司通过 F 银行向 A 公司开立了一份 90 天远期付款信用证。A 公司以此证为抵押，申请由 L 银行免保证金开立了上述背对背信用证给 B 公司。

由于L银行与A公司拒绝接受上述单据，B公司因此与最终买方C公司直接协商，得到了C公司的同意，只要F公司收到L银行寄来的信用证项下单据，C公司将接受单据项下的所有不符点，并由F银行承兑。

根据B公司的委托，P银行将单据重新寄回给L银行，授权其提示单据给F银行，待收到F银行承兑后，L银行须立即向P银行承兑。

8月18日，P银行收到了L银行发出的承兑通知，称F银行已承兑，L银行将在到期日付款。最终，B公司如期收回货款。

分析：(1) L银行拒付电文中，第一条不符点不成立。据事后了解，在F银行开立的信用证中确实有这样的规定，而L银行在转开信用证时，遗漏了该条款，此责任应该由L银行承担。

(2) 既然信用证明确规定，单据必须在装运日后14天寄达L银行，那么，只要L银行收到单据的时间晚于信用证规定，则第二条不符点成立，《UCP 600》第35条的规定并不适用于本案例。

本案也给我们带来一些思考：作为出口商，在收到信用证后应进行审证，信用证中无法显示的条款，应及时联系申请人要求其进行修改；在出口商提出融资申请时，银行应慎重处理有转证背景的信用证项下的融资业务，即使该信用证已被转开行加具保兑。

本案中，P银行通过进一步了解案情，采取既灵活又安全的处理措施，在未增加自身风险的前提下，较好地解决了问题，值得借鉴。

八、对开信用证

一国的出口商向另一国的进口商输出产品，同时又向其购进货物，这样可把一张出口信用证和一张进口信用证挂起钩来，使其相互联系、互为条件，这种做法称为对开信用证（Reciprocal L/C）。其特点是第一张信用证的受益人和申请人分别是第二张回头信用证的申请人和受益人，第一张信用证的开证行和通知行分别是第二张回头信用证的通知行和开证行。

九、循环信用证

循环信用证（Revolving L/C）是指信用证在约定时间内被全部或部分使用后，其金额可恢复使用，直至达到规定次数或累计总金额为止的信用证。一般信用证使用一次即告失效，循环信用证可多次循环使用。这种信用证使用于分批均衡供应、分批结汇的长期合同，以便进口商减少开证的手续、费用和押金，使出口商既得到收取全部交易货款的保障，又减少了逐笔通知和审批的手续和费用。

十、预支信用证

预支信用证（Anticipatory L/C）是在信用证上列入特别条款授权议付行或保兑行在交单前预先垫款给受益人的一种信用证。它是允许出口商在装货交单前可预先支取全部或部分货款的信用证。

第六节　信用证业务中的风险及其防范

在国际贸易结算中，信用证结算方式作为一种银行信用，有着悠久的历史。它集结算和融资于一体，在全球贸易结算中发挥着积极的作用，为国际结算提供综合性服务。但是，随着国际贸易的发展和国际贸易格局的复杂化以及伴随着世界科技的进步，银行信用的功能更加多样化，信用证的使用已日益显露出它的局限性，无论是对银行还是对贸易双方，都会带来一定的风险，而对这些风险的规避和防范，应是银行和贸易双方予以高度重视和深刻研究的。

一、信用证业务中银行的风险及其防范

（一）开证风险

众所周知，信用证是开证银行根据申请人的要求和指示或以其自身的名义，向受益人开出的有一定金额，在一定期限内，在信用证条款相符的条件下，凭规定的单据付款的书面保证。它是银行有条件的付款承诺，它的性质决定了开证行应只凭相符的单据付款，而不能因申请人无力付款而对相符的单据拒付。因此在信用证业务中，银行承担了第一性的付款责任。正是由于这一特性，银行在开出信用证的同时即承担了垫付资金的风险，因为即便它的客户无力付款赎单，银行为维护自身的信誉，也必须对相符的单据进行付款。这样一来，在未能收取足额开证保证金或落实有效抵押、担保时，银行即面临着垫付或损失资金的风险。为避免或减少这种风险，银行在开出信用证时，一定要向申请人收取足额保证金或向其索取有效的抵押品或担保。使用授信额度开证的，应令其逐笔提交书面申请，按其使用额度减免保证金，在信用证未执行完毕的情况下，不得为其恢复额度，以免额度重复被使用。这样，一旦发生垫款，银行可通过提取保证金或变卖抵押品得到补偿。

（二）融资风险

信用证的优点及生命力在于它能为贸易双方提供融资服务。信用证项目下的融资是商业银行一项影响较大、利润丰厚、周转期较短的融资业务，银行往往把贸易融资放在经营中的重要地位。

1. 进口信用证下的融资

（1）开证额度（Limits for Issuing Letter of Credit）。由于跟单信用证下开证行代进口商承担了有条件的付款责任，银行往往把开立信用证视为一种授信业务，进口商必须向银行提供保证金、担保或抵押品后，银行才考虑为其开证。为方便一些资信好、有一定清偿能力的

客户，银行通常根据其提供抵押品的数量、质量以及资信状况、收汇情况等因素核定一个开证额度，在额度内开证，可减免保证金。如果额度制定不准确或使用中未按有关规定进行扣减，则会出现虚假额度或重复使用额度，银行资金会面临风险。

(2) 信托收据 (Trust Receipt)。当进口商因财力或业务性质所限无法按时付款赎单时，可向开证行申请信托收据额度（通常包含在开证额度内），银行在对相符单据付款的同时，凭进口商签发的信托收据将信用证下的单据以信用托管的方式释放给进口商，使其提货、加工、销售并在一定时间内以收回的货款归还银行垫款。这种融资方式下，信托收据实质上是将货物抵押给银行的确认书，银行仅凭一纸收据即放物权单据给客户，并授权其处理货物。尽管从理论上讲客户处于受托人地位，物权仍属银行所有，但实际上银行很难控制货物。若客户资信欠佳，将货物抵押给第三者，或货物经加工后已改变状态或失去标识，或货物被运往第三国加工转卖，则银行根本无法控制货物，从而面临钱、货两空的风险。

(3) 进口押汇 (Inwardbill Receivables)。它是指银行收到信用证项下的相符单据后，在合理时间内偿付议付行或交单行，垫付的款项及利息由进口商随后归还。按照进口押汇的放单方式，如果银行凭进口押汇合约书或信托收据放物权单据给进口商，则同样面临信托收据融资的风险。如果在进口商付清垫款后放单，则银行还需考虑货物的存仓和保险事宜，承担有关货物方面的风险。如果进口商资信较差，加之货物市场、价格情况发生变化，很可能故意拖延还款或根本无力还款，使银行资金面临被占压和损失的风险。

2. 出口信用证下的融资

(1) 打包放款 (Packing Loan)。这是银行以正本信用证作为抵押品向出口商提供的一种装船前的融资。如果由于某种原因，出口商未能满足信用证的全部条件和要求或根本未能履约，则开证行的付款承诺无法得以实现。因此，仅凭正本信用证作为抵押的打包放款实质上是银行的一种无抵押信用放款，风险很大。

(2) 出口押汇 (Outwardbill Credit)。这是货物发运后，银行为出口商提供的以出口单据为抵押的在途资金融通。这种方式下，如果出口商未能做到单据严格相符或开证行无理拒付，则会失去开证银行的信用保障。在出口商资信较差或破产根本无力还款的情况下，银行无从追索欠款，资金损失将成为必然。

3. 银行避免融资风险的措施

(1) 对基本客户群或资信较好的客户实行统一授信。银行的信贷部门或统一授信评审机构根据客户的资信、市场、还款能力、经营状况、抵押品质量等，确定其信用等级，并为其核定一个授信额度。信用证下的进出口融资均纳入统一授信管理，这样决策部门与执行部门相分离，既可以提高客户抵押担保的有效性和对客户信誉程度掌握的准确性，又可以使融资额度具有了依据，从而增强了融资业务的可操作性，有利于在管理方面控制融资风险。根据信用证的特殊性，银行在执行授信契约时还应考虑贸易对手的资信状况、其所在国家的稳定及外汇管制因素、该客户利用信用程度的以往记录、银行能否掌握物权凭证、有无汇率风险等，如果在这些方面存在不利因素，则在使用授信额度时应予以相应地扣减。正是由于客户能够在授信额度内向银行申请各种融资，该额度的准确性和科学性就显得尤为重要。银行应不断地跟踪客户的业务往来并进行考核、分析，特别是进行预测性分析，在发现问题或可能发生变化时，及时调整或收回授信额度，以确保银行资金的安全。

(2) 考虑国家的政治经济状况及对方银行的资信。如果进口国政局不稳、外汇短缺、经济恶化，则会影响信用证项下的安全收汇。如果开证行资信欠佳、无理挑剔、清偿能力不足，则银行的付款保障作用受到削弱，也会威胁到安全收汇。以上情况下不宜做出口融资。对诈骗多发地区的进口结算，办理进口融资应从严掌握。

(3) 关注进出口商品。虽然信用证业务处理的是单据而不是货物，但在实务中，因货物质量或市场行情下跌而拒付的情况仍时有发生，进口商也会因货物滞销而无力归还银行欠款。因此，对于情况不明、季节性较强、价格波动较大的进出口商品的信用证结算，银行不宜提供融资便利。

(4) 了解客户资信状况。无论是作为进口商还是出口商，均应具备良好的经营作风和资金清偿能力。特别是在出口押汇业务中，在单据因任何原因被拒付时，议付行可以通过行使追索权来保障资金安全。如果收益人资信欠佳或经营作风不好，即使单据相符，也会因其履约行为可能存在的缺陷而发生问题，一旦被拒付，则可能出现议付行有追索权但无从行使的局面。因此，客户资信是银行能否收回垫款的重要因素。

(5) 审查信用证条款，主要是对软条款和运输单据条款的审查。如果信用证中含有违背《UCP 600》的条款或含有出口商不能实现的附加性条款或限制性条款，如信用证规定“开证行须在货物检验合格后付款”“进口商收到货物后××天付款”“凭进口商收妥其背对背信用证项下款后付款”等，此类信用证下，开证行第一性付款责任实质上已被取消。银行对于这样的信用证不应予以出口融资。对运输单据条款审查的目的在于对物权的控制。因为单据特别是物权单据是押汇银行的债权凭证，货物是押汇银行的担保物（包括进口押汇和出口押汇），在货款未能收回并因受益人清偿能力不足而无法追索或进口商拒付押汇款时，押汇银行可以通过控制物权单据而控制货物，并最终通过处理货物来清除或减少资金风险。但如果运输单据是非物权凭证或物权单据不是全套，银行则会失去对货物的控制，若做融资则很可能钱、货两空。因此，对于不能有效控制物权的单据，银行一般不应做进出口押汇或放款。

(三) 保兑风险

保兑行是接受开证行的委托和要求，对开证行开出的信用证的付款责任以本行的名义实行保付的银行。保兑行对信用证加具保兑后，就构成其对信用证在开证行以外独立的、确定的付款责任。国际商会强调，保兑行的第一性付款责任等同于开证行的第一性付款责任，也就是说，如果银行对信用证加具了保兑，它就对受益人承担了义务。保兑行对于开证行资信差、付汇慢，远期期限过长的信用证不应加具保兑。

(四) 银行的操作性风险

信用证的传递一般是在银行之间进行的，通知信用证要通过印押的审核，以保证其表面真实性。如果银行内部专管人员警惕性不高，对代理行文件掌握不全或印押核符不严格，尤其是对使用第三者密押开证或通过开证行国内分行代为核印的信用证，往往会将伪造的信用证通知出去，对自身和受益人都会带来风险，对伪造信用证融资的风险就不言而喻了。所以，银行内部专管人员必须增强风险意识和责任心，确保自身工作不疏漏。银行之间核押的复电也应加编密押。

此外，银行由于自身原因误寄、错寄单据，或索汇金额、币值发生错误导致收汇失败，也会为银行资金带来风险。这就要求银行内部加强专业人员的培训，提高其专业水平和操作的准确性。

二、信用证业务中贸易双方的风险

（一）诈骗风险

由于信用证是一项独立文件，银行处理的只是单据，而对单据的真伪性、准确性以及单据所涉及的货物、合同等概不负责，这在客观上纵容了信用证诈骗行为的发生，使进、出口双方的利益受到损害。有些进口商使用非法手段窃取银行的空白格式信用证，甚至伪造密押、制造假证，以开证行的名义寄给受益人。这类信用证通常要求空运或受益人自寄部分物权凭证，如果受益人内部管理不严，未对信用证通知方式及其表面真实性进行严格审查，而仅根据合同审证后即发货，结果会落个钱、货两空。进口商还往往通过在信用证中加列一些软条款来控制整笔交易，使受益人处于被动地位。出口商的诈骗行为表现在通过提交伪造单据（不是由合法签发人签发或合法签发人签发后加以篡改的单据）或欺诈性单据（由合法签发人签发，但单据内容与单据所代表的货物实际情况不符的单据），一般均涉及提单来骗取银行和买方的款项，而所装运的货物不是信用证或合同所规定的合格货物或根本无货，使进口商蒙受损失。

（二）被拒付的风险（或不符点风险）

虽然信用证中的开证行以自身的信用承担独立的付款责任，但正是由于信用证运作的独立性，使一些进口商有机可乘，利用信用证只处理单据而不涉及货物的特点，当货物市场价格变化对自身不利时，在单据中挑毛病，以达到降价、减价、迟付、少付的目的。资信欠佳的开证行也往往站在其客户的立场，挑剔单据，以非实质性问题拒付，帮助客户达到目的。这时，出口商就会面临不能安全及时收汇的风险。总之，一旦出现不符点问题，无论是确实的不符点还是挑剔的不符点，受益人都将承担一些潜在风险，如利率风险、汇率风险、商品降价风险、商品损坏变质风险、增加运费风险、利息损失风险等。

（三）转让信用证风险

当货物的卖方不是实际的供货人或制造商时，可以利用可转让信用证将该证项下的权益全部或部分转让给供货商（受让方）。转让信用证的特点是转让行不承担独立验单付款责任（除非它又是保兑行），只有在得到开证行付款后才对受让方付款。如果供货商在转让信用证下交单时做到了单证相符，但中间商换单时造成单证不符而被原始开证行拒付，基于以上特点，这一收汇风险实际上由供货商承担了。从资金占用角度讲，由于转让行不承担独立验单付款责任，中间商与买方之间在合同执行过程中所产生的商品资金占压实际上也是由供货商承担。

（四）对相关风险的防范

贸易双方为避免和减少风险，应从以下几个方面考虑。

（1）为防止利用伪造单据骗取货款，进口商除进行客户资信和商情调查外，可在信用证条款中增加出单人并对某些单据的出单人名称作出明确的规定（HSGS 检验机构出具质量证、重量证，畜检机构出具品质证，官方机构出具产地证），也可自己派船装运或在条款中指定船公司装运并要求出具已装船证明等，这样对防止欺诈、保证货物质量及数量极为有利。为防止利用假造信用证骗取货物，出口商应避免从开证行直接收证，而应选择当地的银行通知信用证，利用惯例规定的通知行的责任，即合理谨慎地审核信用证的表面真实性，通过银行的印押核符来保证来证的真实性、有效性。

（2）做好客户资信调查，包括贸易对手的经营状况、清偿能力、经营规模、经营业绩以及产品的市场价格情况等，通过信息机构获取有关资料，对以往交易情况作出分析。通过调查研究，选择资信可靠、经营能力强的客户进行交易，为交易成功奠定良好的基础。

（3）为规避不符点拒付风险，出口商应加强审单审证的力量和力度，审核信用证内容与买卖合同是否一致，发现软条款应立即与进口商协商，要求改证，避免交单以后的争议。提高制单质量，并通过银行把关，减少不符点的出现。还应选择资信好的银行开证，因为信誉好的开证行是安全收汇的重要保证。

（4）对于转让信用证风险，供货商可要求将可转让信用证改为背对背信用证，必要时可在付款期限上作出让步，因为背对背信用证对供货商有利，其在提交相符单据后即可得到背对背信用证开证行的付款保证。此外，可要求转让行加保，明确其凭相符单据付款的独立的付款责任。

三、信用证中常见的软条款

由于信用证是较为安全且风险很小的结算工具，再加上它的独立性原则，很多出口商往往会忽略详细检查信用证条款。所以有些不法商人就会在信用证开立时设立一些软条款、不符点或陷阱，使出口商蒙受损失。

（一）软条款的含义

所谓软条款，就是指开证申请人（进口商）在申请开立信用证时，故意设置若干隐蔽性的“陷阱”条款，以便在信用证运作中置受益人（出口商）于完全被动的境地，而开证申请人或开证行则可以随时将受益人置于陷阱，而以单据不符为由，解除信用证项下的付款责任。

例如，有一家日本银行开出的信用证称，该信用证只有在收到日方进口许可证方能生效，而这种生效还需开征申请人的授权。此外，议付行还要提示开征申请人验货证明，待由开证人确认后，开证银行方可将款项贷记有关账户。这是一张比较典型的带有软条款的信用证。所谓验货后付款，说白了就是开证行对付款及单据均不承担责任，这样受益人对货物完全失去了控制权，处于孤立无保障的地位。因为开证申请人自始至终都控制着整笔交易，而受益人则完全处于被动地位。

【案例4—7】 一日，某公司一并交来单据连同信用证，请求银行议付。该客户虽在议付行开户，但此证却非该行通知。信用证中有如下条款：

Documents will be released free of payment. Payment to be effected to beneficiary upon receipt of our authenticated message authorizing you to release payment.

对于这样一张规定了单据将免费放给申请人，议付行在收到开证行授权后才能向受益人付款的，明显带有软条款的信用证，收汇的风险已显而易见。据受益人说，在交单前，曾多次联系申请人，要求删除该条款，但对方始终保持沉默，不予理睬。银行对信用证条款进行了全面细致的审核、分析，发现这张信用证在条款上开得并不严谨，尚有一些漏洞。而且，信用证中含有这样一些索汇指示：

Please draw our account with Citibank N. A. New York for the amount of negotiation after 7 business days from date of despatch of documents under telex advice to us indicating amount and value date provide all terms and conditions are complied with.

由于偿付行清算货款的规定对出口商和议付行非常有利。于是，银行经办人对单据进行了严格把关，清除了单据表面可能出现的所有瑕疵，在7月3日向开证行寄单的同时便向偿付行电索，定起息日为7月12日。偿付行日期在7月12日解付。

虽然开始时开证行拒付，要求退回从偿付行收取款项，理由是信用证已声明“将免费发单给申请人，待收到开证授权后方可对受益人付款”。议付行的态度十分明确，据理力争，不同意退款。经过几个月的争辩，最终，开证行同意不用退款。

分析：由此例可见，最简单且最恰当的做法是不要接受有软条款或陷阱的信用证。如果需要货物质检，可以由认可的国际性品质检验公司负责并由其出具认可的检验证明书。对于领事馆的认证文件可由进口国在出口国当地的领事馆办理。

因此，本书将信用证中常见的软条款整理如下，希望读者在遇到信用证的软条款后不要惊慌，冷静分析，灵活机智地处理软条款的问题。

(1) 开证申请人（买方）通知船公司、船名、装船日期、目的港、验货人等，受益人才能装船。此条款使卖方装船完全由买方控制。

(2) 信用证开出后暂不生效，待进口许可证签发后通知生效或待货样经申请人确认后生效。此类条款使出口货物能否装运完全取决于进口商，出口商则处于被动地位，生产难安排、装期紧迫、出运困难。

(3) 1/3正本提单直接寄开证申请人。买方可能持此单先行提货。

(4) 要求开立以申请人为收货人的记名提单。承运人可凭收货人合法身份证明交货，不必提交正本提单。

(5) 信用证到期地点在开证行所在国，有效期在开证行所在国。会使卖方延误寄单，单据寄到开证行时已过议付有效期。

(6) 信用证限制运输船只、船期或航线等条款。

(7) 含空运提单的条款，提货人签字就可提货，不需交单，货权难以控制。

(8) 品质检验证书须由开证申请人或其授权者签发，由开证行核实。采用买方国商品检验标准，此条款使卖方由于采用本国标准，而无法达到买方国标准，使信用证失效。

(9) 收货收据须由开证申请人签发或核实。此条款使买方拖延验货，使信用证失效。

(10) 自相矛盾，既规定允许提交联运提单，又规定禁止转船。

(11) 规定受益人不易提交的单据，如要求使用 CMR（《国际公路货物运输合同公约》）运输单据。但我国没有参加 CMR，所以我国的承运人无法开出 CMR 运输单据。

(12) 本证经当局（进口国当局）审批才生效，未生效前，不许装运。

(13) 货款须于货物运抵目的地经外汇管理局核准后付款。

(14) 卖方议付时须提交买方。

小贴士

预设不符点是没有效用的

一些申请人坚持在申请开信用证时要求银行在信用证中"预设"不符点，希望能够争取减价或甚至在货价下跌时拒绝付款。一个常见的例子是要求由申请人出具单据或由申请人加签单据，申请人的签字一定要与存在开证行的记录相符。然后申请人就拒绝出具需要的单据或故意不按留存在开证行的记录来签署那些单据或故意填上一些有冲突的资料，目的是令信用证项下单据出现不符点。

虽然这种"预设"的不符点可能令开证行有按信用证拒绝付款的权利，但通常不会解除买家在销售合同下的付款责任。凭以往的经历来看，法院在审理此类案件时，虽然按照信用证提交的单据有不符点，但通常还是会命令买家按销售合同进行付款。这是由于买家制造这些不符点就是为了故意防止卖家从银行获得款项。这又一次说明了信用证的独立性原则，也即信用证与其他合同是分开独立的，包括销售合同。

（二）软条款的处理办法

(1) 认真审证，及早发现软条款。在贸易过程中，收到信用证后应立即与合同核对，特别注意审查信用证条款中的要求、规定是否和签约的买卖合同相符合。一旦发现问题，立即与开证申请人取得联系，争取尽早修改信用证。

(2) 尽量要求客户从规模较大、信誉较好的银行开证。一般来说，由于这些银行比较注意自身的声誉，因此在对待软条款的问题上比较慎重，相对来说风险较小。

(3) 调查了解外商企业的资信及在商界的声誉状况。

(4) 订合同时，力争客户同意由我国的商检机构来实行商品检验。如果能争取到由我国商检机构实施商检，不但可以方便我国企业，而且还将主动权掌握在我方手中。

【案例 4—8】

谨防信用证中的软条款

1. 背景

业务类型：不可撤销的信用证

开证行：国外某银行

出口商：我国北方某市某出口商

进口商：某外商

2. 案情经过

北方某市的一出口商收到国外开来的信用证购买石碱，在装运条款中虽有装运效期，但又规定具体的装运日期和船名将由买方在装运前另行通知。为此，出口商在信用证告知的装运效期前，将全部货物运到大连港，等待进口商的装船具体日期。孰料，这时石碱的国际市场情况不好，价格下跌，进口商毁约，不再发来具体的装运日期和船名的通知，致使出口商无法使用该信用证装运货物，从而造成不小的损失。

分析：国际上现在通用的信用证都是不可撤销的，从而可以保障出口商只要按信用证的要求办理出口和制作单据，就能收到货款。但是，信用证上的条款和要求必须是出口商能够办得到的，更不能有受制于进口商的条款。除了本案的情况外，尚有国内出口花岗石的交易，来证实规定出口商提供的商检证必须有由开证申请人授权的有权签字人签署（Inspection certificate to be signed by authorized signatures of applicant）。实际上，有这类信用证条款的交易完全是由进口商控制，尽管信用证有确切的付款承诺条款"我行在收到单证相符的单据时将保证按照议付的指示偿付货款"，但这类信用证如进口商不再发来装运日期和船名或进口方的授权人拒绝在商检证上签字，这时要么出口方无法装船，取不到有关的单据，开证行的确切承诺是空的，要么出口商另行装运取得有关单据，但这只能是单证不符的单据，开证行仍然不会给予付款。因此，接受这样条款的信用证，明显对出口商来说是很不安全的，会承担不能装运或单证无法相符的风险。在另一例也是出口花岗石的交易中，出口商除了接受上述另有装运通知和检验条款以外，尚要向进口方的代表先交付 200 多万元人民币（交易总金额达 2 000 万美元）的违约质保金。但在装船前，进口商的代表前来验货，却以质量不合格为由拒绝发出装运通知，致使出口商既不能发货取得货款，又被视为违约不能收回质保金。对前一类的条款可以认为是进口商违约的信誉问题，而后一类的条款则应是诈骗行为。因此，出口商在签约时一定要注意信用证中的软条款陷阱，凡是非出口商所能做到的或由进口商控制的各种条款都应提高警惕，拒绝接受，免得上当受骗。

资料来源：高洁．国际结算案例评析［M］．北京：中国人民大学出版社，2011.

拓展阅读

信用证迈向电子化

所谓的信用证电子化，就是在网络平台上操作传统纸质信用证。电子信用证有助于缩短贸易结算时间；有助于简化单据处理，减少操作差错；有助于电子商务的快速发展；有助于商业银行业务创新，提升银行竞争力。在西方国家有较大影响的三大电子信用证服务系统分别是 BOLERO 系统、CCEWeb 系统和 TRADECARD 系统。在我国的电子信用证实践中较为典型的是贸易担保网（www.1001yes.net）。其他参与我国电子信用证实践的主体是商业银行，其中处于领先地位的是招商银行。

由于国际贸易网上银行在国际有关机构的推动下已初露端倪，规范电子商务方面的法律纷纷出台，早在1989年通过的INCOTERMS 1990就认可了电子信息传输的使用，并在INCOTERMS 2000中继续认可了电子单证的效力。国际商会银行委员会于1999年起草了《电子贸易和支付统一规则》；2000年，国际商会又对《UCP 500》进行了重新定义和解释，主要是针对电子通信技术的发展，特别是电子数据交换（EDI）和传真技术的广泛应用所引发的国际货物交付、运输、邮递等业务的相应变化，作出了明确修订。2002年4月1日，国际商会历经18个月制定的*UCP Supplement for Electronic Presentation*（e UCP 1.0，《UCP电子交单增补》）正式生效，用来专门解决电子交单和电子审单问题。而根据国际商会的建议，作为2007年7月1日生效的《UCF 600》的补充，《跟单信用证电子交单统一惯例》（*the Uniform Customs and Practice Documentary Credits for Electronic Presentation*，即e UCP1.1版）是专门对《UCP 600》所做的升级版本。如果因今后技术发展而需要修订，可以早于《UCP 600》单独进行修改。之所以使用1.1版本的名称，目的是方便以后的版本升级。需要注意的是，UCP很多条款并不对电子交单产生影响，所以要与e UCP一起使用。在用电子交单或电子和纸制单据混合方式提交单据时，要同时使用e UCP和UCP两个规则。此外，各发达国家针对电子单证制定了专门的立法修改，使信用证的电子化成为可能，并使信用证的电子化进程迅速展开。

在2000年5月24日的巴黎会议上，国际商会银行技术与惯例委员会（银行委员会）的未来特别委员会（Task Force on the Future）就对电子商务表现出极大的关注，并将发展电子商务确定为银行委员会的目标之一。经过进一步的深入讨论，银行委员会认为有必要在现行的UCP和纸制信用证的电子等价物之间建立一种过渡。国际贸易界已强烈地表示需要国际商会对纸质信用证的电子等价物制定出更多诸如UCP一样具体明确的指导和规则，并且建议最好采取UCP附录或UCP增补的形式。

为满足国际经贸行业的要求，银行技术与惯例委员会成立了包括UCP、电子商务、法律和相关行业专家的工作组，以拟订一个UCP的增补用于处理电子交单的问题，其正式名称为“UCP电子交单增补”，缩略为“e UCP”。为了实现这一目标，e UCP给出许多定义，使目前通用的UCP术语适用于纸制单据的等价物的电子化交单，并且制定了必要的规则，使UCP和e UCP得以同时适用。已拟订的e UCP允许完全电子交单或纸制单据与电子单据混合交单。这一领域的实践正在快速发展，工作组认为规定完全电子交单既不现实，也将阻碍其向全面电子化过渡的发展。

工作组认为没有必要涉及有关电子开立或通知信用证的问题，因为现行的惯例及UCP早就允许以电子形式开立和通知信用证。应用e UCP时，关键要明白UCP的许多条款不会受到电子交单的影响，也不必作任何更改以适应电子交单。UCP和e UCP结合起来允许电子交单并为该领域实践的发展留有足够广阔的空间。e UCP是《UCP 600》所特有的，必要时会随着技术发展而修改。

工作组在拟订e UCP时，明确独立于特定的技术和处于发展中的电子商务系统，即e UCP并不涉及便利电子交单的特殊技术或系统。这些技术正在发展中，它留待信用证的具体各方当事人就采用何种技术或在系统问题上达成一致，以符合e UCP要求的电子交单。

e UCP 是为满足市场电子交单的要求而拟订的，当提交纸制单据的电子等价物时，就对这个正在发展的市场在提高单据处理效率方面制定了一个更高的标准。

作为已广泛应用于信用证的《UCP 600》的补充，e UCP 共有 12 条。如果在信用证当中约定适用 e UCP，e UCP 将与 UCP 共同使用，约束全部或部分电子交单的情形。e UCP作为补充而非替代 UCP，在全部或部分电子交单时与 UCP 共同应用。一份信用证如果适用 e UCP，即使在没有明确约定的情况下也适用 UCP，而信用证当事人意欲适用 e UCP，则必须在信用证当中明确约定。

e UCP 对信用证的使用者提出了一些挑战性的概念，其中一个最为困难的问题是，在电子世界里何种单据构成“正本单据”。一份电子“单据”可以无数次地复制，每一份复制件都是“正本”，因此 e UCP 称为“电子记录”，由此也将使在电子单证交易中要求“正本”单据的概念存入历史。e UCP 也包含了一些与 UCP 有不同含义的概念，比如，“表面内容”“交单地点”“签署”等出现在 UCP 当中的普通概念，e UCP 为了适应电子交单而对其做了重新定义，其中争议比较大的就是第 e11 条（为避免 UCP 和 e UCP 之间的条款混淆，e UCP 的各条款标号前都标注了一个“e”）关于电子记录的损坏问题。银行委员会认为有必要增加一个特殊条款，以处理银行收到电子交单后，由于技术原因（如病毒）而无法打开电子单据的情形。因此，第 e11 条规定，如果银行收到损坏的电子单据，银行可要求交单者在 30 天之内重新交单；如果交单者未能在规定的时间内重新提交，将被视同没有交单。

观察家相信，e UCP 的出台填补了市场一个重要的空白。国际商会银行委员会的罗恩·卡茨（Ron Katz）先生评论道：“自 19 世纪 30 年代以来，UCP 一直是国际商会的旗帜。e UCP 的出现使国际商会在信用证领域仍可保持其主导地位。”

资料来源：王善论．信用证迈向电子化［J］．国际经贸探索，2001（4）020.

本章小结

信用证是银行根据进口商的申请和指示，向出口商开立的，承诺在一定期限内凭规定的单据支付一定金额的书面文件。信用证的特点是信用证是一项独立的自足文件，开证行承担第一性付款责任，信用证业务是一种纯粹的单据业务。在信用证业务中，开证申请人、受益人和开证行三者之间分别基于贸易合同、信用证和开证申请书存在三种契约关系。根据信用证的开立方式及记载内容的不同，一般将信用证分为信开信用证和电开信用证。电开信用证又可分为简电本信用证、全电本信用证和 SWIFT 信用证。信用证的内容基本上包括以下几项：关于信用证本身的项目、关于汇票的项目、关于单据的项目、关于货物的描述、关于运输的项目和其他项目。信用证是一种银行信用，可以对进出口双方提供银行保证并进行资金融通。

根据是否有另一家银行对信用证加具保兑，信用证可分为保兑信用证和不保兑信用证；按信用证下指定银行的付款方式进行分类，可分为即期信用证、延期付款信用证、承兑信用证和议付信用证；根据受益人使用信用证的权利能否转让，可分为可转让信用证和不可转让信用证；根据信用证能否循环使用，可分为循环信用证和非循环信用证；根据付款时间不同，可分为预支信用证、即期信用证、远期信用证和假远期信用证。除此之外，还有背对背信用证和对开信用证。

跟单信用证业务的基本流程大致包括以下环节：进出口商签订国际贸易合同；开证申请人申请开立信用证；开证行开出信用证；通知行向受益人通知信用证；受益人审证、发货、制单；受益人交单；出口地银行审单付款；付款行或垫付行寄单索偿；开证行审单付款；开证行通知开证申请人备款赎单；开证申请人付款赎单；开证行交单；开证申请人凭单提货。

一般来说，一笔信用证业务包含 4 个基本的当事人，即开证申请人、开证行、通知行和受益人。在有些类型的信用证业务中，还涉及议付行、偿付行、付款行、承兑行和保兑行等。总之，信用证一经开出，其所涉及的当事人就围绕该信用证形成了双边与多边的契约关系，每一当事人均须履行相应的责任义务，同时享有既定的权利。

电子信用证是利用电子手段开展的信用证业务，是集电子开证、电子通知、电子交单、电子审单、电子支付全过程的电子化运作，是信用证运作全过程的电子化。在实践中，这种完全意义上的电子信用证的成功运作，需要银行、国际贸易交易双方等各方系统的全方位电子化协同运作。电子信用证有助于缩短贸易结算时间；有助于简化单据处理，减少操作差错；有助于电子商务的快速发展；有助于商业银行业务创新，提升银行竞争力。

思考练习

1. 在结算方式中，按出口商承担风险从小到大的顺序排列，应该怎么排？

2. 信用证的特点是什么？

3. 信用证对出口商的作用是什么？

4. 可转让信用证在使用时，转让行不可以改变什么？

5. 什么是一类允许出口商在装货交单前可以支取全部或部分货款的信用证？

6. 信用证的特点表明各有关银行在信用证业务中处理的是什么？

7. 我国 A 公司向加拿大 B 公司以 CIF 条件出口一批货物。国外来证中单据条款规定："商业发票一式两份；全套清洁已装船提单，注明运费预付，做成指示抬头空白背书；保险单一式两份，根据中国人民保险公司 2008 年 1 月 1 日海洋运输货物保险条款投保一切险和战争险。"信用证内注明按照《UCP 600》办理。A 公司在信用证规定的装运期内将货物装上船，并于到期日前向议付行交单议附，议付行随即向开证行寄单索偿。开证行收到单据后，来电表示拒付，其理由是单证有下列不符点：

（1）商业发票上没有受益人的签字；

(2) 正本提单是以一份组成，不符合全套要求；

(3) 保险单上的保险金额与发票金额相等，因为投保金额不足。

请问：分析开证行单证不符的理由是否成立？并说明理由。

8. 我国某进出口公司收到一份国外信用证，该信用证规定，最后装船日为2019年6月15日，信用证有效期至2019年6月30日，交单期为提单日期后15天但必须在信用证的有效期之内。后因为货源充足，该公司将货物提前出运，开船日期为2019年5月29日。6月18日，该公司将准备好的全套单证送银行议付时，遭到银行的拒绝。

请问：

(1) 为什么银行会拒绝议付？

(2) 该进出口公司将面临怎样的风险？

9. 我国某进出口公司出口一批轻纺织品，合同规定以不可撤销的即期信用证为付款方式。买方在合同规定的开证时间内将信用证开抵通知行，并立即转交给了某进出口公司。某进出口公司审核后发现，有关条款与合同不一致。为争取时间，尽快将信用证修改完毕，以便办理货物的装运，某进出口公司立即电告开证行修改信用证，并要求将信用证修改书直接寄交某进出口公司。

请问：

(1) 某进出口公司的做法可能会产生什么后果？

(2) 正确的信用证修改渠道是怎样的？

第五章

银行保函和备用信用证业务操作

学习目标

- 掌握银行保函的定义、基本内容和种类；
- 掌握保函申请书的内容；
- 了解银行保函业务所涉及的基本当事人；
- 能够准确填写保函申请书；
- 了解银行保函的国际惯例；
- 能够读懂各种英文保函；
- 能够以担保行的身份完成开立保函业务；
- 了解备用信用证所涉及的基本当事人；
- 掌握备用信用证的定义、基本内容；
- 掌握备用信用证的业务流程；
- 了解备用信用证的国际惯例；
- 能够读懂英文备用信用证。

第一节　银行保函

一、认知银行保函业务

（一）银行保函的定义

保函（L/G，Letter of Guarantee），也就是担保函或保证书。银行保函（Banker's Letter of Guarantee），是银行开立的担保书，是银行（担保行）应委托人的申请向受益人开出的，担保委托人如未向受益人履行某项合同义务，由担保行履行保函所规定的赔偿责任。

担保银行承担的偿付责任有第一性和第二性之分。第一性偿付责任是指只要保函规定的偿付条件已经具备，担保行就必须履行赔偿义务，而不必考虑委托人是否同意，也无须调查基础合同的履行情况，这类保函称为独立性保函。第二性偿付责任是指担保行的责任从属于委托人在基础合同项下的责任义务，申请人的索赔是否成立也要以基础合同条款为中心进行判断。如果基础合同失效，则担保行的担保责任解除。如果委托人依法或依合同对受益人享有抗辩权，担保行也同样可以以此来对抗受益人的索赔，这类保函称为从属性保函。

（二）银行保函的基本当事人

银行保函有以下 3 个基本当事人。

1. 委托人

委托人（Principal）或称申请人（Applicant），是向担保行申请开立保函的人，其责任主要有 3 个方面：一是在担保银行按照保函规定向受益人赔偿后，须立即偿还担保行垫付的款项；二是负担开立保函项下的费用及垫付款项利息；三是当担保行认为需要时，预支部分或全部押金。

2. 担保行

担保行（Guarantor Bank）即开立保函的银行。担保行的责任包括 2 个方面：一经接受委托人的申请，就要按照申请书开出保函；一经开出保函，当委托人违约时，就要按照保函承诺条件对受益人进行赔偿。

担保行的权利：如果委托人不能立即偿还担保行已付款项，则担保行有权处置押金、抵押品、担保品；如果处置后仍不足以抵偿，则担保行有权向委托人追索不足部分。

3. 受益人

受益人（Beneficiary）是有权向担保行索赔的人。受益人为了实现权利，必须履行的义务是：按照保函规定，提交相符的索款声明和/或其他单据。

除上述3个基本当事人外，还可能出现其他当事人，即当委托人要求担保行委托其他银行转开保函时，被委托银行成为转开行，担保行成为反担保行。

知识链接

银行保函业务适用的国际惯例

国际上通行独立性保函，独立性保函适用《见索即付保函统一规则》，现行的版本是URDG758（*Uniform Rules for Demand Guarantees*，ICC. No. 758），由国际商会在URDG458（1992年版本）的基础上于2010年修订并出版。

URDG758包括适用范围、定义、开立与生效、修改、索赔、费用承担、免责、适用法律及司法管辖权等内容，共35条。

URDG758的适用范围如下所述。

（1）任何明确表明适用本规则的见索即付保函或反担保函。除非见索即付保函或反担保函对本规则的内容作修改或排除，本规则对见索即付保函或反担保函的所有当事人均有约束力。

（2）如果应反担保人的请求，开立的见索即付保函适用URDG，则反担保函也应适用URDG，除非该反担保函明确排除适用URDG。但是，见索即付保函并不仅因反担保函适用URDG而适用URDG。

（3）如果应指示方的请求或经其同意，见索即付保函或反担保函根据URDG开立，则视为指示方已经接受了本规则明确规定的归属于指示方的权利和义务。

（4）如果2010年7月1日或该日期以后开立的见索即付保函或反担保函未声明适用URDG458还是URDG758，则该保函适用URDG758。

从属性保函适用国际商会制定的《合约保函统一规则》（*Uniform Rules for Contract Guarantee*，URCG）。

（三）银行保函的种类

银行保函的用途十分广泛，可适用于各类经济交易。担保行既可以为商品贸易、劳务、技术贸易的当事人提供担保，也可以为工程项目承包、借贷、大型成套设备租赁等交易活动的当事人提供担保。概括地讲，银行保函可以分为4类。

1. 出口类保函

出口类保函是指银行接受出口方申请向进口方开出的保函，是为满足出口货物或出口劳务需要而开立的保函，具体有以下几种。

（1）投标保函（Bid Bond/Tender Guarantee）。投标保函是指在以招标方式成交的货物买卖或工程建造等交易中，担保行应投标方的要求向招标方出具的书面承诺。担保行保证投标人在投标有效期内不撤标、不改标，中标后在规定的期限内签订招投标项下的合同或提交履约保函或履约保证金。如投标人不履行上述义务，则由担保行按照保函约定向招标人赔付一定金额的款项作为补偿。

投标保函的担保金额通常为投标人报价总额的1%～5%，有效期至开标日为止，有时再加上 3～15 天的索偿期。如投标人中标，则有效期自动延长至投标人与招标人签订合同，并交来履约保函时为止。

(2) 履约保函（Performance Guarantee/Performance Bond)。履约保函是指担保行接受商品供货方或工程承包方的申请，向买方或发包方出具的、保证供货方或承包方严格履行合同义务的书面承诺。倘若这些履约责任者日后未能按合约的规定及时发运货物或完成所承建的工程以及未能履行合约项下的其他义务，担保行将受理买方或发包方的索赔，按照保函约定向买方或发包方支付一笔不超过保函金额的款项，作为对买方或发包方的损害补偿。

履约保函的担保金额通常相当于合同总金额的 5%～10%，有效期至合同执行完毕日期为止，有时再加上 3～15 天的索偿期。如合同有质量保证期或工程维修期，则有效期延长至质量保证期或工程维修期满为止，再加上 3～15 天的索偿期。

(3) 预付款（Advance Payment Guarantee）或退还预付金保函（Refundment Guarantee for the Advance Payment）或还款保函（Repayment Guarantee)。预付款保函是指担保行应供货方或承包方的要求，向买方或发包方出具的、保证供货方或承包方在收到预付款后履行合同义务的书面承诺。如供货方或承包方在收到预付款后，未能履约或未能全部履约，担保行将在收到买方或发包方的索赔后向其返还一笔与预付金额等值的款项，一般还要加上自买方或发包方支付预付金到担保行退还预付款这一期间所发生的利息。

预付款保函的担保金额通常为预付款金额再加上相应的利息，有效期至合同执行完毕日期为止，再加上 3～15 天的索偿期或者规定预付金全部扣完时失效。

(4) 留置金保函（Retention Money Guarantee)。留置金保函又称预留金保函、滞留金保函、尾款保函，是指担保行应卖方或承包方的要求，向买方或发包方出具的、保证卖方或承包方在提前支取了合同价款中的尾款后履行合同义务的书面承诺。如果卖方或承包方提供的货物或承包工程达不到合同规定的质量标准，卖方或承包方将把留置款项退回买方或发包方，否则担保行将按照保函约定给予赔偿。

留置金保函的担保金额就是保留金的金额，一般相当于合同价款的 5%～10%，有效期是合同规定的索赔期满，再加上 3～15 天的索偿期。

(5) 质量保函（Quality Guarantee)。质量保函是指担保行应供货方的要求，向买方出具的、保证供货方履行其在保修期内合同义务的书面承诺。如日后发生货物质量不符合合同约定而卖方又不能更换，担保行将受理买方的索赔，按照保函约定进行赔付。

质量保函的担保金额一般为合同总价的 5%～10%，有效期一般至合同规定的质量保证期满，再加上 3～15 天的索偿期。

(6) 维修保函（Maintenance Guarantee)。维修保函是指担保行应承包方的要求，向发包方出具的、保证承包方履行其在维修期内合同义务的书面承诺。如日后承包方在工程竣工后不履行合同约定的工程维修义务或工程质量不符合合同约定而承包方又不能维修时，担保行将受理发包方的索赔，按照保函约定进行赔付。

维修保函的担保金额一般为工程承包合同的 5%～10%，有效期一般至合同规定的工程维修期满，再加上 3～15 天的索偿期。

2. 进口类保函

进口类保函是指担保行应进口方申请向出口方开出的保函，具体有以下两种。

(1) 付款保函（Payment Guarantee)。付款保函是指担保行应买方或发包方的要求，向卖方或承包方出具的，保证买方履行商品、技术、专利或劳务合同项下的付款义务，或发包方按照承包工程进度支付工程款项的书面承诺。根据被担保的付款方式不同，付款保函可分为即期付款保函、延期付款保函、分期付款保函。

即期付款保函的担保金额是合同金额，有效期按合同规定的付清价款日期再加上半个月。延期付款保函和分期付款保函的担保金额是扣除预付部分的货款金额，有效期按保函规定最后一期货款及利息付清日期再加上半个月。

（2）租赁保函（Leasing Guarantee）。租赁保函是指担保行应承租人的要求，向出租人出具的、保证承租人按期支付租金的书面承诺。

租赁保函的担保金额是租金总额，有效期按租赁合同规定的全部租金付清日期再加上半个月。

3. 对销贸易类保函

对销贸易是指将出口与进口结合在一起而达成的交易，为这类贸易提供的银行保函，称为对销贸易类保函，具体有以下两种。

（1）补偿贸易保函（Guarantee for Compensation Trade）。补偿贸易保函是指在补偿贸易合同项下，担保行接受设备或技术引进方的申请，给设备或技术提供方出具的书面承诺。担保行保证前者在设备或技术引进后的一定时期内将以其生产的产成品或其他产品来抵偿所引进的设备或技术的价款，或以产成品外销所得款项来抵偿所引进的设备和技术的价款，如果届时引进方无法或无力作出抵偿，则由担保行受理设备或技术提供方的索赔，按照保函约定赔付相应款项及利息。

补偿贸易保函的担保金额是设备价款金额加利息，有效期一般为合同规定的进口方以产成品偿付设备的日期再加上半个月。

（2）来料加工或来件装配保函（Guarantee for Processing/Guarantee for Assembling）。来料加工或来件装配保函是指担保行应进口原料方或者进口零件方的要求，向供应原料方或供应零件方出具的书面承诺。担保行保证进口原料方或者进口零件方在收到与合同相符的原料或原件后，按合同约定将产成品交付给供料方或供件方，如届时进口原料方或者进口零件方无法或无力交付产成品且不能以现汇补偿，则由担保行受理供料方或供应零件方的索赔，按照保函约定赔付来料或来件的价款及利息。

此种保函的担保金额是来料或来件的价款金额加利息，有效期一般为合同规定的进口原料方或者进口零件方以产成品偿付来料或来件价款的日期加上半个月。

4. 其他类保函

其他类保函是指担保行的担保内容不是国际贸易货款本身的支付，通常是为非贸易性质的国际经济交往中的当事人开具的书面承诺，具体有以下两种。

（1）借款保函（Loan Guarantee/Security for a Credit Line）。借款保函是指担保行应借款方的要求，向贷款方出具的、保证借款方按期归还所借款项本息的书面承诺。在借款人因某种原因（如破产、倒闭、资金周转困难或财务状况恶化等）而无力或拒绝偿还贷款时，担保行将受理贷款人的索赔，按照保函约定来履行上述所借款项本息的偿还职责。担保金额通常为借款金额再加上相应的利息。

（2）账户透支保函（Overdrawn Guarantee/Overdraft Facility Guarantee/Banking Facility Guarantee）。账户透支保函是指担保行应透支方的要求，向另一家银行或金融机构出具的书

面承诺。担保行保证透支方将依照透支协议里规定的到期时间归还所透支的款项，如果届时透支方无力或拒绝归还所透支的本金和利息，则担保行负责予以偿还。担保金额通常为透支额度再加上相应的利息。

(3) 关税保付保函 (Customs Guarantee/Duty-Free Guarantee/Temporary Importation Guarantee)。关税保付保函是指担保行应一国进口商 (包含加工贸易企业) 的要求，向该国海关出具的、保证该进口商履行关税缴纳义务的书面承诺，又称海关免税保函、海关保函、临时进口保函。如日后进口商不按期缴纳关税或未执行海关的其他具体规定，担保行将受理海关或海关指定金融机构的索赔，按照保函约定进行赔付，以代为履行关税缴纳义务。

(4) 保释金保函 (Bail Bond/Bail Guarantee)。保释金保函是指担保行应船东、船公司、承担连带赔偿和支付责任的保险公司或保赔协会或船东互保协会等申请人的要求，向法院、原告或港务当局以及其他有关债权人或利益受损方出具的带有抵押性质的海事保函。担保行保证申请人将被扣留的属于申请人的船只或其他财产取回后，能够按照法院的判决书或仲裁裁决所列明的赔款金额进行赔付。

二、办理银行保函业务

(一) 银行保函的业务流程

银行保函的开立方式分为直开和转开两种。直开银行保函业务流程如图 5-1 和图 5-2 所示，图 5-1 是直接三方结构，图 5-2 是间接三方结构；转开银行保函业务流程如图 5-3 所示。

综合直开和转开两种方式，银行保函的业务流程可以概括为以下 5 个基本环节。

(1) 委托人向担保行提出开立保函的申请。

(2) 担保行受理委托人申请，开立保函。在此环节，担保行要对委托人提交的申请材料进行审查、审核，确认可以接受申请后，再开出保函或反担保函。

(3) 在委托人违约的情况下，受益人凭索赔文件向担保行索赔。

(4) 担保行将受益人提交的索赔文件与保函索偿条款进行核对，确认相符后向受益人赔付保函项下金额。

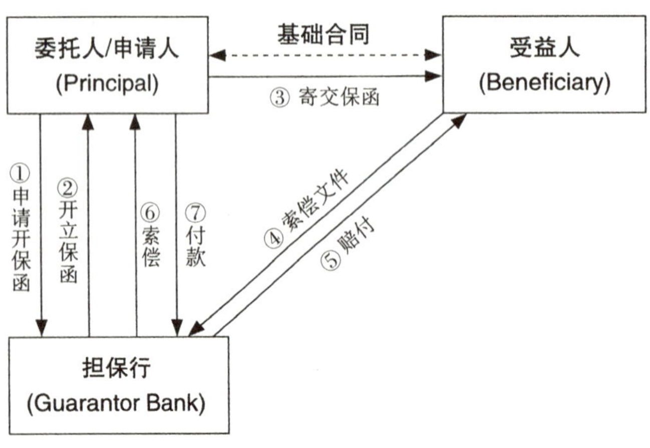

图 5-1　直开银行保函业务流程 (直接三方结构)

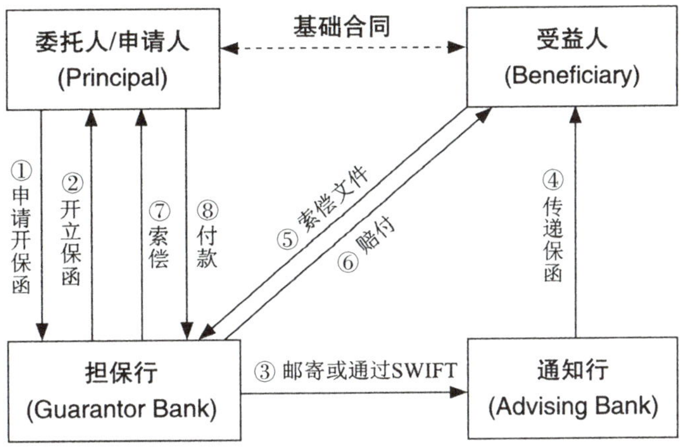

图 5-2　直开银行保函业务流程（间接三方结构）

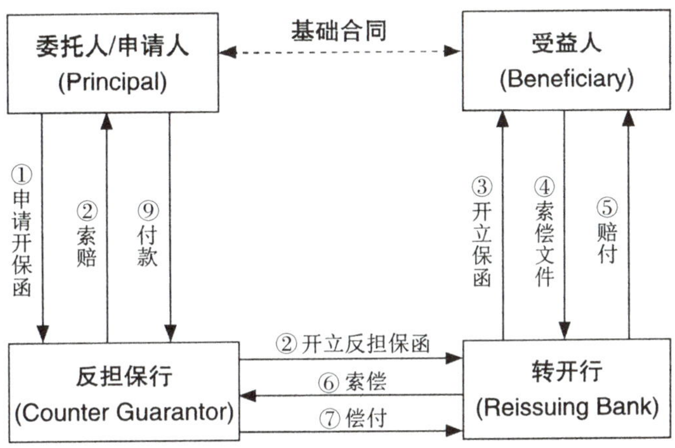

图 5-3　转开银行保函业务流程

（5）担保行向委托人索偿赔付给受益人的款项。委托人付款后，注销保函。如果转开行是担保行，转开行要向反担保行索偿；反担保行偿付后，担保行注销保函；反担保行偿付后再向委托人索偿，委托人付款后，反担保行注销反担保函。

知识链接

中国银行办理保函业务的一般流程

保函是中国银行的传统优势产品，中国银行能够为企业的全球发展提供多语种、多币种的保函业务服务，其开立保函的一般流程如下所述。

1. 保函审核及开出

（1）银行对客户资格、基础交易、相关材料进行审查。

（2）银行对客户的保证金或授信额度等进行落实。

（3）银行审核保函的书面申请及保函格式。

（4）保函开出。

2. 保函收费

保函开出后，根据总行有关规定确定收费原则和费率，向被担保人收费。

3. 保函修改

根据被担保人和受益人的需要修改保函条款，如延长保函的有效期等，被担保人需填写保函修改申请书，如表5—1所示。

表5-1 保函修改申请书样式

APPLICATON FOR AMENDMENT OF LETTER OF GUARANTEE

To: Date:

Applicant	Beneficiary
L/G No.	No. of Amendment
Issuing Date:	Amount:

Please amend the above-mentioned guarantee as follows:

□Amount increased by to

□Amount decreased by to

□Expiry date extend to (M) (DD) (YY)

All other terms and conditions remain unchanged.

Banking charge are for account of□beneficiary□applicant

Transacted by Tel.:

Fax: E—mail:

Applicant: name. signature of authorized person (with seal)

4. 保函付款/赔付

在保函有效期内，一旦发生受益人索赔的情况，及时通知申请人，经担保行审核索赔单据并确认与保函索赔条款的要求相符后，即履行付款责任。

5. 保函后期管理

(1) 根据客户的重大情况变化，对客户档案进行动态维护。

(2) 对保函业务档案进行集中保管、及时清查，确保业务档案真实反映业务处理的全过程。

(3) 在确保担保责任全部解除后对保函进行撤销，并可恢复保函申请人相应的授信额度或退还相应保证金。

（二）担保行的业务处理

1. 审查委托人资格

按目前通行的做法，担保行开出保函就要承担第一性偿付责任。为防范风险，担保行在受理委托人申请时，要将其提交的营业执照、经营许可证及其他资格文件进行审查，以确保委托人具有相应的经营范围及业务资格。担保行要留存有关资格文件复印件备查。担保银行还要严格审查委托人的资信情况，委托人应开立基本账户或一般结算账户。

2. 审查基础交易

委托人提供的合同、协议条款须符合国家的有关规定和批准程序，避免开立无交易背景的保函，严防卷入涉嫌不法活动的交易。担保行担保的履约义务应符合国家的经济和贸易政策。担保行要留存有关资料备查。

3. 落实付款保证

在确保保函金额在非融资类保函额度内的基础上，落实付款保证。付款保证包括保证金、工商客户授信额度等形式，不同的付款保证形式可以单独使用也可以混合使用。担保行在开立保函前，必须落实相应的付款保证。保函项下的保证金应严格管理，专款专用，不得挪用，各笔保函之间的保证金不得串用。

4. 审核保函申请书

担保行要对委托填写的保函申请书进行严格审核，确保内容完整、准确，指示明晰。银行保函申请书样式如表 5-2 所示，其审核要点如下所述。

表 5-2　银行保函申请书样式

<table>
<tr><td colspan="2">APPLICATION FOR BANK L/G OR STANDBY L/C
__________ BANK</td></tr>
<tr><td>To：__________
__________ BRANCH</td><td>Guarantee/Standby L/C No.：</td></tr>
<tr><td>Applicant（Full Name and Address）：</td><td rowspan="2">Please Issue：
□By SWIFT　　□By mail
□As per attachment
□Demand Guarantee According to：
URDG758
□Standby Letter of Credit According to：□《UCP 600》
□ISP98</td></tr>
<tr><td>Beneficiary（Full Name and Address）：</td></tr>
</table>

<table>
<tr><td>Type of Guarantee/Standby L/C：</td><td rowspan="2">Guarantee Party（Full Name and Address）</td></tr>
<tr><td rowspan="2">Currency and Amount（In Figures and Words）</td></tr>
<tr><td rowspan="2">Expiry Date/Condition and Expiry Place：</td></tr>
<tr><td>Advising Band/Reissuing Bank</td></tr>
<tr><td colspan="2">Documents Required for Drawings（Optional）（Marked with "×"）
□Demand in Writing　　□Sight Draft
Signed Beneficiary Certificate stating a default，reading as follows（please state below exact wording to appear on the statement）：
□Copy of Transport Document（Specify）
□Copy of Invoice
□Other（Specify）</td></tr>
<tr><td colspan="2">Special Instructions（Optional）：
□Automatically renew this Standby L/C or Guarantee：(Specify)：
□Drawings not permitted prior to ________ .
□This Standby L/C or Guarantee shall be automatically reduced by ____（Amount）____（Frequency）Commencing ____（date）.
□All banking charges outside the issuing bank are for account ofbeneficiary.
Drawings：(Select One) Beneficiary can make□One□Multiple demands for payment（drawing）.
Other（Specify）

我公司申请开立对外保函/备用信用证由□________银行□________银行委托________银行（简称"代开行"）开立</td></tr>
<tr><td colspan="2">本申请依据我公司________年________月________日与________签订的________合同/标书（编号：________）提出。声明：贵行已依法向我方提示了本申请书及其背面承诺书的相关条款（特别是黑体字条款），应我方要求对相关条款的概念、内容及法律效力作了说明。我公司已对本申请书及其背面承诺书各条款进行审慎阅研，对各条款含义与贵行理解一致。我公司在此签章表示对本申请书及背面承诺书条款的接受，愿依照执行。

申请人公章
法定代表人（签章）
（授权代理人）

年　月　日</td></tr>
</table>

（1）保函申请书的印鉴与预留印鉴是否相符。

（2）受益人的名称、详细地址是否完整。

（3）委托人的基本情况是否完整、准确。

（4）保函的有效期是否明确，原则上不开立效期"敞口"的保函。

（5）开立保函的方式是否明确。

（6）基础合同号、协议号、标书号码及/或项目名称是否相符。

（7）保函格式是否明确。

5. 填写开立保函审核表

开立保函审核表的内容如表 5-3 所示。

表 5-3 开立保函审核表

<table>
<tr><td colspan="4">经营单位填写保函基本情况</td></tr>
<tr><td>保函申请人</td><td></td><td>申请保函金额</td><td></td></tr>
<tr><td>保函保证种类及比例</td><td></td><td>授信币种及金额</td><td></td></tr>
<tr><td>保函有效期</td><td></td><td>保函开立方式</td><td></td></tr>
<tr><td>基础业务合同号码</td><td></td><td>货物/项目名称</td><td></td></tr>
<tr><td>授信额度</td><td></td><td>授信协议号</td><td></td></tr>
<tr><td colspan="4">开立保函意见

经办客户经理： 负责人：</td></tr>
<tr><td colspan="4">国际业务部门对政策和条款审核意见</td></tr>
<tr><td colspan="4">（ ）符合外汇管理政策，保函条款正常，同意开立保函。
（ ）其他：

经办人： 复核： 负责人：</td></tr>
</table>

6. 填写开立保函业务工作单

开立保函业务工作单的内容如表 5-4 所示。

表 5-4 开立保函业务工作单

<table>
<tr><td>保函编号</td><td colspan="2"></td><td>币种/金额</td><td></td><td>期限</td><td></td></tr>
<tr><td>受理申请</td><td colspan="3">（ ）开立保函申请书内容完整，无前后矛盾的条款
（ ）开立保函申请书加盖的印鉴与预留印鉴相符
（ ）已提交申请人营业执照及基本情况资料</td><td colspan="3">（ ）合同条款符合国家管理规定，内容清楚完整
（ ）已提交有关抵押或担保的承诺函</td></tr>
<tr><td rowspan="3">业务处理</td><td>业务审查</td><td colspan="2">（ ）已填写开立保函审批单
（ ）已落实付款保证
（ ）保函格式及内容符合国家管理规定和国际惯例</td><td colspan="3">（ ）在我行审批权限内或虽超权限但已报总行审批</td></tr>
<tr><td>开立保函</td><td colspan="2">（ ）已按开立保函申请书条款起草保函样本
（ ）保函币种金额/期限、付款条件、索赔方式符合开立保函申请书要求</td><td colspan="3">（ ）已出具收费凭证交会计记账
（ ）已建立保函档案</td></tr>
<tr><td colspan="6">经办人： 复核人： 日期：</td></tr>
</table>

业务交涉记录	经办人： 复核人： 日期：
结档处理	（ ）我行已拒付，已出具收费凭证交会计记账，保证金已通过会计退还保证申请人 （ ）保函已过期，已出具收费凭证交会计记账，保证金已通过会计退还保证申请人 保函已正常付汇并做如下处理： （ ）汇款已通知会计售汇/扣账 （ ）已出具收费凭证交会计记账 经办人： 复核人： 日期：
归档	（ ）档案已整理装订，符合档案管理要求，可以办理移交归档手续 移交人： 复核人： 批准人： 日期：
备注	

7. 开具保函

(1) 银行保函内容。银行保函通常包括以下几个方面内容。

①保函的当事人。委托人、受益人、担保行、通知行（如有）的名称和地址。

②交易内容。有关的交易合同、协议，标书的编号、日期，供应货物的名称、数量，工程项目的名称等。

③担保金额。担保金额的大小写和货币名称。

④保函有效期。

⑤责任条款。表明担保行负责在何种条件下，凭受益人提交何种单据或证明文件向受益人付款。

⑥索偿方式。受益人向担保行索偿的方式（信索或电索）和路线（是否通过通知行）等。

⑦其他内容。如保函金额随申请人履约进度递减的规定等。

预付款银行保函如表 5-5 所示。

表 5-5 预付款银行保函样式（信开本）

Bank Guarantee Form for Advance Payment
预付款银行保函

To：(Name of the Purchaser)
致：(买方名称)

(Name of the Contract)
(合同名称)

Dear Sir：

In accordance with the provision of clause 20 of the Terms and Conditions of Contract，(name and address of the Supplier) (hereinafter called "the Supplier") shall deposit with the Putchaser a bank guarantee to guarantee its proper and faithful performance under the said Clause of the Contract in an amount of (in figures and words). 根据合同条款第 20 条的规定，(卖方名称、地址)(以下简称"卖方")，向买方提交总额为(币种、以文字和数字表示的保函金额)的银行保函，以保证卖方将正确和忠实地履行所述的合同条款。We，(name of bank)，as instructed by the Supplier，agree unconditionally and irrevocably to guarantee as primary obligator and not as surety merely，the payment to the Purchaser on its first demand without whatsoever right of objection on our part and without its first claim to the Supplier，in the amount not exceeding (amount of guarantee in figures and words). 我行(银行名称)，根据卖方的要求，无条件地和不可撤销地同意作为第一责任人而不仅仅作为保证人，保证在收到买方的第一次要求就支付给买方不超过(币种、以文字和数字表示的保函金额)的金额，我行无权反对和不需要先向卖方索赔。We further agree that no change or addition to or other modification of the terms of the Contract to be performed there under or of any of the Contract Documents which may be made between the Purchaser and the Supplier，shall in any way release us from any liability under this guarantee，and we hereby waive notice of any such change，addition，or modification. 我行进而同意，双方同意对将要履行的合同条款或合同文件的更改、增补或修改均不能免除我行在本保函下的任何责任。我行在此表示上述更改、增补或修改无须通知我行。This guarantee expires 30 days after the last contractual delivery date. 本保函从卖方收到合同预付款起直至最后一批货物交货后 30 天内有效。

Name and Position of Guarantors：
保证人姓名和职务
Signature and Seal of Guarantors：
保证人签字、盖章
Name of Bank：
银行名称

(2) 开具保函注意事项。担保行在开具保函时，要注意把握以下要点。

①保函条款应清晰准确，责任分明。索赔方式、索赔单据或文件必须明确，杜绝含糊其词、前后矛盾的情况。对风险性较大的保函条款，银行应向委托人说明建议其争取予以修改；如不能修改，应由委托人明确同意承担相关风险。

②保函应限定最高赔偿限额。在有效控制风险的前提下，可适当列明承担合理利息、费用等责任的条款。

③银行开出的保函原则上不可转让，如业务需要可建议委托人采取款项让渡的方式。如委托人坚持开立可转让保函，在转让背景清晰合理的前提下，银行可考虑接受指名转让，但

不得自由转让，并且应要求委托人书面确认承担因转让而产生的风险。

④银行开具的保函原则上不加列适用他国法律的条款，如委托人坚持，应向其说明存在的风险，在落实其他风险防范措施并要求其书面确认承担由此引起的风险的前提下可考虑接受。

知识链接

MT760

MT760是使用SWIFT系统开立银行保函的电文格式，其内容如表5-6所示。

表5-6 MT760格式

MT760 ISSUE OF A TRANSFERABLE BANK GUARANTEE	
27	SEQUENCE OF TOTAL 报文页次
20	TRANSACTION REFERENCE NUMBER 发报行编号
23	FURTHER IDENTIFICATION 报文性质如果是直开保函，填写“ISSUE”；如果是转开，填写“REQUEST”
30	DATE 开立保函的日期
40C	APPLICABLE RULES 适用的规则 适用国际商会《见索即付保函统一规则》填“URDG” 适用国际商会《合约保函统一规则》填“URCG” 不适用任何规则，填“NONE” 适用其他规则，填“OTHER＋规则详细说明”
77C	DETAILS OF GUARANTEE 保函详细内容
72	SENDER TO RECEIVER INFORMATION 附言 BENCON 要求收报行答复该保函是否被受益人接受 PHONBEN 请用电话通知受益人（后附电话号码） TELEBEN 收报行用适当有效的手段通知受益人

资料来源：侯迎春，张文娟．国际结算［M］．北京：中国金融出版社，2019.

8. 赔付

在委托人违约的情况下，凭受益人提交的符合保函条款的单据和证明文件进行赔付。

审单是担保行处理赔付业务的核心工作，按照国际惯例，担保行仅审核受益人交来的单据所记载的内容是否符合保函条款，而无须审查单据表面记载以外的事实如何，即所谓确认单据表面是否相符，一旦确定单据表面相符，就要对受益人进行赔付。如果单据表面不相符，可以拒绝赔付，但要一次性发出拒付通知并列明所有不符点。审单时限与跟单信用证审单时限相同，即收单翌日起 5 个营业日结束。

知识拓展

银行保函与跟单信用证的异同

1. 银行保函与跟单信用证的相同点

(1) 两者都属于银行信用。

(2) 独立性保函与跟单信用证一样都是独立的文件，不依附基础交易合同。

2. 银行保函与跟单信用证的不同点

(1) 应用范围不同。跟单信用证一般只用于商品贸易，银行保函的应用范围比跟单信用证更广泛，可适用于各类国际经济交易。

(2) 银行付款责任性质不同。跟单信用证的开证银行承担第一性付款责任，银行保函的担保行承担的责任有第一性，也有第二性，而且是一种或有负债。

(3) 支付款项性质不同。跟单信用证项下支付的主要是货款，银行保函项下支付的是合同价款、退款或赔偿金。

第二节 备用信用证

一、认知备用信用证业务

（一）备用信用证的定义

备用信用证（Standby Letter of Credit），是指开证行根据开证申请人的请求对受益人开立的、不可撤销的承诺，开证行保证在开证申请人未能履行其应履行的义务时，凭受益人提交的、符合信用证规定的单据履行支付义务。

备用信用证属于银行信用，是在开证申请人违约时，受益人从开证行取得补偿的一种方式。如果开证申请人按期履行了义务，受益人就不会向开证行索赔，开证行也就无须赔付，这也正是“备用”（Standby）一词的含义。

备用信用证只是形式上的信用证，而实质上是银行保函。

知识链接

备用信用证的由来及适用的国际惯例

早在1879年，美国联邦法律及各洲法律均已禁止银行为其客户的商业行为提供担保，即明令禁止银行为客户开立保函。因为银行的自有资产在银行资产总额中占比不高，其余的均是吸收存款而产生的。如果以广大储户的资金为依托去开立见索即付的银行保函，将产生极大的操作风险和流动性风险，并极易引发银行资金链断裂甚至倒闭的严重后果。美国法律对商业银行禁止开立保函的目的正在于此。但商业银行毕竟是以盈利为目的的企业，为留住客户，美国的银行家绕开法规的限制，发明了一种新型的金融工具——备用信用证，即以客户自筹保证金作抵押，为客户提供银行担保，其作用类似于银行保函。

备用信用证从银行保函的替代工具逐渐发展成为用途十分广泛的信用工具，例如国际贸易、国际承包工程、国际租赁、国际融资等国际经济交易的当事人为了保障自身利益，都可能要求对方开立备用信用证。国际商会在《跟单信用证统一惯例》1993年文本中，明确规定该惯例的条文适用于备用信用证，即将备用信用证列入了信用证的范畴。1995年12月，联合国大会通过了由联合国国际贸易法委员会起草的《独立担保和备用信用证公约》；国际商会于1998年4月6日正式颁布了《国际备用信用证惯例》（*International Standby Practices*，简称ISP98，是国际商会第590号出版物，即ICCNo. 590），并于1999年1月1日起正式实施，从此有了专门适用于备用信用证的权威国际惯例。有了专门规范备用信用证操作的ISP98，《跟单信用证统一惯例》是否仍有必要涉及备用信用证呢？经过商讨，最终多数意见认为，备用信用证仍然可以继续适用《跟单信用证统一惯例》，因此，备用信用证有两个可以适用的国际惯例，对于一笔业务究竟适用哪个惯例，取决于当事人的选择。

（二）备用信用证的性质

1. 独立性

备用信用证一经开立，即作为一种自足文件而独立存在。它既独立于赖以开立的申请人与受益人之间签订的基础合约，又独立于申请人和开证行之间的开证契约（开证申请书）。开证行的义务完全取决于受益人提交的单据是否表面上符合备用信用证条款的规定。

2. 不可撤销性

除非在备用信用证中另有规定或经受益人同意，开证行不得修改或撤销其在备用信用证下的义务。

3. 强制性

备用信用证在生效后即对开证行具有约束力，无论申请人是否授权开立，开证行是否收取了费用，受益人是否收到并相信该备用信用证，开证行均应承担备用信用证项下的义务。

4. 单据性

开证行是否履行付款义务取决于受益人提交的单据表面上是否与备用信用证条款相符。无论是纸质还是电子形式的单据，开证行都要进行严格的审核，相符单据是开证行赖以支付的凭证。

（三）备用信用证的种类

1. 履约备用信用证

履约备用信用证（Performance Standby L/C）用于担保开证申请人履行基础合同项下的某项义务，而不是担保合同价款本身的支付，即保证对受益人因申请人违约而造成的损失进行赔偿。在履约备用信用证有效期内，如果申请人违约，开证行将根据受益人提交的符合备用信用证的单据（如索款要求书、违约声明等）代替申请人赔偿备用信用证规定的金额。

2. 预付款备用信用证

预付款备用信用证（Advance Payment Standby L/C）用于担保申请人履行收到受益人的预付款后所应承担的义务。这种备用信用证通常用于国际工程承包项目中业主向承包人支付工程预付款以及进出口贸易中进口商向出口商支付预付款，由收款人申请开立备用信用证给付款人，保证履行交工或交货义务。

3. 融资备用信用证

融资备用信用证（Financial Standby L/C）用于担保申请人履行借款偿还义务。此种备用信用证被广泛用于国际融资。比如，跨国企业通过本国银行或东道国银行开立一张以融资银行为受益人的融资备用信用证，并凭以作为不可撤销的、独立地偿还借款的承诺，以取得融资便利。

4. 投标备用信用证

投标备用信用证（Tender Bond Standby L/C）用于担保投标方中标后履行合同义务，若投标方未能履行合同，开证行必须按备用信用证的规定向受益人履行赔款义务。投标备用信用证的金额视招标文件规定而定，一般为投标报价的1%～5%。

5. 直接付款备用信用证

直接付款备用信用证（Direct Payment Standby L/C）用于担保申请人到期付款，尤指到期没有任何违约时支付本金和利息。此种备用信用证主要用于担保企业发行债券或订立债务契约时的到期支付本息义务，其已经突破了备用信用证备而不用的传统担保性质，即企业债务到期时，开证行直接对证下资金进行支付。

6. 保险备用信用证

保险备用信用证（Insurance Standby L/C）用于担保申请人的保险或再保险义务。申请人一般为保险公司或再保险公司，如果申请人不能履行其保险或再保险合同项下的赔付义务，则开证行需向受益人履行支付义务。

7. 商业备用信用证

商业备用信用证（Commercial Standby L/C）用于担保申请人对货物或服务履行付款义务。商业备用信用证的使用，通常把赊销、承兑交单和银行信用担保有机地结合在一起，使进口方能够争取到有利的结算方式。出口方为降低风险，则要求进口方开立以出口方为受益人的商业备用信用证作为付款保证。

（四）备用信用证与银行保函的异同

1. 备用信用证与银行保函的相同点

（1）定义和法律当事人基本相同。两者都是由银行或非银行金融机构应某项交易合同项下的当事人（申请人）的请求或指示，向交易的另一方（受益人）开立的担保文件，承诺对提交的在表面上符合其条款规定的书面索赔声明或其他单据予以赔付。其法律当事人基本相同，一般包括申请人、担保行或开证行（两者处于相同地位）、受益人。

（2）担保作用相同。银行保函和备用信用证都是国际担保的重要形式，在各种国际经济交往中发挥着保证申请人履行某项义务的作用，都具有应用范围广的特点。

（3）性质相同。对于担保行和开证行来说，担保责任都是一种或有负债，如果申请人履行了应尽义务，则不需要承担担保责任。

2. 备用信用证与银行保函的不同点

（1）与基础合同的关系不同。银行保函与所凭以开立的基础合同之间的关系既可以是从属性的，也可以是独立性的。备用信用证并无从属性与独立性之分，只有独立性，开证行付款的依据是受益人是否提交与信用证条款相符的单据，而不考虑基础合同的执行情况。

（2）适用不同的国际惯例。独立性银行保函适用国际商会制定的《见索即付保函统一规则》（URDG），从属性银行保函适用《合同保函统一规则》。备用信用证适用国际商会制定的《国际备用信用证惯例》（ISP98）和《跟单信用证统一惯例》。

（3）开立方式不同。备用信用证的开证行开立信用证后，通过受益人所在地的代理行（通知行）通知或转递给受益人。银行保函有两种开立方式：直开和转开。如果采取直开方式，银行保函由委托人直接寄交或带交给受益人，也可以通过受益人所在地的银行通知或转递；如果采取转开方式，则委托人所委托的银行作为反担保行向受益人所在地的银行开出反担保函，受益人所在地银行再凭反担保函向受益人开具保函。

（4）兑付方式不同。备用信用证可指定议付行、付款行等，受益人可在当地交单议付或取得付款；银行保函的受益人只能向担保行提交单据或违约声明。

（5）融资作用不同。备用信用证的受益人可以做议付融资；而银行保函没有融资作用，所谓借款保函是以银行信用担保还本付息，以帮助借款者取得借款，保函本身并不具有融资功能。

（6）单据要求不同。备用信用证一般要求受益人在索赔时提交即期汇票和证明申请人违约的书面文件；银行保函则不要求受益人提交汇票，但对于证明文件的要求比备用信用证要严格一些，一般受益人除了要提交证明申请人违约的文件外，还需提交证明自己履约的文件。

知识链接

《国际备用信用证惯例》

《国际备用信用证惯例》(*International Standby Practices*)是国际商会的59590号出版物，于1999年1月1日起正式实施，因1998年4月6日正式颁布，故简称ISP98。

《国际备用信用证惯例》对备用信用证各方当事人的权利义务作了具体规定。

一、开证人的免责条款

开证人对备用信用证的申请人或受益人的执行或不执行基础交易不负责任。

开证人对备用信用证项下所提交单据的精确性、真实性或有效性不负责任。

开证人对其他当事人执行或不执行备用信用证不负责任，即使该当事人是由开证人选定的。其他当事人是指除开证人、申请人和受益人之外的人，这些人可能是由开证人或被指定的人选定的人，如通知人、保兑人、代为付款人、代为交单人、代为收单人、代为开证人等。

二、开证人和保兑人对受益人的担保责任条款

备用信用证的开证人与保兑人承担相同的责任，当备用信用证没有其他规定时，开证人和保兑人应在7个营业日内完成对受益人或其所指定的人所提交的单据进行审核，在确认其与备用信用证条款相符后，应立即付款或承兑汇票或确认延期付款。

当备用信用证有一个以上的开证人，而且备用信用证未规定向哪一个开证人交单时，受益人可以选择向其中任何一个开证人交单（包括备用信用证的开证人之外的保兑人）。

三、指定和被指定人的责任条款

“指定”是指开证人在备用信用证中指定一方从事各种行为。“被指定”人必须是开证人在备用信用证正文或相关的有效电文、信函中明确指定的某一方当事人，而由其他各方当事人指定并代其行事的被指定人均不在本条款的规定之列，也不受ISP98条款的约束。

开证人的指定仅构成被指定人的权利并不构成义务，即“被指定人”可以行为也可以不行为；同时，由开证人所指定的“被指定人”也无权约束开证人。

四、备用信用证的生效条款

除非备用信用证明确表示尚未开立或尚未生效，备用信用证自其离开开证人的控制之时起视为“开立”，即尚未离开开证人控制之时，不能视为“开立”。

五、备用信用证的修改条款

当备用信用证明确表示其全部金额可以自动增加或减少，有效期可以自动延长时，该证的修改可以在其满足上述条件时自动生效并对各方当事人自动产生约束力，无须另行出具通知或表示同意。

当备用信用证没有自动修改的规定时，修改自其离开开证人控制时起即对开证人有约束力；或者自其离开保兑人控制时起对保兑人产生约束力，保兑人声明不对该修改加具保兑时除外。

当备用信用证没有自动修改的规定时，受益人必须通知其接受该修改后方受其约束，并且接受修改的通知必须以快捷的方式向通知该修改的人发出，除非受益人所提交的单据与修改后的备用信用证相符，且与修改前的备用信用证条款不符。对于申请人而言，一份修改无须申请人的同意即可约束开证人、保兑人或受益人。

部分接受修改视为不接受整个修改。

若开证人使用另一人通知备用信用证，必须向该人通知所有修改；备用信用证的修改或撤销，或者自动展期（更新）的备用信用证因故未展期，均不影响开证人对指定人承担的义务。

六、交单条款

1. 提示

提示是指交付备用信用证项下的单据以备审核的行为。交单人提交该备用信用证项下要求的单据即构成了提示或称为构成了交单。

2. 交单要求

交单人在交单时，可通过注明备用信用证完整号码和开证人名称、地址或者附上正本或副本备用信用证。为防止出错，交单人在交单面函上最好声明系某地某开证人开立备用信用证项下的单据，在说明开证人的地址时，不能只注明城市，必须是完整详细的地址。

3. 交单地点

单据必须在备用信用证标明的或 ISP98 规定的地点提交，以确保相符。

如果备用信用证未规定向开证人交单的地点，单据必须在备用信用证开出的营业地向开证人提交。

如果备用信用证已经被保兑，但保兑时未规定交单地点，单据须在保兑人进行保兑的营业地提交或向开证人提交。

如果未规定交单地点的具体地址（如单元、楼层、房间驻地、邮站、邮政信箱或其他地址），可以把单据提交至备用信用证上显示的邮政地址或接收邮件的具体地址，或者在交单地点被授权接受提示的人。

4. 交单时间

备用信用证应该规定交单的到期日。在开立备用信用证之后、到期日之前作出的交单，均为准时交单。ISP98 规定的到期日是指营业日。

如果备用信用证规定的最后交单日，是交单地开证人或被指定人的非营业日，则最后交单日顺延到其后的第一个营业日。如果在交单的最后营业日，备用信用证规定的交单地点休业，造成无法及时交单的，除非备用信用证另有规定，否则，最后的交单日可自动延展到交单地开门营业后 30 个日历日。如果因规定的交单地点营业日休业或开证人预知其将休业而授权另一合理交单地点，那么，受益人包括其指定交单人必须在该合理的交单地点交单；如果受益人在最后交单之前不到 30 个日历日之内收到这一授权通知，且由于该原因无法准时交单时，最后交单日也可自动延展到原最后交单日之后的 30 个日历日。

5. 每次交单的独立性及部分支款和多次交单规定

同笔备用信用证业务项下的不同次的交单相互间没有联系，是完全独立的，某一次交单不符并不影响下一次的正点交单，也不剥夺交单人下一次及时重新交单的权利；反之，开证人或其指定人放弃了本次交单中的不符点并付了款，并不意味着对下一次也应放弃不符点并付款。

当备用信用证不禁止部分支款和多次交单，则交单金额可以少于可用的全部金额并提交一次以上的单据。当备用信用证规定“禁止部分支款”或作类似表示时，备用信用证只允许一次性提交单据索偿，并且所提交的单据金额必须是备用信用证的金额，即“全额交单”。

资料来源：刘晶红．国际结算操作［M］．北京：中国金融出版社，2012.

二、办理国际备用信用证业务

（一）国际备用信用证的业务流程

如图 5-4 所示，国际备用信用证业务流程包括以下环节。

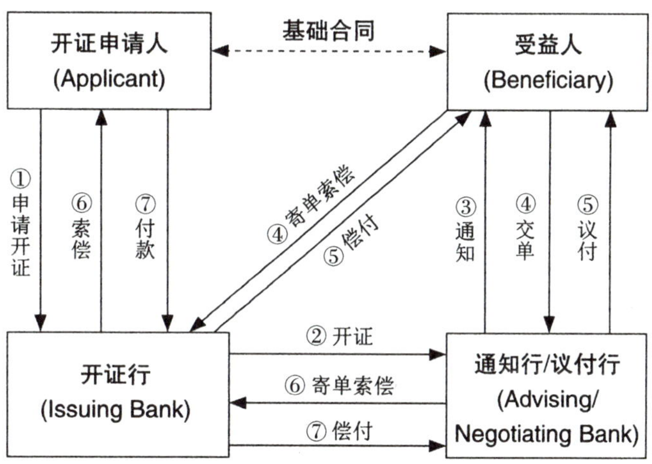

图 5-4 国际备用信用证业务流程

①开证申请人依据基础经济交易合同的规定，准备交易背景资料、开证申请人资信证明等申请开证材料，向开证行申请开证，并根据基础合同填写《开立备用信用证申请书》，交开证行审核。

②开证行对申请人的资格、资信审查通过，并对开证申请书审核无误后，在落实付款保证的基础上，根据开证申请书内容开出备用信用证。

③通知行核验备用信用证真伪后向受益人发出通知。

④如果开证申请人违约，受益人按备用信用证要求向开证行提交单据，要求偿付或向议付行交单议付。

⑤开证行审单相符后向受益人偿付或议付行审单相符后议付。

⑥开证行向开证申请人索偿或议付行向开证行寄单索偿。

⑦开证申请人向开证行付款或开证行审单相符后向议付行偿付。

（二）开证行的业务处理

1. 受理开证申请

开证行在受理开证申请时，要对开证申请人的资格、资信和基础交易进行审查，对开证申请书进行审核，还要落实付款保证，这些业务的操作要点与受理申请开立银行保函基本相同。

2. 开立备用信用证

通过 SWIFT 开立备用信用证也使用 MT760 报文格式，无论是电开还是信开，表 5-7 为融资备用信用证样例。备用信用证的内容主要包括：开证行、受益人、申请人等当事人的名称和地址，开证日期，信用证金额，信用证的有效期，受益人需提交的单据，保证文句，适用的国际惯例等。

表 5-7 融资备用信用证样例

FINANCIAL STANDBY L/C

To：Bank of Communications，SHENYANG Branch

From：XYZ BANK

Date：20 DEC. 2018

Standby L/C No. SL20180579

With reference to the loan agreement No. 2019HN028 (hereinafter to as "the agreement") signed between Bank of Communications，SHENYANG Branch (hereinafter referred to as "the lender") and LIAONING ABC CO.，LTD (hereinafter referred to as "the borrower") for a principal amount of RMB SIXTEEN MILLION ONLY (RMB 16 000，000)，we hereby issue our irrevocable standby letter of credit No. SL20180579 in the lender's favor for account of the HONG KONG ABC CORPORATION which has its registered office at AS 8 FL. 2SEC. CHARACTER RD. HONG KONG for an amount up to UNITED STATES DOLLARS THREE MILLION ONLY. (USD 3 000 000，00) which covers the principal amount of the agreement plus interest accrued from aforesaid principal amount and other charges all of which the borrower has undertaken to pay the date of our payment. In the case that the guaranteed amount is not sufficient to satisfy your claim due to the exchange rate fluctuation between USD and RMB we hereby agree to increse the amount of this standby L/C accordingly.

Partial drawing and multiple drawing are allowed under this standby L/C.

This standby letter of credit is available by sight payment. We engage with you that upon receipt of your draft (s) and your signed statement or SWIFT. All drafts drawn hereunder must be marked drawn under XYZ Bank standby letter of credit No. SL20180579 dated 20 DECEMBER 2018.

This standby letter of credit will come into effect on 20 DECEMBER 2018 and expire on 20 DECEMBER 2019 at the counter of Bank of Communications SHENYANG branch.

This standby letter of credit is subject to Uniform Customs and Practice for Document Credits (2007 revision)，International Chamber of Commerce Publication No. 600.

3. 开证行赔付

开证申请人违约时，凭受益人提交的与备用信用证规定相符的单据进行赔付，然后向开证申请人索偿。开证行赔付的前提仍然是“单证一致、单单一致”，对单据的审核同样坚持表面相符的原则。

本章小结

本章系统阐述银行保函业务，内容包括银行保函业务的认知和办理两部分。通过学习，要把握银行保函业务的实质，重点掌握担保行在办理银行保函业务时的操作要点，能够完整地模拟银行保函业务流程。本章还阐述了备用信用证业务，内容包括备用信用证业务的认知和办理两部分，要准确把握国际备用信用证业务的性质，能够完整地模拟国际备用信用证业务流程。

思考练习

1. 担保行在开具保函前应做好哪些审查和审核工作？

2. 担保行在开具保函时要注意什么？

3. 银行保函与跟单信用证有哪些异同？

4. 银行保函与备用信用证有哪些异同？

5. 备用信用证与跟单信用证有哪些异同？

6. 甲银行于2017年4月为乙公司2000万港币借款出具保函，受益人为丙银行，期限为9个月，利率12%。由于乙公司投资房地产失误，导致公司负债累累，在还款期满后未能依约归还丙银行贷款。

2018年3月，丙银行向当地人民法院起诉乙公司和甲银行，要求归还贷款本金及利息。当地人民法院裁定如下：

（1）乙公司在4月30日之前将其债权1100万港币收回用于偿还丙银行，余款在12月底还清；

（2）如乙公司不能履行，由甲银行承担代偿责任。

2018年5月底，乙公司只归还了600万港币，仍欠本金1400万港币及相应利息未归还。鉴于此，当地人民法院执行庭多次上门要求甲银行履行担保责任，否则将采取强制措施，查封甲银行资产。而该笔担保的反担保单位丁酒店，只剩下一个空壳公司存在，难以履行反担保责任。

为维护银行声誉，经上级行批准后甲银行付丙银行本金1400万港币及相应利息。

请分析：什么是借款保函？在办理借款保函时应如何防范风险？

7. 某银行开出不可撤销的备用信用证，经A银行加保兑并通知受益人。该证要求：

（1）提供一份违约证书，声明“根据我公司与Y公司2019年2月1日签订的第18号合同，我公司在3月2日装运1000桶原油。按照上述合同条款要求，我们从装船日起已等待Y方付款达120天，Y方未付应付款。因此Y方已违约，应在备用信用证项下向我方支付65万美元”。

(2) 商业发票副本一份，注明装运商品的细目。

(3) 运输单据副本一份，证明货物已装运及注明装运日期。

受益人按合约发了货，在发货后的120天，由于未收到Y方支付的款项，受益人缮制了备用信用证所要求的文件和单据，提交给保兑行A。

保兑行A审核了违约证书、商业发票副本和运输单据副本，认为单证相符，即向受益人付了款，并以快邮方式向开证行寄单索偿。

开证行以单证不符为由拒绝付款，不符点为：晚提示。根据《UCP 600》第14条c款，单据不得迟于装船后21天提示，而货物早已于3月2日装运，单据迟至7月6日才提示。

A行对此拒付不同意，复电如下：“来电拒付无理。《UCP 600》第14条c款适用于商业跟单信用证，而非备用信用证。后者是为担保你客户履约而立的。只要已证明你客户违反与受益人之间的商业合同条款，即为有效。此外，为了履行商业合同，受益人必须在发货后等待120天，以便你客户付款。如后者违约不付，则受益人将使用备用信用证取得该证项下的付款。”

请分析：

(1) 本案涉及哪种备用信用证？

(2) 保兑行的解释是否正确？如果保兑行不能得到开证行的偿付，保兑行能否向受益人行使追索权？

(3) 本案例带来的启示是什么？

第六章

国际保理和福费廷业务操作

学习目标

- 了解国际保理的基本概念、分类及特点，福费廷业务的产生与发展及其特点；
- 熟悉国际保理业务、福费廷业务的业务流程；
- 掌握国际保理业务、福费廷业务的运用。

三、国际保理业务的基本处理流程

国际保理业务的基本处理流程如图 6-1 所示。

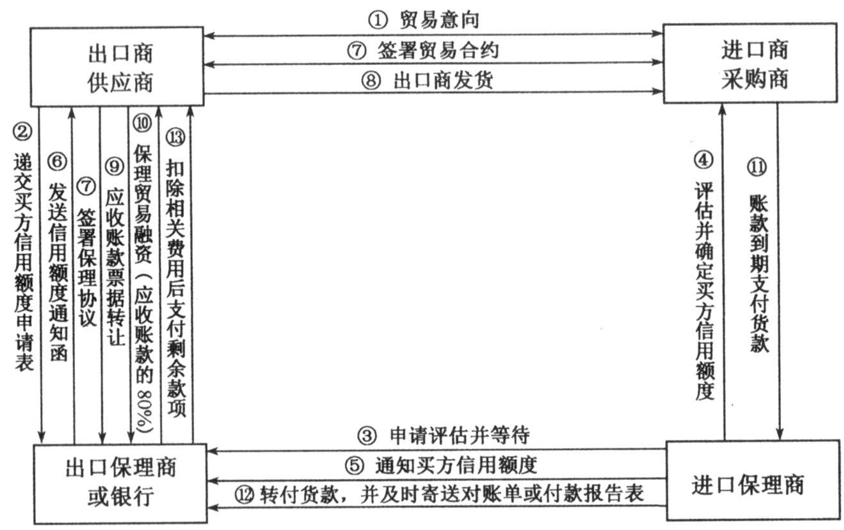

图 6-1　国际保理业务的基本处理流程

在图 6-1 中，各环节的具体内容如下：

①出口商与进口商有贸易意向或新一轮贸易需求；

②出口商向出口保理商递交进口商信用额度申请表，为海外进口商申请信用额度；

③出口保理商向进口保理商申请评估买方资信情况并等待核准进口商的信用额度；

④进口保理商对进口商的商业资信进行调查和评估，并初步确定进口商的信用额度；

⑤进口保理商向出口保理商通知对进口商的信用额度调查结果；

⑥出口保理商向出口商通知进口商的信用额度结果；

⑦出口商与进口商签订贸易合约，同时与出口保理商签署国际保理业务相关协议；

⑧在被核准信用额度的情况下，出口商装运货物向进口商发货；

⑨出口商向出口保理商提供发货凭证及有关应收账款债权转让声明及发票副本；

⑩出口保理商向出口商提供发票金额 80％比例的贸易融资；

⑪账款到期后，进口商向进口保理商支付货款；

⑫进口保理商将货款转付给出口保理商，并及时向出口保理商寄送对账单或付款报告表；

⑬出口保理商扣除相关费用后，将余款支付给出口商。

【案例 6－3】 某出口商 A 向进口商 B 出口一批价值 12 万美元的商品，装船后 30 天以 D/A方式付款。由于出口商 A 仅仅是一家业务规模很小的贸易公司，它不想过多地占用自己的流动资金，因此出口商 A 希望采用国际保理业务融通资金。

请问：其业务流程是什么？

分析：出口商希望通过采用国际保理方式进行融资，其具体做法可以简要陈述如下。

(1) 出口商 A 首先选定一家出口地的保理商 C 作为出口保理商，然后与其签订出口保理协议，同时向它提出 12 万美元的授信额度申请以及提交出口保理商要求提供的进口商的有关资料，以备审核。

(2) 出口保理商立即选定进口地的保理商D作为进口保理商，然后将出口商A的申请递交进口保理商D，进口保理商D仔细审核申请，然后通过各种方式获得进口商B的信誉信息，作出授信的决定，其授信额度为8万美元，并立刻通知出口保理商C。

(3) 出口保理商C立即将进口保理商D的授信决定通知出口商A。出口商A很快出运货物连同正本提单一起通过代收行交给进口商B，而副本提单则交给出口保理商C。

(4) 出口保理商C收到副本提单后很快将发票的细节情况通知进口保理商D，并按照保理协议预付出口商80%的货款（6.4万美元）。

(5) 货到目的地后，进口商B凭承兑远期汇票取得提单提取货物，并承诺到期付款。

(6) 进口保理商D将所有核准的货款付给出口保理商C，当出口保理商C获取已经收到货款的通知后，立即将其余货款在扣除了相应的费用后支付给出口商A。

四、国际保理业务的分类

国际保理是指保理商与出口商之间的一种协议安排。据此协议，保理商通过收购应收账款向出口商提供包括进口商资信调查、100%的坏账担保、应收账款的代收或管理以及贸易融资的一揽子综合性金融服务项目。

国际保理业务的分类如下。

(1) 公开保理是指当出口商将应收账款出售给保理商后，由保理商出面向进口商收款，同时出口商以书面形式将保理商的参与情况通知进口商，要求进口商将货款付给保理商。

(2) 隐蔽保理是指出口商因为不愿让进口商了解其因缺乏流动资金而需要转让应收账款等情况，在把应收账款出售给保理商以后，仍然由自己向进口商收款，然后再转交给保理商，而不将使用保理业务的事实告知进口商。

(3) 双保理模式即涉及进、出口双方保理商的保理业务模式。在这种模式下，出口商和出口保理商签订保理协议，将其在国外的应收账款转让给出口保理商，而由出口保理商与进口保理商签订代理协议，向进口保理商再转让有关的应收账款，并且委托进口保理商直接与进口商联系收款。

(4) 单保理模式即只有一家保理商参与提供服务的保理模式。

(5) 到期保理是指出口商将应收账款出售给保理商后，保理商并不立即向出口商支付现款，而是同意在票据到期时向出口商支付货款金额。

(6) 预支保理又称为标准保理，是指出口商将应收账款出售给保理商以后，保理商立即对其支付信用额度一定比例的现款，等到到期收款后，再支付货款余额。

(7) 有追索权保理是指出口商将应收账款转让给保理商，并获得保理融资后，如果进口商因资信不佳拒绝付款，保理商有权向出口商要求偿还预付的款项，即保理商具有对出口商的追索权。

(8) 无追索权保理是指出口商将应收账款转让给保理商，并获得融资后，如果进口商因资信不佳到期拒绝付款，保理商不能要求出口商归还其垫付的款项，保理商独自承担进口商拒付的风险，即保理商对出口商无追索权。

五、国际保理业务的利弊

国际保理业务的有利之处在于，出口保理作为一种价廉高效的结算方式，帮助出口公司抓住了出口机遇，改善了公司的资金流动性，减少了坏账，同时也节省了用于销售分户账管理、资信调查、账款回收等管理费用；对债务人而言，增加营业额，降低成本，保证收到货物，简化购货手续，增加利润。

国际保理业务的不利之处在于，国际保理商的风险较大，供应商承担的国际保理费用偏高。

供应商在国际保理业务中应注意，国际保理业务不适用于各类企业所有商品的交易，通常适用于中小企业的中小额交易。供应商要严格按照保理商批准的信用额度与债务人成交合同，在交货时必须严格符合合同的规定。否则，保理商将不负担任何责任，所有的风险由供应商自己承担。出口商应慎重选择国际保理商。保理业务费用应事先估算在出口成本之中，尽量减少自身的额外费用。

六、国际保理业务与信用证方式的比较

信用证方式下，进口人必须支付不菲的开证费，还要交纳相当于信用证金额一定比例的开证押金；而出口人必须严格按信用证的规定制单、交单，才能获得付款。

保理业务中，债务人不必负担开证费，无须占压开证押金；而供应商只要按照合同的规定在保理商核准的信用限额内交货，则将由保理商承担信用风险。

【案例 6—5】

出口保理业务引起的纠纷案

一、背景

业务类型：出口保理融资

出口商：我国 B 公司

进口商：某国 A 公司

出口保理商：我国某保理商

进口保理商：某国保理商

二、案情经过

年初，国内某出口商 B 公司委托当地出口保理商叙做一笔出口保理业务。在获得进口保理商批准的 10 万美元信用额度后，出口保理商即与出口商 B 公司签订了《出口保理业务协议》及《保理融资扣款授权书》。同年 4 月和 5 月，出口商 B 公司先后向出口保理商提交了两张发票，金额总计 10 万美元。出口保理商随即将这两张发票先后转让给了进口保理商，并根据出口商 B 公司的申请，向其提供了 8 万美元的出口保理融资。

8 月 5 日，出口保理商收到进口保理商发来的争议通知，告知出口保理商，该年年初出口商 B 公司以托收方式发给进口商 A 公司的货物因质量问题被进口商海关扣留，致使进口商 A 公司不能提取该批托收项下已付货款的货物，进口商 A 公司因此拒付出口商 B 公司保理项下两笔应收账款。进口保理商同时随附了一份进口国海关的证明书。出口保理商立即将有关争

议情况通知了出口商B公司，出口商B公司承认托收项下的货物确有质量问题，并正在与进口商A公司交涉。为了资金安全，出口保理商根据与出口商B公司签署的《保理融资扣款授权书》及《出口保理业务协议》有关条款的规定，于8月11日将保理融资款项及其利息费用从出口商B公司账上冲回，出口商B公司对此未提出任何异议。

然而，在这之后直至次年7月进口商A公司倒闭，买、卖双方始终未能协商解决保理项下这起因反索而引起的贸易纠纷。其后第三年3月5日，出口商B公司以“出口保理商冲回保理融资侵犯了出口商的合法权益”为由向法院起诉，要求出口保理商赔偿人民币100多万元，后又认为起诉理由不当而主动撤诉，并另以“保理业务项下贸易合同未出现任何质量争议，出口保理商却以质量争议为由扣划保理融资款项是严重侵犯出口商权益”为由起诉出口保理商。

分析：首先，应解决的问题是反索是否构成贸易纠纷。反索是指进口商因与出口商另外一笔交易的结果导致进口商向出口商提出索赔而引起的争议。在本案中，由于出口商B公司最初发给进口商A公司托收项下的货物出现质量问题，从而导致进口商A公司拒付该出口商B公司保理项下两笔应收账款，这实际上就是一种反索。本案中的反索已经对出口商能否按照保理协议如期得到保理公司的融资构成了威胁，甚至可能导致这种融资的失败（事实上也正是如此），因此，反索已构成贸易纠纷。

其次，需考虑的是本案应如何判决。对于这一点，我们应先分析一下出口商B公司的起诉能否站得住脚。

按照《国际保付代理公约》第10条的规定，如果保理人付款时已经知道在与债务人付款有关的货物方面，供应商存在不履约、履约有瑕疵或者履约迟延的情况，导致货物销售合同的不履行、履行有瑕疵或者履约迟延，债务人只可以向供应商收回其已经给付保理人的款项，却无权向保理人收回已经给付的款项。反之，若保理人付款时并不知道与债务人付款有关的货物方面，供应商存在不履约、履约有瑕疵或迟延的情况，则债务人（进口商）有权收回其已经付给保理人的款项或有权利对保理人不付款。因此，在保理业务中保理商保证赔付必须建立在“出口商按时按质按量履行交货义务”的基础上，如果买方对此提出异议、抱怨或索赔，均被推定为是发生贸易纠纷，保理商将立即转告出口商去处理。如纠纷未能在合理时间内得到解决，则相关的应收账款，不论其是否在信用额度之内，均为不合格应收账款，保理商有权主动冲账，并不承担坏账风险。由此可以知道，若保理项下贸易合同出现质量争议，出口保理商扣划保理融资款项是合法的。

那么，在本案中，保理业务项下贸易合同未出现任何质量争议，出口保理商是否可以以进口商A公司提出的反索为由扣划对出口商B公司的保理融资款项？

国际保理商联合会颁布的《国际保理业务惯例规则》第41条规定：“如果债务人提出抗辩、反索或纠纷，并且如果出口商于发生纠纷的应收账款所涉及发票的到期日后270天内收到该纠纷通知，进口保理商不应被要求对债务人由于这种纠纷而拒付的金额进行付款。”按照《国际保理业务惯例规则》的这条规定，在进口商提出反索的情况下，进口保理商有权对本贸易合同项下的金额拒绝融资。本案中，出口保理商是可以以进口商A公司提出的反索为由扣划对出口商B公司的保理融资款项的，这种做法符合国际惯例，不应被看作侵犯了出口商B公司的利益。所以，出口商B公司的起诉本身是不能成立的。因此，法院的判决应该是驳回出口商B公司的诉讼请求，并由出口商B公司承担本案的诉讼费。

本案的经验教训总结起来有以下几点。

(1) 为了减少麻烦，便于双方控制风险，出口商在向出口保理商提出信用额度申请时，应将其与买方之间所有现存贸易纠纷如实通报出口保理商，以便其及时转告进口保理商，此条应列入出口商与出口保理商签订的《出口保理业务协议》中。

(2)《出口保理业务协议》应明确，一旦出口商以保理方式与买方进行交易，须将所有对该买方的应收账款（信用证交易及现金交易项下应收账款除外）转交出口保理商处理，以便保理商及时控制贸易纠纷引起的收汇风险。

(3) 一旦客户提出反索，出口商不该在纠纷是否成立这个问题上与出口保理商纠缠不休，而应积极联系进口商，就如何协商解决反索引起的纠纷及早达成一致意见。

拓展阅读

国际保理商协会

国际保理商协会（International Factors Group，IFG）于1963年成立，总部设在比利时布鲁塞尔，系依比利时法律成立的有限公司组织，是全球第一个国际应收账款承购商同业组织。成立初期，会员皆为The First National Bank of Boston的独资或合资公司，采取一国一会员的封闭架构，直到1987年才改为开放架构，以吸收更多的非关联企业成员加入。

IFG已不局限于为会员提供国际保理的交易及数据平台、法律规则、文件及仲裁服务，其服务范围扩大到如下领域。

(1) 培训与教育，包括基础教育、审计培训、GRIF及IFexchange操作研讨等。

(2) 会议及其他交流平台，如总裁俱乐部、销售主管俱乐部、国际部主管俱乐部等。

(3) 提供产业信息及游说服务，如EIF。

(4) 服务品质监控程序。

处于行业翘楚地位的15个公司加入了该组织，成为提供专业服务的会员，它们来自IT、法律、风险管理、教育等诸多行业。IFG组织已与各国的保理协会，如美国CFA、英国FDA建立了合作伙伴关系。

该组织的目标是以内部互助性为基础理念，在国际商务领域内建立起一个保理网络体系。组织遵循的原则为持续发展原则、高标准原则、协作原则、改革与发展原则。

IFG创立了国际保理业务双保理体系，并于1979年开发了电子数据交换系统（IFexchange），用于各计算机之间的数据交换，以支持业务系统的运行。国际保理商组织制定了系统的法律规则和文件，适用于所有组织成员及与成员进行保理交易的其他人，用以规范和保证保理服务的标准化及高质量，同时也明确和简化了成员从事保理业务时涉及的相关法律文件、法律程序。当保理交易发生争议时，该组织也是依据这些法律规则和文件进行仲裁。这些法律文件中最重要的是《国际保理业务通用规则》（*General Rules For International Factoring*，GRIF），由IFG与FCI共同制定，是当今全球通用的国际保理业务基本规则，有别于《国际保理公约》（*Convention on International Factoring*）。

《国际保理公约》由国际私法协会制定，权威性更大，适用于所有签约国。中国是成员国但不是签约国，因此中国的保理业务更多遵循《国际保理业务通用规则》。

目前加入IFG的中国成员有8个，分别如下。

（1）南京银行（Bank of Nanjing Co.，Ltd.），http：//www. njcb. com. cn。

（2）齐鲁银行（Qilu Bank Co.，Ltd.），http：//www. qlbchina. com。

（3）河南省远洋集团有限公司（Henan Worldwide Group Co.，Ltd.），http：//www. Hnyyitgs. cn。

（4）嘉融信（天津）国际保理有限公司（JRF International Factoring Ltd.），http：//www. jrfactor. com。

（5）瀛寰东润（中国）国际保理有限公司［Orbrich（China）International Factors Ltd.］，http：//www. ofg. com. cn。

（6）天津克莱德国际保理有限公司（原天津泰安国际保理有限公司）（Tianjin Chinland International Factoring Co.，Ltd.），http：//www. tfgfactors. com. cn。

（7）天津渤海保理有限公司（Tianjin Bohai Factoring Ltd.），http：//www. hnagroup. com。

（8）中新力合有限公司（Uni-power Guaranty Co.，Ltd.），http：//www. upg-group. com。

《国际保理公约》

国际统一私法协会于1988年5月通过了第一部有关国际保理的法律文件——《国际保理公约》，并于1995年5月1日正式生效。其宗旨是公正平衡国际保理交易中的各方当事人利益，尽可能统一国际保理业务的法律制度。通篇共4章23条。第1章规定了保理的定义、公约的适用范围和总则。公约适用于营业地处于不同国家或地区的供应商和债务人（进口商）订立的货物销售合同（包括服务合同）于任何时候所产生的并根据保理合同转让的应收账款，而且这些国家和保理商营业地所在国均为缔约国或者货物销售合同与保理合同均受某一缔约国的法律管辖。同时，公约又承认当事人可以约定排除对公约的适用，但只能将公约当作一个整体予以排除。第2章列明了当事人各方的权利和义务，包括应收账款的性质、转让的形式要件和实质要件以及债务人付款义务的履行，债务人抗辩权、抵消权的行使原则。第3章扼要阐述了应收账款再转让的法律适用，即应收账款从出口保理商向进口保理商的转让以及其后的再转让也同样适用本公约，但保理合同禁止转让的除外。第4章是最后条款，规定了公约的接受、批准、加入、生效、保留等事项。

《国际贸易中的应收账款转让公约》

《国际贸易中的应收账款转让公约》是联合国国际贸易法律委员会于2001年7月在维也纳召开的第34届会议上通过的一项国际公约。该公约的目的在于统一规范应收账款的国际转让及国际应收账款转让中的法律问题。《国际贸易中的应收账款转让公约》自2001年12月12日至2003年12月31日在联合国纽约总部开放，供所有国家签署，公约于第5份批准书、接受书、认可书或加入书交存之日起满6个月后的下一个月的第1日起生效。国际保理的核心业务就是应收账款的转让，因此《国际贸易中的应收账款转让公约》对于国际保理业务也具有一定的法律指导作用。

第二节 福费廷

一、福费廷业务的含义及特点

（一）含义

福费廷（Forfaiting）业务是一种以无追索权形式为出口商贴现远期票据的金融服务，也称为包买票据或票据买断，指包买商（Forfaitor，一般为商业银行或其他金融企业）从出口商那里无追索权地购买已经承兑的并通常由进口商所在地银行担保的远期汇票或本票。

（二）特点

（1）一般是以国际正常贸易为背景的，不涉及军事产品。通常限于成套设备、船舶、基建物资等资本货物交易及大型项目交易。

（2）在福费廷业务中，出口商必须放弃对所出售债权凭证的一切权益，贴现银行也必须放弃对出口商的追索权。

（3）其期限一般在1～5年，属于中期融资业务。但近年来国际上发展出最短的包买票据业务为180天（6个月），最长的可至10年，通常采用每半年还款一次的分期付款方式。

（4）它属于批发性融资业务，适合于100万美元以上的大中型出口合同，对金额小的项目而言，其优越性不明显。近年来也发展出了一些小额交易，但要收取较高的费用。

（5）出口商必须对资本货物的数量、质量、装运、交货期担负全部责任。

（6）较多地使用美元、欧元及瑞士法郎为结算和融资货币。其他可自由兑换的货币使用得较少。

二、福费廷业务的起源与发展

第二次世界大战以后，欧洲各国需要进口大量建设性物资和日用品，如东欧各国向美国购买大量谷物，因为缺乏外汇资金而需要向银行贷款，但银行融资能力有限，于是瑞士苏黎世银行协会于 20 世纪 40 年代中后期首先开创了福费廷业务。

20 世纪 80 年代后，由于第三世界债务危机的困扰以及国际局势动荡不安，正常的银行信贷受到抑制，而福费廷业务却持续增长，逐渐由欧洲向亚洲及全世界发展。福费廷二级市场逐渐形成，该业务交易方式日益灵活，交易金额日益增加，而且票据种类也不断扩大，形成了一个世界范围内的福费廷交易市场。

福费廷业务在西欧各国发展最快，并形成了伦敦、苏黎世、法兰克福 3 个福费廷市场，其中，伦敦是全球最大的福费廷市场。中国银行最早在 20 世纪 90 年代初期开办了福费廷业务。如今，福费廷业务已形成一个全球性的福费廷二级市场。据统计，全世界平均福费廷交易量大约占世界贸易额的 2%，主要用于延期付款的成套设备、机器、飞机和船舶等贸易中。

推动福费廷业务开展的著名的国际组织是国际福费廷协会，成立于 1999 年 8 月，总部设在瑞士苏黎世，目前有 140 多个会员，遍布全球 40 多个国家和地区。国际福费廷协会为会员提供多种服务，如每年定期举办年会，为会员提供业务交流的场所；制定业务管理指南和标准文件；为发生争端的会员提供调解和仲裁服务；开办各类培训课程和研讨会；设立区域委员会，以加强区域会员之间的业务沟通与交流。

三、福费廷业务的主要当事人及作用

（一）当事人

一般来说，福费廷业务中的主要当事人有包买商、出口商、进口商和担保人。

1. 包买商

包买商多为出口商所在国的银行及有中长期信贷能力的大型金融公司，做福费廷业务是其国际信贷业务的一部分。当包买商与出口商达成包买业务的协议，并购入出口商转让的票据后，其既成为该项延期付款交易的信贷机构，又承担了向进口商分期收回货款以及利率、汇率变动的风险。

2. 出口商

当出口商以延期付款方式与进口商达成交易而需要资金支持时，可向包买商申请福费廷融资。当出口商将表明交易金额的若干张票据全部转售给包买商并向其支付贴息后，即可取得贴现净额，提前收回货款。

3. 进口商

当进口商在包买商的资助下以延期付款方式购入货物后，在包买商（正当持票人）向其提出付款要求时，应无条件地履行其在票据上的债务责任，按期归还货款。

4. 担保人

担保人虽不是包买票据业务的直接当事人，但担保人及其担保对包买业务有着至关重要的影响。包买商为转移及规避风险，只购入经担保人担保的票据。若进口商不能按期偿还货款，担保人有责任代其偿还。担保人多为进口地银行，在履行付款责任后，担保人有权向进口商追索，但追索能否成功，将取决于进口商的资信状况，故担保人承担着追索不成功的风险。

（二）作用

1. 对出口商的益处

（1）不影响出口企业的债务状况，不受银行信贷规模和国家外债规模的影响。

（2）是无追索权方式的贴现，出口企业一旦将手中的远期票据卖断给银行，同时也就卖断了一切风险，包括政治、金融和商业风险，免除了后顾之忧。

（3）出口企业通过采用包买票据方式在商务谈判中为国外买方提供了延期付款的信贷条件，从而提高了自身出口产品的竞争力。

（4）出口企业可将全部或部分远期票据按票面金额融资，无须受到预付订金比例的限制。

（5）出口企业在支付一定的贴现费用后，可将延期付款变成现金交易，变远期票据为即期收汇，提高了资金使用效率，扩大了业务量，增强了企业活力。

（6）由于包买票据采用固定利率，出口企业可尽早核算出口成本，卖断以后的一切费用均由贴现银行承担。

（7）融资操作简便、融资迅速，不需要办理复杂的手续和提供过多的文件，可以节省时间，提高融资效率。

2. 对进口商的益处

（1）可获得贸易项下延期付款的便利。

（2）不占用进口商的融资额度。

（3）所需文件及担保简便易行。

3. 对贴现银行的益处

（1）扩大了服务项目，加强了与国际金融界的交往，有利于培养金融专业人才。

（2）利用外资为国内出口商广开融资渠道，促进了贸易出口，带动了业务发展。

（3）融资效率高，不占用银行信贷规模却扩大了融资金额和范围。

（4）可随时在二级市场上出售所贴现的票据，能转移风险。

四、福费廷业务的处理流程

在图 6-2 中，各环节的具体内容如下：

①包买票据咨询；

②签订商务合同；

③开证申请；

④开证；

⑤开通知信用证；

⑥发货；

⑦包买票据协议；

⑧交单议付；

⑨请求承兑；
⑩承兑汇票；
⑪退回承兑汇票；
⑫提交包买票据所需单据；
⑬付款；
⑭到期索偿；
⑮付款。

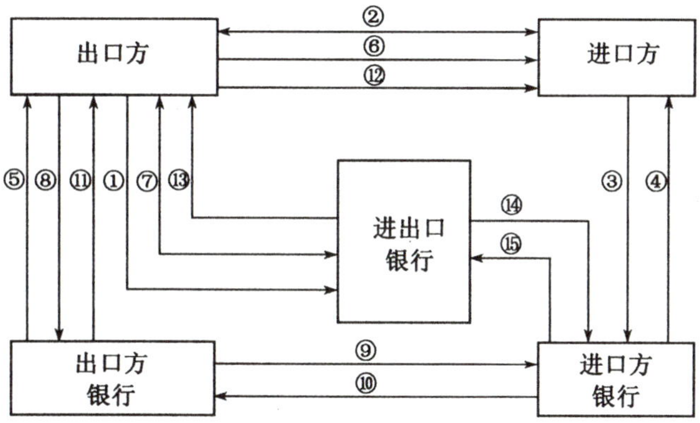

图 6-2 福费廷业务的处理流程

五、福费廷业务在国际贸易中的应用

（一）须注意的问题

1. 对出口商

（1）必须将远期信用证项下的单据交拟办理福费廷业务的出口地银行办理议付或处理。

（2）只有在开证行所在国政治、经济稳定且开证行本身信誉良好的情况下，该业务方易于得到银行受理；否则，恰恰相反。

（3）无追索权是相对而言的。根据银行的业务合同，若出现出口商诈骗或其他合同内规定的情况，出口商作为福费廷业务的申请人必须返还原融资款项。

（4）福费廷业务的利息支出要高于出口押汇。

2. 对出口地银行

（1）对出口商提供的资料进行合规性审核；对于信用证项下的单据必须提交本行议付或处理，在他行议付或处理的单据不予办理福费廷业务；对开证行在本行没有授信额度的，原则上亦不得办理该项业务。

（2）考虑开证行及其所在国家的政治、经济风险。

（3）认真审核国外开证行或保兑行的承兑申明，对未经加押或有权签字人签字的承兑、含义不明的承兑，不得办理福费廷业务。

（4）对于风险较高的包买票据业务，可考虑转卖或邀请其他一家或多家银行提供担保，即风险参与，从而使初级包买商有开证行和风险参与行的双重保障。

（二）与其他融资方式的比较

1. 与商业贷款比较

在商业贷款当中，银行贷款利差的高低主要是根据借款人的资信情况好坏、贷款金额大小、期限长短以及担保或抵押情况等来确定。在福费廷业务中，银行为中期贸易提供了固定利率融资，它满足了客户控制利率风险、确定融资成本的需要。福费廷与商业贷款的比较，具体见表 6-1。

表 6-1　福费廷业务与商业贷款的比较

福费廷	商业贷款
固定利率	浮动利率
避免信用和国家风险	可投出口信用保险，但理赔手续复杂，时间长
100%风险转移	出口信用保险不能 100%赔付
手续简单，成本较低	买/卖方信贷要求严格，虽然利息低，但保险费高
无须抵押品	有可能需要抵押品

2. 与出口信贷比较

出口信贷是政府为鼓励本国资本性货物出口而提供的一种带有利息补贴性质的信贷融资。但是，出口商要承担一定的收汇风险。

在福费廷业务中，由于银行买断了出口商的远期票据，这就使出口商避免了所有的收汇风险、政治风险和商业风险。

3. 与国际保理业务比较

尽管福费廷业务与国际保理业务存在一些相同点，但两种业务在处理中的差异较为明显，为了更好地理解这两种业务的特点，现将其相同点和不同点进行比较，见表 6-2。

表 6-2　福费廷业务与国际保理业务的比较

	比较项目	福费廷	国际保理
相同点	性质	综合性结算方式	
	基本内容	风险担保、贸易融资	
	服务手段	应收账款购买	
不同点	购买对象	资本品出口应收账款	消费品出口应收账款
	融资比例	票面金额的 100%	发票金额的 80%
	银行担保	进口地银行担保	无
	融资性质	无追索权	无追索权或有追索权
	融资期限	6 个月以上，10 年以下	6 个月内
	其他服务	无	有
	基本方式	跟单托收或信用证	O/A 或 D/A 托收
	风险转移或控制方式	二级市场转让、辛迪加购买	核准信用额度

4. 与一般贴现业务比较

福费廷业务属于票据贴现的范畴。包买商作为贴现人贴现出口商提交的票据，从贴现金额中扣除贴息及手续费后，将净额支付出口商，从而包买商作为正当持票人，于到期日要求付款人付款，他也可将票据转售给他人。

福费廷业务与一般贴现业务比较的不同点体现在以下几点。

(1) 福费廷业务的主要特征在于包买商以无追索方式贴现票据；而一般贴现业务的贴现公司贴入票据后，仍享有向票据出让人追索票款的权利。

(2) 福费廷业务的融资对象为大型资本货物交易；而一般贴现的票据主要用于普通商品交易。

(3) 福费廷业务中的票据须经担保人担保后，包买商才予以贴现融资；而一般贴现只需付款人对票据进行承兑，持票人对票据进行背书即可，无须担保。

(4) 福费廷业务的费用除贴现利息及手续费外，还包括选择费、承诺费及罚金；而一般贴现业务中，贴现公司只按当时市场利率扣收贴现息及手续费，故福费廷业务的费用负担高于一般贴现业务。

六、福费廷业务的变化

福费廷业务的宗旨是给予出口商无追索权的出口融资，本来是适合用于中、长期的大额交易。但随着经济的发展，银行业务的产品不断增加和改良，就形成了一种新的福费廷业务。

这种新的福费廷业务较传统业务有一些区别。它是出口商经过自己的往来银行去寻找愿意以无追索权购买远期承兑了的汇票或债权的包买银行，因为出口商自己的往来银行不愿意承接承兑银行或担保银行的风险，不愿意买断出口商的已承兑汇票或债权，这就成了银行与包买银行（Forfaiting Bank）的新品种业务。一般这种业务以短期性为主。

在这种情况下，卖出银行（Selling Bank）与包买银行都会预先签订福费廷协议（Forfaiting Agreement），来说明双方的义务和权利及其他一些条款，最重要的是无追索权包买和债权让渡。

这种福费廷业务的流程也较为简单（假设是远期承兑信用证）（见图 6-3）。

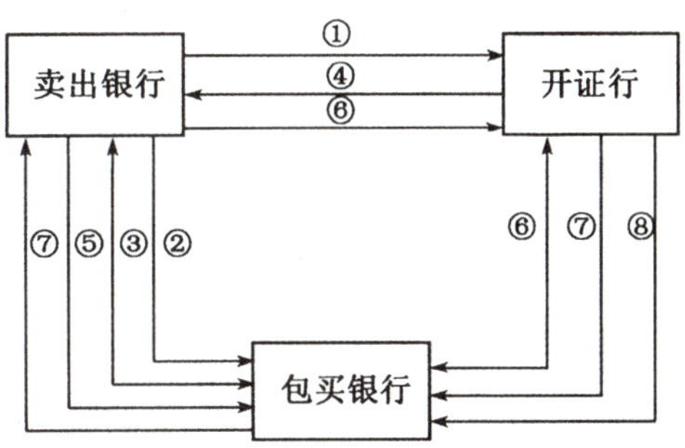

图 6-3 新形式福费廷业务的处理流程

在图 6-3 中，各环节的具体内容如下：

①卖出银行（议付行）将单据送交开证行进行审单和承兑；

②卖出银行向包买银行提供所需资料及要求报价；

③包买银行在卖出银行接受报价的前提下，向卖出银行发出正式报价（Offer），卖出银

行收到后向包买银行确认接受报价（Acceptance）；

④开证行审单无误后向卖出银行发出承兑电文；

⑤卖出银行将某些单据及承兑电文副本转发给包买银行，并向包买银行发出让渡函（Assignment）；

⑥卖出银行会向开证行发出让渡通知（Notice of Assignment），并要求开证行向包买银行发出收到让渡通知申明（Acknowledgement）；

⑦包买银行检查收到的文件及让渡函并证实合格后，会进行贴现并将贴现后款项付给卖出银行，有些包买银行一定要在开证行确认收到让渡通知后才会进行贴现，但不一定所有包买银行都会这样做，因为在实务中，很多国家的开证行都不会向包买银行发出收到让渡通知的申明，如印度、伊朗等；

⑧在到期日，开证行向包买银行付款。

在实务中，上述的Offer、Acceptance、Assignment、Notice of Assignment和Acknowledgement电文大部分利用SWIFT MT799方式进行交换，节省了邮寄的时间且容易确认电文的真实性。

【案例6－6】

福延费业务引起的纠纷案

一、背景

业务类型：福延费业务

申请人：A公司

受益人：B公司

议付行：N银行

开证行：I银行

包买银行：F银行

二、案情经过

某年7月10日，N银行收到B公司提交的金额为USD 500 000.00的议付单据，经审核单证一致，邮寄至I银行。

7月18日，N银行应B公司要求，为其应收款找包买银行，并将相关客户信息提供给F银行，如进口商名称、地址、开证行、融资货币及金额与还款条件。经比较由F银行对该汇票作无追索权融资，利率为LIBOR＋0.9％P.A。F银行在买断汇票前，要求N银行提供以下资料：

(1) 经N银行确认、证实的有效信用证及修改复印证；

(2) 经N银行确认、证实的有效提单、发票复印件；

(3) 经I银行承兑、N银行转让的已承兑汇票正本；

(4) 受益人致N银行的Notification of Assignment（款项让渡通知书）、Assignment（款项让渡书），表明该收款权利受益人已转让给N银行；

(5) N银行按F银行提供格式致F银行的Notification of Assignment、Assignment，表明该收款权利N银行已让渡给F银行。

N银行在规定期限内快递全套款项让渡资料至F银行。

N银行收到F银行买断出口项下应收款项USD 539 622.62。

10月4日，F银行向I银行提示汇票。

10月11日，I银行如期偿付款项至F银行。

分析：从本案中可总结如下几点。

（1）若打算叙做福费廷业务，受益人需早提出，以便银行事先做好买单安排。

（2）国内银行作为中介，经由外资银行叙做买断业务时，事前两行间必须谈妥如下内容以掌握主动：贴现利率和期限、买断金额、起息日、到款日、承诺费、违约费、相关单据等。在与包买银行谈论单据条件时，尽可能要求不提单据，以加押电文处理，以避免准备和邮寄单据时延误时间。

（3）所有买断条件均须分别与包买银行和受益人书面确认后方可操作。

（4）所有买断报价均为实盘，一经书面确认接受报价，不得作任何改变，否则须承担承诺费用。

本案中，N银行确认买断报价的操作程序为：

（1）联系代理行，寻找适合价位的包买银行；

（2）包买银行传真Offer（报盘）；

（3）将Offer提示为受益人，受益人书面确认接受报盘条件，传真包买银行接受Offer。

拓展阅读

中外资银行短兵相接　中国银行推创新“福费廷”业务

中国银行广东分行为一家大型家电公司提供国内信用证项下的“福费廷”产品服务，后者得以将应收账款卖断给中国银行获得融资，从而避免了2002年南京爱立信“倒戈”事件的再度上演。据了解，这是中国境内首家提供国内信用证项下“福费廷”产品服务的商业银行，目前该项业务已由中国银行国际结算部在全国范围联动推广。

南京爱立信“倒戈”事件当时震惊了国内银行界。爱立信“倒戈”的原因是，该公司为改善母公司财务报表，需要将应收账款从资产负债表中彻底剔除，而南京当地与之有近10年往来关系的中国工商银行、交通银行等中资银行，无法为其提供买断应收账款服务，爱立信最终转向花旗银行上海分行等外资银行寻求金融服务。

2007年4月3日，首批4家外资银行（东亚银行、渣打银行、汇丰银行和花旗银行）获准在中国境内设立的法人银行开业，全面开展人民币服务。中外资银行“短兵相接”。

“我们已经感受到外资银行的强大竞争，率先推出国内‘福费廷’业务，也是适应这一竞争的要求，抢占国内信用证项下‘福费廷’市场制高点。”中国银行国际结算部相关人士称，该部门已建立以总行研发团队为中枢的金融产品开发机制和全球产品开发网络。

福费廷是一种改善出口商现金流和财务报表的无追索权融资方式。中国银行的这项业务，就是为国内信用证项下卖方客户提供无追索权买断其应收账款的一种融资服务。

新加坡地处亚太核心区域，在亚太地区大宗商品贸易及贸易融资资产二级市场交易领域享有重要地位，而中国银行自1936年在新加坡设立分行以来，一贯秉承服务中新经贸合作、推动当地金融市场发展的宗旨，不断汲取新加坡当地的先进经验，提升金融服务水平，为各界客户提供包括存贷款、贸易融资、信用卡、资金交易、理财等全方位的金融产品，拥有广泛的客户基础及良好的市场形象。此次在新加坡设立大宗商品融资中心及福费廷中心，中国银行将有机整合亚太区机构相关业务资源，发挥集团一体化优势，推动包括新加坡分行在内的亚太区域相关业务的进一步发展，并促进集团综合经营管理水平的提升，是中国银行实践"创新发展、转型发展、跨境发展"战略方针的一项重要举措，也是中国银行为完善海外战略布局，打造"全球最佳贸易金融服务银行"迈出的重要一步。

上述两个中心均设立在中国银行新加坡分行。中心将借助新加坡繁荣的大宗商品交易市场及贸易融资资产二级交易市场，积极开展大宗商品融资业务以及亚太区贸易融资资产的集中分销及买入业务。一方面，将努力建设包括全球市场参与者在内的广泛合作银行网络，为中国银行区域内贸易融资资产的风险分销及规模调剂建立多元化的渠道，逐步搭建起完善的区域性风险资产组合管理及风险分销集中化管理体系；另一方面，将充分利用新加坡的地缘优势，深挖市场、拓展客户，不断提高大宗商品融资产品研发及风险管理水平，最终建立专业化的营销、运营及管理体系，完善涵盖商业银行与投行业务的全系列大宗商品融资产品，有力提升客户服务水平。

作为全球国际结算业务量第一的商业银行，中国银行一直致力于在国际结算与贸易融资领域的突破与创新，在推动自身业务发展、树立核心竞争力的同时，不断开拓创新、锐意进取，取得了跨境人民币结算业务全球第一、出口双保理业务全球第一等瞩目业绩。可以预见，两个中心成立后，中国银行将进一步实现与国际金融市场的有机融合，更好地发挥中新两国经贸交流与金融合作的桥梁作用，为新加坡金融市场的繁荣以及中国与东盟（东南亚地区）的经贸往来贡献更大的力量。

东南亚地区是中国银行海外业务发展的重中之重。以此次福费廷中心和大宗商品融资中心的正式设立为肇始与契机，中国银行将不断发挥新加坡在东南亚区域经营中的统筹功能，提高东南亚区域内的专业化与集约化经营水平，加强区域内一体化的风险管理。未来，中国银行将继续在新加坡建设银行卡、财富管理和个人信贷业务等重点产品与业务平台，力争在东南亚区域内率先实现各项业务的突破性进展。

资料来源：何京玉．中国银行在新加坡设立大宗商品融资中心及福费廷中心［N/OL］．中国广播网，2011-09-24.

本章小结

保理的全称为保付代理，意思是指保证付款和代理收款的业务，是为出口商提供的融资服务。国际保理业务的当事人除了有出口商、进口商这两个基本当事人，还有其他相关当事人。保理的分类有国际保理、公开保理、隐蔽保理、双保理模式、单保理模式、到期保理、预支保理、有追索权保理、无追索权保理。

福费廷业务是一种以无追索权形式为出口商贴现远期票据的金融服务，也称为包买票据或票据买断，指包买商从出口商那里无追索权地购买已经承兑的并通常由进口商所在地银行担保的远期汇票或本票。福费廷业务主要当事人有包买商、出口商、进口商、担保人。

思考练习

1. 国际保理业务对进口商和出口商的影响分别表现在哪些方面？

2. 简述国际保理业务与其他国际结算业务的异同点。

3. 简述福费廷业务与国际保理业务存在的异同。

4. A公司为国内电子产品生产企业，发展前景较好，银行信用评级为AAA，授信额度充足。欧洲知名企业B是其优质固定的大客户，现在A公司计划上市，需要在短期内尽快优化财务报表。针对B公司所欠的应收账款，银行向A公司推荐了出口保理。

请问：A公司做出口保理是否合适？请阐述理由。

5. 我国出口商A就出口机电产品到新加坡向出口保理商申请100万美元信用额度。出口保理商B即与国外进口保理商D联络，获得进口保理商20万美元的信用额度，出口商A遂与新加坡进口商C签订了23万美元的出口合同。发货后出口商A向出口保理商B申请融资，B预付了16万美元。到期日新加坡进口商C以货物质量有问题为由拒付（理由是该批货物与以前所购货物为同一型号，而前批货物有问题）。进口保理商D以贸易纠纷为由免除坏账担保责任。出口商A认为新加坡进口商C拒付理由不成立，并进一步了解到新加坡进口商C拒付的实际理由是新加坡进口商的下家土耳其某进口商破产，货物被银行控制，新加坡进口商C无法收回货款。因此，出口商A要求新加坡进口商C提供质检证明，未果。90天赔付期过后，新加坡进口商C仍未付款。出口商A委托进口保理商D在新加坡起诉新加坡进口商C，但进口保理商D态度十分消极。

请问：

（1）新加坡进口商C拒付的理由成立吗？如果不成立，请说明理由。

（2）进口保理商D为什么态度消极，其能否免除坏账担保责任？请说明理由。

（3）本案中的出口商A应如何维护其合法权益？如果出口商A向法院起诉，在新加坡进口商C没有偿还能力的情况下，该案应如何判决？

第七章

国际贸易结算的单据及单据审核

学习目标

- 了解商业发票的概念、作用、内容及缮制商业发票所需掌握的原理；
- 掌握运输单据和保险单据；
- 熟悉单据审核的基本要求。

第一节 商业发票

一、商业发票的概念与作用

商业发票（Commercial Invoice）是国际贸易结算中必不可少的商业单据，实务中通常简称为发票（Invoice），又称发货单（Delivery List）。商业发票是出口商向进口商开立的发货价目清单，记载有货物名称、数量、价格等内容，是卖方向买方计收货款的依据。其主要作用如下。

（一）发票是全部单据的中心

单据是履约情况的书面证明，而发票是出口商自己专为说明履约情况而提供的单据。发票对所装运货物的情况作全面的描述，因而在全部单据中起中心单据的作用，其他单据内容应与发票一致或不相矛盾。特别是信用证项下的发票，应根据信用证规定和条款制作，它是出口商收汇的基本单据之一。

（二）发票是交易的证明

由于商业发票中详细记载了成交货物的品名、种类、数量、包装、价格、金额、支付方式、运输细节以及其他项目，因此能对整个交易作充分、完整的反映，是交易的证明文件。进口商可以凭发票的描述，核对所列货物及其他事项是否符合信用证或合同的要求。

（三）发票是记账的凭证

进出口商都需根据发票的内容，逐笔登记入账。出口商通过发票了解销售情况，核算盈亏；进口商可通过发票了解业务状况，掌握经济效益。

（四）发票是报关征税的依据

世界上大多数国家根据发票中的货物描述、货价和产地等内容对进口商征收关税。发票是向海关报关的必要文件。

（五）发票还可以代替汇票作为付款的依据

欧洲大陆一些国家使用汇票时，国家要依法征收较高的印花税，为免付这笔费用，当事人往往不签发汇票，而直接以发票作为索款清单及收据，因此商业发票上往往载有款项收讫的文句。

除上述5个作用外，商业发票还常用于投保、商检、托运、理赔、签证等环节，因而用途广泛。

二、商业发票的内容及缮制商业发票所需掌握的原则

在国际贸易中，商业发票的格式由出口商自行拟订，并无一定之规，记载事项也以交易内容而定，往往各不相同。尽管目前各国尚未完全统一发票格式，但统一是一个趋势。发票内容虽不尽相同，但大致可被分为三大部分：首文部分（Heading）、正文部分（Body）和结文部分（Complementary Clause）。

（一）首文部分

首文部分一般包括以下几个方面。

1. 发票名称、编号、出具日期及地点

发票出具地点一般为出口方所在地。如果出口商在双方签约后即出具发票，则日期可始于签约后但不能迟于信用证的有效期或信用证规定的交单期。《UCP 600》有明确表示，除非信用证另有规定，否则单据（包括发票）出具日可以早于信用证开出日期。

2. 发票抬头人及地址

发票抬头人及地址即进口方名称和地址。在信用证支付方式中，发票抬头人必须是开证申请人。银行代某公司申请开证时，抬头人应为公司名称和地址；信用证内实在无法确定谁为发票抬头人但已标明了汇票的付款人时，可将汇票付款人作为发票抬头人。若信用证内特别规定“Invoice must be shown A Company as accountee”（发票必须显示A公司为开证申请人），则须以A公司为发票抬头人。

3. 发票签发人名称和地址

《UCP 600》第18条a款规定，信用证项下发票的签发人必须在表面上看来系由受益人出具，托收方式下则必须与签约双方中的卖方一致。

4. 合约或定单号码（Contract/Order No.）

发票是卖方履行合约的证明，故应在发票上标明合约号码，同时也方便买方用发票核对所装运货物等是否符合双方合约的各项规定。实务中也有要求加注进口商（信用证的申请人）有关文件编号的。信用证中规定发票加注证号的，应注意严格按信用证的规定加注。

5. 装运基本情况

装运基本情况包括运输方式、船名、起运地或港名称、卸货地或港名称。要是涉及转运，则应加注转运情况，如“Shipped Per S. S—from ××× to be transshipped at ××× to ×××”[由（船名）运输——从×××运至×××在×××装运]，而且还要注意转运港应与提单所标明的一致。

（二）正文部分

正文是说明履约情况的部分，主要是通过对货物和货价的描述提供履约证明，一般包括唛头、货物描述、包装件数及数量、价格条件、单价与累计总金额等。

1. 唛头

唛头即运输标志，承运人和收货人用其识别货物，发票应正确表明。唛头设置的内容不一，一般可包括客户名称简写、有关业务参考号、目的地或港口名称、件号或件数等内容。

若信用证内没有具体规定唛头，则发票上的唛头按合同内的规定制作；信用证与合同都没有具体规定的，受益人可以自行设计唛头，或以合同号或以“No. Mark”字样代替，但在发票内绝不可没有唛头这一栏。

2. 货物描述

货名、品质、规格等必须完整、正确，信用证项下应与信用证规定相符。其他单据的货名可用统称，但与信用证和发票不能相悖。

3. 包装件数及数量

信用证项下，如规定内、外包装或其他明细，应填写完整。对于数量，即计价货量，如信用证项下有规定，则应与信用证规定的内容相符。凡信用证中对货量规定有“约”“大约”等类似词语，则允许不超过10%的增减幅。但货物计价数量以重量、面积、长度、体积、容积等单位表示时，根据《UCP 600》，信用证规定的数量允许有5%的增减幅度，但不能超额。如信用证对数量规定用个数、件数表示时，除非信用证规定有增减幅度，否则不能自动增减。信用证规定注明毛重、净重，应遵照制作。

4. 价格条件

价格条件是买卖双方交易中很重要的一项内容，该条款应严格按照信用证规定制作，并根据条件检查是否或应由谁投保且出具保险单、应出具何种运输单据等相关内容。

5. 单价与累计总金额

单价表示法必须与信用证规定一致，发票上必须注明贸易术语，同时贸易术语中的目的港和装运港必须与发票中标出的装运港和目的港相同，还应与唛头中的目的港相同。对于折扣项目，如果信用证中未说明，发票中就不应扣除。若来证规定折扣、佣金、选港费、港口拥挤费等要在发票上显示，则应减折扣、佣金，再加选港费和拥挤费，而且信用证中的“现金折扣”字样在发票上也应全名照列。

对于由单价乘数量得出的总金额，银行只负责从表面数字上与信用证核对。《UCP 600》规定：“除非信用证另有规定，否则银行可拒绝接受金额超过信用证所允许的金额的商业发票。但是，如果信用证项下被授权付款、承担延期付款责任、承兑汇票或议付的银行一旦接受此类汇票，只要该银行所作出的付款、承担延期付款责任、已承兑汇票或已议付的金额没有超过信用证所允许的金额，则此项决定对有关各方均具有约束力。”

（三）结文部分

结文部分包括加注内容、签署与份数。

1. 加注内容

发票的加注内容必须与信用证规定的加注内容一致，包括进出口许可证号码、出具的汇票文句等。若凭单付款信用证不要求提供汇票，则发票上可以加注“收到货款”（Payment received against L/C No. ××Issued by××Bank）的文字。

2. 签署与份数

发票无须签字，若信用证要求发票手签，则必须另加负责人的手签，否则被视为无效发票。出口商提交的发票张数必须与信用证的要求一致。

三、其他发票形式

狭义概念上的发票仅指商业发票，广义的发票泛指一切带有“发票”名称的单据，如形式发票、海关发票、领事发票等。

（一）形式发票（Proforma Invoice）

形式发票也称为预开发票，是出口商对外发盘时使用一种固定书面形式，上面印有“形式发票”字样，其他内容与正式的商业发票基本相似，通常载有出售货物名称、规格包装、价格等内容，供进口商参考并可凭以办理有关手续。形式发票不是正式发票，不能用于托收或信用证下议付，其所列的单价、金额等仅仅是事先估算而得的，所以有时候称为估价发票，正式成交后结算时还要重制正式商业发票。形式发票虽非正式，但与商业发票又有密切关联。如信用证在货物描述栏目内有提及或要求加注形式发票号码时，则应照办。如果来证附有形式发票，则制单时应注意发票与形式发票内容的一致。

（二）海关发票（Customs Invoice）

海关发票是出口商按照进口国海关的特定格式填制的发票，供进口商在货物进口报关时使用。这种发票是进口国执行差别待遇政策和排挤别国商品的一种工具，其主要作用有：便于进口国海关核定货物的原产地，从而按照针对不同国家的差别税率征收关税；便于进口国海关核定货物在出口国内的市场价格，防止倾销并为此采取相应措施；可以为进口国海关及有关当局提供关于进口额的统计资料。

（三）领事发票（Consular Invoice）

领事发票是由进口国驻出口国领事认证或出具的发票。领事发票的内容比普通发票更详细，通常还填写有关货物的信息资料，如货物的价值、入境的港口、信用证的详细内容等，还必须附带商业发票、提单等其他单据。领事发票与商业发票对于同一内容的记载必须与商业发票保持一致。领事发票的主要作用是核定出口国商品价格是否公道或有无倾销。在获取领事发票时，出口商还必须支付一定费用。

另外还有证实发票、厂商发票以及寄售发票等。证实发票是根据信用证的要求，加注了证实该商业发票真实性的声明的发票。厂商发票则是由出口货物的制造商所出具的以本国货币计算价格，用来证明出口国国内市场的出厂价格的发票。寄售发票是货物寄售时卖方给买方开立的、作为定价依据的发票，根据协议，如果不能以原定价销售货物时，买方可以较低的价格出售货物。

第二节 运输单据

在进出口贸易结算中，运输单据是必不可少的。由于运输方式的不同，运输单据的种类相当多，如海运提单、空运运单、铁路运单、邮政收据、多式联运单据等。运输单据有如下作用：一是证明货物已交给签发单据的承运人办理装运或已经装运，因而是承运人的货物收据；二是证明运输合同的存在，因为只有在签订运输合同之后承运人才会收货签发单据。运输单据如是可转让形式，则又成为物权凭证，可以代表货权。因此，运输单据成为国际贸易中买卖双方及其他有关当事人广为关注的一种单据，特别是在以其货权凭证的性质来抵押时，有融资行为的金融机构对其更为关注。

一、海运提单

（一）海运提单的概念与作用

海运提单（Marine Bill of Lading）也称远洋提单（Ocean Bill of Lading），是历史最悠久、使用最多的运输单据。目前海运的业务量占国际货运总量的70%以上，在中国这一比重更高达90%以上。海运提单是由承运人或其代理人根据海运合同签发给托运人的证明文件，表明货物已经装上指定船只或已经收妥待运，约定将货物运往载明的目的地，交给收货人或提单持有人。

海运提单的主要作用如下。

1. 海运提单是货物收据

承运人签发提单后，表明他已经接管或收到了提单所列货物，并且货物已经装船或准备装船；托运人持有单据，表明他已经将提单货物交付给了承运人。

根据海运传统，承运人要对装船提单上描述的货物负责，并在目的地将提单上描述的货物按收到时的状况交收货人或提单持有人。如果出现货损货差，就要追查原因，确定承担责任的当事人。如果货物表面状况符合提单的描述，而内在质量却不符合进出口合同规定，那么显然应由出口商（托运人）负责，因为他没有在海运提单中准确地描述货物的实际情况，承运人对此可以免责。如果实收货物的状况与提单描述有出入，则有两种可能：一是货物因自然灾害或意外事故或其他保险事件而受损，这与承运人无关，有关当事人应向保险人索赔；二是因承运人履约不力、管理不善或记录有误而造成，则应由承运人承担责任。因此，承运人在签发提单之前首先应检查、核实货物，并仔细记录检验结果，然后才开立正式海运提单。

2. 海运提单是运输合同证明

承运人之所以为托运人运送货物是因为两者之间订有运输合同，提单则是承运人和托运人履行运输合同的证明。托运人与承运人之间正式的运输合同是托运单（Shipping Order），经承运人或其代理人确认后签字，从而成为这一运输业务的基础合同。海运提单是在运输合同签订之后才由承运人签发的，因而只是合同事项的一份证明，而不是运输合同。如果提单记载的内容与事先签订的运输合同不一致，托运人就可要求承运人赔偿损失。

3. 海运提单还是物权证书

提单代表货物所有权，收货人或提单合法持有人有权凭提单向承运人提取货物。谁持有提单谁就可以向承运人主张货权，通过提单的转让可以实现货物所有权的转让。按西方法律，承运人可以不凭提单发货，但若提货人并非真实货主，则承运人须负责任；相反，若承运人凭提单善意交货，即使收货人不是真实货主，承运人也可免责。由于提单是物权凭证，所以在国际市场上提单可以在载货船舶抵目的港交货之前办理转让或凭以向银行办理抵押贷款，即提单具有可转让性，交付提单与交付货物所有权具有同等效力。

此外，提单还可作为收取运费的证明以及在运输过程中起到办理货物的装卸、托运和交付等方面的作用。若货物运输途中出险，货主向船公司或保险公司索赔时，提单还是索赔的依据之一。

（二）海运提单的当事人

海运提单涉及的基本当事人一是承运人，二是托运人。由于提单有时会出现交接、背书、转让等情况，所以还会出现收货人、被通知人、持单人等关系人。

1. 承运人（Carrier）

承运人是负责运输货物的当事人，即船方，其对货物运送即货物在运送过程中的损坏与灭失负责。承运人不一定是拥有运载工具、执行货物运输的实际运输人，他可能是船舶所有人，即船东，也可能是租船人。承运人的主要责任是按合同约定，安全、及时地将指定货物运至指定的目的地交给指定当事人，主要权利是要求托运人或收货人按约定支付运费。如果运费被拖欠，则承运人可以对货物行使留置权，直至货物变卖，使自己的运费及有关费用得到清偿。

2. 托运人（Shipper or Consignor）

托运人也称为货方，是指提供货物委托承运人出运的当事人，根据不同的贸易条件，可能是发货人，也可能是收货人。在 FOB 价格条件下，托运人是进口商；在 CFR 或 CIF 价格条件下，托运人是出口商。托运人的责任就是如实反映托运货物的实际状况，以便明确托运人的责任范围；托运人的权利就是在支付运费及其他费用之后，可以要求承运人以适航的船舶将货物运至目的地交货。

3. 收货人（Consignee）

收货人是提单的抬头人、受让人或记名提单载明的特定人。提单的收货人有两种写法。一种是写明“货交某某某”（Consigned to×××），即出现记名的收货人。此类提单不能转让，只能由记名收货人提货。另一种是写明“货交某某指定人”（Consigned to the Order of ×××），或只写明“货交指定人”（to Order）。此类提单的收货人在提单签发时是不确定的，可以通过背书转让给特定当事人，因而提单可转让。

4. 被通知人（Notify Party）

被通知人是货物到达目的港时船方发送到货通知的对象，可以是进口商的代理人或进口商自己等。如为记名提单，那么被通知人自然是收货人自己；若收货人系指定人，则承运人并不清楚提单已转让至谁的手中，因此提单中应载明被通知人以便承运人联系。如果进口商已再将提单背书转让，则他在收到承运人通知后应当立即转告提单的受让人，便于后者及时提货。

5. 持单人（Holder）

持单人是经过正当手续持有海运提单并可凭单领取货物的人。

（三）海运提单的内容

海运提单由各船公司自行设计制作，其内容虽不完全相同，但提单的主要条款基本一致。从总体上讲，海运提单的内容包括正面内容和背面条款两大部分。

1. 正面内容

海运提单的正面一般记载的是运输货物的状况以及有关当事人的情况，可以分为 3 个部分，分别是托运人填写的部分、承运人及其代理人填写的部分和契约文字部分。

(1) 托运人填写的部分。它包括船名和船舶国籍、承运人名称和主要营业所在地、装运港或承运人接收货物的地点和收货日期、卸货港或目的地、托运人名称和地址、收货人名称和地址、货物名称及其表面状况描述等。

(2) 承运人及其代理人填写的部分。承运人及其代理人填写的有两个部分。①运费。运费是承运人运送货物收取的报酬。承运人可以不写明具体金额，而只写“应按契约规定的条件照付”或“运费预付”或“货到目的地支付”等字样。②海运提单签发的日期和地点。提单签发日期标志着卖方发运货物的日期。根据国际惯例，运输单据的出单日期将被认为是货物装运的日期，因此，必须按照实际情况填列，否则将影响判断卖方是否执行合约上的交货责任，从而导致诉讼或索赔。在信用证项下，则涉及交单的时限问题，所以应该慎重。就“已装船”提单来说，提单日期应是货物全部装毕的日期或在货物装毕后与船舶开航日之前的任何一天。

(3) 契约文字部分。提单正面一般印有契约文字，其内容大致有 4 点。①装船条款。它说明承运人收到货物，已装在船上。②内容不知悉条款。它说明承运人只对货物的表面状况进行核实，而对包装物内的数量、品质、重量等概不负责。③签署条款。它说明签发本提单一式几份，凭其中一张提货后其余均失效。之所以签发多份，是为了防止一份提单在转递过程中可能遗失而发生无法提货的困难。承运人为防止货物关系人一物二卖进行诈骗，在提单上明确规定：仅凭一份完成交货责任后，其余无效。如果有两个以上的提单持有人同时向承运人或其代理公司要求提取同一批货物时，应当将这批货物暂时扣留不交，依法确定谁是提货权利人，然后再进行交货。④承认接受条款。它说明只要托运人接受了提单就意味着接受了提单上的一切记载，包括提单的背面条款。

2. 背面条款

提单背面印定的条款，规定了承运人与托运人之间、承运人与收货人及提单持有人之间的权利和义务，主要有下述几点。

(1) 首要条款。这项条款主要说明提单的法律依据，如发生有关货物运输的法律纠纷，应按何国法律解决，由何国法院审理。

(2) 承运人责任条款。该条款说明承运人从装船开始到卸船为止，对货物承担什么责任。归纳起来，承运人的责任就是适航和适货。适航就是承运人在船舶开航前和开航时，应使船舶处于适航状态，做到装配合理、人员得当，从而保证船舶顺利航行。适货就是承运人应使船舶的货舱及其他载货处能适宜和安全地接收载运和保管货物。如承运人对上述规定尽职尽责、谨慎处理，但仍未能防止损害发生，则承运人可不负责任，但承运人应对其已谨慎处理的事实提供详细的证明。对于因海上风险、政治风险以及其他意外事故而造成的货物灭失或损害，承运人可以免责。

(3) 运费条款。该条款包含下述事项：运费和其他费用应在承运人收到货物时即视为由承运人实现的收入，因此不得减扣和退回；如果系运费到付，则运费及其他费用应在目的港交货前结清；为准确计费，承运人有权对托运货物进行检查，以便核实货物的重量、体积、价值或性质。

(4) 留置权条款。该条款规定，在运费及其他费用以及共同海损分摊额未付清之前，承运人对货物及有关单据享有留置权。如果货方未能支付这些费用，则承运人可以不经事先通知，处理货物以弥补上述所欠费用，如所得款项仍不足支付上述欠款，则承运人仍有权要求货方赔偿差额。

(5) 转运条款。该条款规定承运人如有需要，可以将货物用其他船只替换原定船只运送货物，或在中途安排转船运输，或安排其他运输方式完成运输任务。上述安排产生的费用由承运人支付，但风险由货方承担，而且承运人只对在由其管理的船舶承运期间内发生的事项承担责任。

(6) 赔偿条款。货物到达时如遭受损坏，其损坏明显的，收货人应立即向承运人提出书面通知；如损坏不明显，应在提货后 3 天内发出书面通知。关于货物灭失或损坏赔偿的要求，应自交货之日起 1 年内提出，否则承运人可解除责任。承运人的赔偿金额应以发票金额外加运费和保费为基础来计算，但承运人可以规定每件货物的赔偿限额。例如，中国对外贸易运输总公司的提单规定该赔偿限额为每件货物 700 元人民币。如果托运人申报的货物价值超过上述限额，经承运人同意并支付额外运费，则可以将申报价值记入提单，并以此代替该项货物的赔偿限额。如有部分货损，则根据该申报金额按比例赔偿。

提单背面还列有其他各种条款，如对特殊商品（舱面货、植物和鲜活货、冷藏货、危险品和违禁品等）特别规定的条款以及有关碰撞、共同海损、货主所付分摊损失的条款。

除了以上介绍的提单正面、背面的内容外，需要时承运人还可以在提单上加注一些内容，称为批注（Superimposed Clause）。

（四）海运提单的分类

1. 根据货物是否已装船，可分为已装船提单和备运提单

已装船提单（Shipped B/L or on Board B/L）是指在提单上注明货已装上船的提单，由承运人、船长或其代理人签发。备运提单（Received for Shipped B/L）是承运人在收到货物时签发的提单，实际上等于一张收据，证实承运人货已收到等待装船。这种提单上所列的承运船名只是拟装船名，银行一般不接受这种提单。

2. 根据承运人有无对货物表面状况的不良批注，可分为清洁提单和不洁提单

清洁提单（Clean B/L）是指表明托运的货物表面状况良好的提单，一般注明有“received in apparent good order and condition”（收到时表面状况良好）。不洁提单（Unclean B/L）是指承运人批注货物的表面状况或包装存在缺陷的提单。

3. 根据提单可转让与否，可分为记名提单、不记名提单和指示提单

记名提单（Straight B/L）是指记载有记名收货人并且只能由该记名收货人提货的提单。不记名提单（Bear B/L）又称空白提单（Open B/L）或来人提单，指提单收货人栏内没有指明任何收货人，仅填“BEARER”字样。此提单不需要任何背书即可转让，其风险较大，在贸易实务中很少运用。指示提单（Order B/L）是一种可转让的提单，其收货人应由记名或不记名的当事人指示而定，可以背书的方式转让。

4. 根据运输方式，可分为直达提单、转运提单和联运提单

直达提单（Direct B/L）是指货物在装货港上指定船只后不经过转船直接运至目的港卸货的提单。转运提单（Transhipment B/L）是指货物在中转港卸下原装船只再装上另一船只运至目的港的提单。联运提单（Through B/L）是指海运承运人在装货港签发的、表明货物将装船运至中转港转船或转用其他运输方式运至最终目的地的提单。后两种提单，对于托运人来说承担的风险较大。

5. 根据承运人经营方式，可分为班轮提单和租轮提单

班轮提单（Liner B/L）是指由班轮公司承运货物后所签发给托运人的提单。租轮提单（Charter Party B/L）是指货物以租轮方式运送并根据租轮合约签发的提单。

6. 根据提单签发日与交单日的关系，可分为正常提单、过期提单、倒签提单和预借提单

正常提单（Current B/L or Fresh B/L）是指在货物运达目的港之前已交给收货人的提单，收货人可以有时间准备接货或转售提单。过期提单（Stale B/L）是指迟于提单签发日后21天才交到银行的提单或者银行预计按正常邮程该提单将在货物到港后才能送到收货人手中的提单。倒签提单（Anti-dated B/L）是指承运人或其代理人应托运人的要求，在货物装船以后，以早于该批货物实际装船完毕的日期作为签发日期所签发的已装船提单。这是出口商的

一种通融做法，只要交单日期不超过信用证的规定，银行即可接受。预借提单（Advanced B/L）又称无货提单，是承运人应托运人要求，在货物尚未装船或装船尚未完毕的情况下预先签发的"货已装船"提单，托运人可以借此在信用证有效期结束前交单结汇。这种提单同倒签提单一样隐瞒了货物装船的真相，属于不合法提单，具有欺骗性质，因而承运人可能遭受收货人起诉索赔的风险。

7. 根据提单形式的完整性，可分为全式提单和简式提单

全式提单（Long Form B/L）是指在其背面详细记载船方与货方的权利、责任及豁免事项的提单，因其详细罗列了烦琐的运输条款，故又称为繁式提单。此类提单在海运业务中使用较为广泛。简式提单（Short Form B/L）是指仅保留正面必要项目而无背面详细运输条款的提单，多用于租轮运输业务中。

（五）管辖海运提单的国际公约

为了确定承运人的责任范围，保障收货人的权利，在国际海运提单的管辖方面产生了3个公约，即《海牙规则》、《维斯比规则》和《汉堡规则》。

1. 《海牙规则》（*Hague Rules*）

《海牙规则》的全称是《统一有关提单的若干法律规则的国际公约》（*International Convention for the Unification of Certain Rules Relating to Bill of Lading*），1924年8月25日由26个国家在比利时布鲁塞尔签订，于1931年6月2日生效，因公约草案于1921年在海牙获通过，故简称《海牙规则》。我国于1981年承认了该公约，我国航运公司的提单均参照该公约的有关规定。

《海牙规则》的内容共16条，具体规定承运人的责任是：在开航前和开航时尽职尽责，使船舶适航；适当配备船员、装备和供应船舶，使货舱、冷藏舱、冷气舱和该船其他载货处能适宜和安全地收受、运送和保管货物；应适当而谨慎地装载、搬运、配载、运送、保管照料和卸载所运货物。公约规定承运人负责期间为从货物装上船起至卸下船止，即所谓的"海牙期间"。规则还明确规定了承运人对船长、船员、引水员或承运人的雇佣人员在航行或管理船舶中的行为、疏忽或不履行义务而负责的17项事由。

《海牙规则》的产生在一定程度上改变了提单条款完全由船方任意规定、货方的利益完全没有保障的状况，使提单下货方的利益在一定程度上获得了一些安全保障；同时使各国的提单内容基本趋于一致。但总的来看，《海牙规则》仍偏重于保护承运人的利益，因此自制定之日起就一直受到货方利益团体与航运不发达国家的批评，要求进行修改。

2. 《维斯比规则》（*Visby Rules*）

《维斯比规则》全称为《修改统一提单若干法律规则的国际公约的议定书》（*Protocol to Amend the International Convention for the Unification of Certain Rules of Law Relating to Bill of Lading*），于1968年制定，1977年6月生效。

《维斯比规则》并未对《海牙规则》的基本原则作出实质性修改，只是提高了货物损害赔偿的最高限额，明确了集装箱和托盘运输中计算赔偿的数量单位，扩大了公约的适用范围。《维斯比规则》是一些保守的海运国家为了阻碍对《海牙规则》进行根本性修改的产物。

3.《汉堡规则》(*Hamburg Rules*)

《汉堡规则》全称为《联合国海上货物运输公约》(*United Nations Convention on the Carriage of Goods by Sea*)，于1978年在汉堡制定，1992年11月生效。《汉堡规则》实行的是“完全过失责任制”，承运人对于货物在其管辖期间发生的灭失、损坏或延迟交货负赔偿责任，除非能提出承运人为避免事故已采取措施的证据。货主提出诉讼的时间规定为交货日或应交货日起的2年内。承运人的责任范围为“港至港”，即从接管货物起至交付货物止。总的来看，《汉堡规则》扩大了承运人责任，废除了承运人免责条款，维护了货主的利益，因而是一个较为公平、合理的国际公约。

二、其他运输单据

(一) 空运运单

利用飞机进行国际航空货物运输是从第二次世界大战后开始的，这种运输方式起步虽晚，但是发展十分迅速。原因是：航空运输速度快；运输安全准确；运费虽贵，但运量小，可以大幅节省相关费用；适宜运送鲜活、易变质货物和体积不大的贵重物品。

1. 空运运单的性质与作用

空运运单 (Airway Bill，AWB) 是航空公司承认收到货物，并负责航空运至目的地交收货人的证明，是发货人与承运人之间的运输合同。航空运单还可作为承运人核收运费的依据和海关查验放行的基本依据。但是，航空运单不是代表物权的凭证，也不能转让，收货人提货不是凭航空运单，而是凭航空公司的提货通知单提货。

2. 空运单据的类型

(1) 航空运单 (Airway Bill)。航空运单是航空公司签发的空运单据。目前经营国际货物运输的航空公司使用的都是统一的一式12份的航空运单。其中1～3联是正本，第1份正本注明“Original－for the Shipper”(正本—托运人联)，应交托运人；第2份正本注明“Original－for the Issuing Carrier”(正本—承运人联)，由航空公司留存；第3份正本注明“Orignal－for the Consignee”(正本—收货人联)，由航空公司随机带交收货人。其余副本由航空公司按规定和需要进行分发。

(2) 运输代理行航空运单 (House Airway Bill，HAWB)。这是航空代理货运公司办理集中托运业务时签发的空运单据，即运输代理行运单。航空代理货运公司集中货物后，向航空公司托运，航空公司收货后向航空代理货运公司签发一张总运单 (Master Airway Bill，MAWB)，般空代理货运公司签发给货主的运单则称分运单 (House Airway Bill)。目前，航空代理货运公司以承运人身份签发运输单据的资格已被普遍承认，现在的HAWB与Airway Bill几乎一样。但在信用证项下，受益人在向银行交单时，HAWB的可接受性要差一些。

3. 空运单据的内容与填制

航空运单的内容较简单，托运人、收货人的名称与地址应填写全称，包括国家、城市、街道、门牌号或电传号等。航空运单应做成记名抬头，并须按信用证规定在运单上注明是运费预付或到付。

航空运单的签发日被视为装运日期，如果信用证规定空运单必须注明实际发运日期，则实际发运日期就作为装运日期，而且必须在信用证规定的装运期之内。航空运单经承运人或其具名代理或代表签字后生效。

4. 管辖航空运单的国际公约

1929 年在波兰华沙制定了《统一国际航空运输某些规则的公约》（*Convention for the Unification of Certain Rules Relating to International Carriage by Air*），简称《华沙公约》（*Warsaw Convention*），该条约于 1933 年 2 月生效。《华沙公约》对航空货运单的内容与性质以及承运人和托运人的权利和义务作了详细规定。于 1963 年 8 月生效的《海牙议定书》（*Hague Protocol*）对《华沙公约》作了 20 多处修改，如将航空货运单改名为航空运单（AWB），并简化了许多项目，删除了一些承运人免责条款等。

（二）铁路运单

铁路运输和其他运输方式相比，具有运量大、速度快、运输准确性和连续性强、受气候自然条件影响小、安全可靠、运输成本相对低廉等优点，在国际货运中地位仅次于海运。

1. 国际铁路货物运输

国际铁路业务集中在欧亚大陆，经营业务分为两片。一片由《国际铁路货物联运协定》（简称《国际货协》）参加国组成，包括波兰、匈牙利、保加利亚、罗马尼亚、蒙古国、朝鲜、越南、中国等国；另一片由《国际铁路货物运输公约》（简称《国际货约》）参加国组成，包括法国、德国、比利时、卢森堡、荷兰、意大利、英国、丹麦、西班牙、葡萄牙、希腊、挪威、瑞典、芬兰、瑞士、奥地利、南斯拉夫、土耳其等国。《国际货协》和《国际货约》都规定片内可办理同一运单的联运，即把货物发往片内任何一个车站，只需在发货站办理一次手续。由于不同片的接壤国家之间双边协定的订立，所以可以办理跨片联运，但在货物出片时需要再办理一次手续。这不仅延长了货物送达时间，而且增加了运输费用。基于此，两大公约的组织者铁路合作组织（OSJD）和国际铁路货物运输政府间组织（OTIF）成立了联合工作组，共同编制了统一运输单据——国际货约/国际货协运单，自 2007 年 7 月 1 日起在乌克兰、白俄罗斯、俄罗斯等一些东欧国家正式实施，此后哈萨克斯坦、蒙古国等国家也开始陆续使用。

2. 铁路运单（Railway Bill）

我国国际铁路运输中一直使用的是《国际货协》统一的铁路运单。2012 年以后中国采纳了直通欧亚大陆运输的国际货约/国际货协运单。铁路运单一式两份，正本随货同行直至目的地交收货人作提货通知，副本交托运人作为收据。在托收或信用证方式下，托运人凭副本运单收款。在货物到达目的地前，只要托运人仍持有副本提单，就可指示承运人停运或将货物运给另一收货人。铁路运单由发运站加日戳签发，它只是运输合约和货物收据，而不是物权凭证。铁路运单一律作记名抬头，货物到达目的地后承运人就通知该指定人提货。

3. 承运货物收据（Cargo Receipt，C/P）

承运货物收据是以运输行身份签发的运输单据，它既是承运人的货物收据，又是承运人与托运人的运输契约。例如，中国内地对中国港澳地区陆运出口的货物，由中国对外贸易运输公司承运，并签发承运货物收据给托运人，供结汇用。承运货物收据性质上相当于海运提单或国际联运运单副本，代表货权，是收货人提货凭证，属有价证券。签发单位要对货物全程运输负责。

（三）快邮收据、邮政收据或投邮证明（Courier Receipt，Post Receipt or Certificate of Posting）

目前我国是万国邮政联盟（Universal Postal Union）的成员，此外还与世界上大多数国家有双边的邮政协定，因此，我国邮局受理国际包裹邮寄业务的委托。

邮政收据是邮局承认收到包裹并负责邮至目的地交收货人的证明。邮政收据不是物权凭证，不能凭以提货和背书转让。因此，邮政收据也做成记名抬头。

《UCP 600》规定：银行接受邮政收据、专递和快递机构的运输收据，但这些收据必须显示邮费已付或预付。同时，邮戳日期即作为装运日期，邮戳日期不能晚于装运日期。将商品、包裹交付邮局就算完成了交货任务，邮政收据即可交出口地有关银行议付。

（四）多式联运单据

多式联运是指至少有两种不同运输方式的运输，即至少包括海运、空运、公路、铁路、内河运输中的两种。同一运输方式、不同运输工具的联运（如海/海联运、空/空联运等）不能视为多式联运。多式联运单据项下的承运人对运输全程负责，从一收到货物开始直至货物到达最终目的地为止。即便信用证不允许转运，银行也将接受多式运输单据，因为多种运输方式必然要发生货物从一种运输方式的运输工具卸下，再装上另一种运输方式的运输工具，不可避免地将发生转运，所以，只要单据包括全程，则将被银行及有关各方接受。多式联运单据收货人如果为不记名的，则为可转让单据；若为记名的，则为不可转让单据。

第三节 保险单据

出口货物运输保险是对外贸易中不可缺少的一环。在运输过程中，货物常因自然灾害或意外事故而遭到损失。货主为了在蒙受损失后取得经济补偿，往往会在货物出运前及时向保险公司投保。保险公司接受投保后，签发投保凭证——保险单据，承担保险责任范围内的经济补偿责任。

货物运输保险可以分为海上货运保险、航空货运保险、陆上货运保险、邮包运输保险等。由于海运是最重要、最常见的国际货物运输方式，所以海上货运保险发源最早，保险条款和双方的权利与义务都较明确，其他各种运输险的条款多以海上运输保险为蓝本，海上运输保险在各种保险中占主要地位（海上运输保险单以下简称为保险单）。

一、保险单的含义与作用

保险单（Insurance Policy）是保险人（Insurer or Assurer）在收取保险费后向被保险人（Insured or Assured）签发的对其承保的书面证明。它具体规定了保险人与被保险人的权利与义务。

作为一种书面证明或文件，保险单主要有以下两方面作用。

（一）保险单是保险合同的证明

保险单是保险人与被保险人签订的保险契约，它是保险人在接受被保险人的“投保单”或“投保申请书”后签署的承诺文件，是合格的保险合同证明。虽然按保险业的惯例，只要保险人在投保单或投保申请书上签了字，保险合同关系就告成立，但根据法律规定，投保单并不具有合同证明文件的效力。因此，在办理保险时，保险人必须签发保险单。

（二）保险单是赔偿的证明

保险单是一种补偿性合同或证明文件，在保险标的物出险时，被保险人有权根据保险合同即保险单要求赔偿，保险单是赔偿权的证明文件。如果被保险人的索赔符合保险单的规定，那么保险人应在保险单规定的范围内进行赔偿。可见，保险单是索赔和理赔的根据。

二、海上运输货物保险承保范围

海上运输货物保险的保障范围包括保障的风险和保障的损失。

（一）保障的风险

1. 海上风险

海上风险（Perils of Sea）又称海难，它包括在海上发生的自然灾害和意外事故。

（1）自然灾害（Natural Calamities）。自然灾害是指由非常自然力量所造成的灾害，如恶劣气候、暴风雨、雷电、海啸、洪水、地震等。

（2）意外事故（Fortuitous Accident）。意外事故是指由非意料之中的原因或由不可抗拒的原因造成的事故，如搁浅、触礁、碰撞、沉没等。

2. 外来风险

外来风险（Extraneous Risks）是指外来原因引起的损失。根据造成损失的严重程度不同，外来原因又可分为以下两类。

（1）一般外来原因。它指造成的损失相对较轻的外来原因，如偷窃、钩损、雨淋、串味等。

（2）特殊外来原因。它指造成的损失十分严重的外来原因，如战争、罢工等。这类损失往往处于保险人的免责范围之内。

（二）保障的损失

保障的损失是指保险人承受的损失类型。海上运输货物保险中保险人承保的损失又称海损（Average）。根据保险业习惯，海损也包括与海陆连接的陆运过程中所发生的损失或灭失。

1. 根据损失的程度不同，海损可分为全部损失和部分损失

（1）全部损失。全部损失（Total Loss）简称全损，是指运输过程中的整批货物或不可分割的一部分货物全部发生损失。全损包括实际全损和推定全损。实际全损（Actual Total Loss）是指货物的全部灭失或货物失去原有的性质和用途，其主要表现为：保险标的物完全灭失、丧失无法挽回，丧失商业价值或失去原有用途，船舶失踪达到一定时期。推定全损（Constructive Total Loss）是指这样一种情况：保险标的物在遇险后虽然没有直接造成全部损失，尚有部分残值，但要挽救这些残值，还需支付更多的费用，因此宁愿放弃救助。下列情况构成推定全损：货物受损后，修理费用超过货物修复后的价值；整理和续运到目的地的费用，超过到达目的地的价值；保险标的遇险后，将使被保险人失去标的物所有权，而收回这一所有权所花的费用将超过收回后的标的价值等。

（2）部分损失。部分损失（Partial Loss）是指除全损以外的其他损失。

2. 根据损失的性质不同，海损可分为共同海损和单独海损

（1）共同海损。共同海损（General Average，G. A.）是指当载货船只在海上遇到自然灾害和意外事故，威胁到船、货等各方的共同安全时，为了解除这种威胁，维护船货安全或者使航程得以继续安全，由船方有意识地、合理地采取措施而造成某些特殊损失或支出特殊额外费用的行为。构成共同海损应符合下述条件：船、货处于共同的、紧迫的危险中，如不采取适当挽救措施，船、货的共同损失不可避免；挽救措施应着眼于船、货的利益，而不是只为了挽救船只或某批货物；挽救措施应是人为的、特殊的、有意识的牺牲、支出或费用；挽救措施应是合理的、适当的。由共同海损事件产生的牺牲、支出或费用应由因该事件而利益获得保护的所有当事人按获救利益的比例分摊。共同海损及其分摊额是保险人的基本承保责任之一。

（2）单独海损。单独海损（Particular Average）是指除共同海损以外的部分损失。它属于特定方面的损失，不涉及其他货主和船方。单独海损由特定利益方承担。

三、海上运输货物保险承保的险别

由于海上灾害和意外事故种类繁多，货物遭受损失的原因和程度也各有不同，因此，保险人或保险公司将导致货物受损的风险予以归纳和分类，以供投保人选择。海上运输保险承保的险别可以分为两大类：基本险和附加险。

（一）基本险

基本险是保险人对承保标的所承担的最基本的保险责任。国际上大体可分为 3 种：平安

险、水渍险和一切险。

1. 平安险（Free from Particular Average，FPA）

平安险又称单独海损不赔险，它的责任范围如下：

（1）由于海上自然灾害所造成货物的实际全损、推定全损；

（2）共同海损和救助费用的分摊；

（3）货物的装卸、转运过程中的整件灭失或损坏；

（4）由于运输工具已发生了搁浅、触礁、沉没、焚毁等意外事故，而货物以后或以前又在海上遭受其他自然灾害所造成的部分损失；

（5）货物的部分损失或全部损失是由于运输工具的搁浅、触礁、沉没、互撞、与流冰或其他物体碰撞以及失火、爆炸等意外事故造成的；

（6）施救费用。

平安险对下列损失不负责：由被保险人的故意行为或过失造成的损失；因被保险货物的品质不良、数量短缺、自然损耗、本质缺陷以及市价跌落、运输延迟而引起的损失；由战争或罢工引起的损失。

2. 水渍险（With Particular Average，WPA or WA）

水渍险又称单独海损赔偿险，它的责任范围是：平安险的全部责任和由于海上自然灾害所造成货物的部分损失。其免责项目与平安险相同。

3. 一切险（All Risks）

一切险的承保责任在水渍险的全部责任基础上还承保被保险货物在运输途中由于外来原因所致的全部或部分损失。

（二）附加险

附加险是被保险货物在运输途中由外来原因所致的损失。一般是在货物投保平安险或水渍险后，由于货物、包装或运输的特点，需要保险人扩大承保范围而加保的险别。常见的附加险如下。

1. 偷窃、提货不着险（Risk of Theft，Pilferage and Nondelivery，TPND）

“偷窃”是指因偷窃行为而使货物受到的损失；“提货不着”是指因整件货物遗失、误卸而使被保险人受到的损失，被保险人应提供提货不着的证明，才能向保险人要求赔偿。

2. 渗漏险（Risk of Leakage）

“渗漏”是指因容器损坏而引起流体或液体渗漏所造成的损失，或用液体贮藏的货物因液体渗漏而引起货物腐败所造成的损失。

3. 碰撞破碎险（Risk of Clash and Breakage）

“碰撞破碎”指易碎货物因震动、碰撞、受压破碎而造成的损失。

4. 钩损险（Risk of Hook Damage）

“钩损”指货物在搬运时因遭到吊钩的勾碰所引起的损坏以及对货物包装进行修补或调换

所支付的费用。

5. 淡水雨淋险（Risk of Fresh Water and/or Rain Damage，FWRD）

水渍险只对货物因海水而造成的损失负责。淡水和雨淋而致货物受损，应包括在本险范围内。

6. 短量险（Risk of Shortage）

“短量”是指散装货物的重量短缺或包装货物因外包装破碎而引起货物重量短缺或散失的损失。

7. 混杂玷污险（Risk of Intermixture and Contamination）

“混杂玷污”是指货物因混杂玷污而发生的损失。

8. 串味险（Risk of Taint of Odour）

串味险针对的是食用品、中药材、化妆品、原料等货物因受其他货物的影响，发生串味而引起的损失。

9. 受潮受热险（Risk of Sweat and Heating）

受潮受热险针对的是货物因气温突然变化或因船上通气设备失灵，致使船舱内水汽凝结或发热而造成的损失。

10. 锈损险（Risk of Rust）

锈损险针对的是因货物与海水接触生锈而发生的损失，但因货物本身的性质或瑕疵所致的锈损不在其内。

11. 包装破裂险（Risk of Breakage of Packing）

包装破裂险的理赔范围包括因搬运货物装卸不慎使包装破裂而造成的货物损失，以及为继续运输安全的需要对包装进行修补、调换而支付的费用。

除上述 11 种附加险外，还有一些特殊附加险，它们不是由于商品的性质，而是根据特殊环境的需要而投保的附加险，如战争险（War Risk）、罢工险（Strikes Risk）、交货不到险（Failure to Delivery Risks）、进口关税险（Import Duty Risk）、舱面险（On Deck Risk）、拒收险（Rejection Risk）、黄曲霉素险（Aflatoxin Risk）等。

四、海上运输货物保险的基本当事人

（一）保险人

保险人是收取保费并按照保险合约的规定对损失负赔偿责任的人。为了保障被保险人的利益，几乎所有国家都制定了管理保险人的法律，保险人必须是经过国家有关部门审查合格而可以经营保险业务的人，包括法人和自然人。因为保险赔偿不一定会发生，所以保险合同对于保险人来说仅代表一种或有负债。

（二）投保人

投保人也称要保人。他是与保险人签订契约并缴纳保险费的当事人。投保人必须具备订约能力，必须对保险标的物有保险利益，必须按最大诚信原则对保险内容如实陈述。如果违反上述基本要求，则保险合同无效。

（三）被保险人

被保险人是受保险合约保障的当事人，即有权按照保险契约向保险人取得赔款的人。在货运保险中，被保险人往往与投保人是同一人。被保险人应在货物运抵目的地后及时提货，若发现货损货差，应及时申请检验或向有关当事人索取相应证明；若货物遇险，被保险人应采取合理的抢救、防损措施；若发现保险单载明的货物、船名、航程有误或航程变更，被保险人应及时通知保险人；在索赔时被保险人应向保险人提供正本保险单、货运提单、发票、检验报告、货损货差证明、索赔清单等文件。如果被保险人未履行上述义务或没有尽到保险单规定的其他责任，从而影响保险人的利益，这时，保险人对有关损失可不予补偿。

五、保险单的基本内容

保险单记载和印定的内容包括正面和背面两部分，正面是有关保险人、被保险货物、保险险别等情况的记载，背面是印定条款。正面的主要内容如下。

（1）保险人名称。它应该是承保的保险公司，而不能是保险经纪人或代理人。

（2）被保险人名称。在信用证有明确规定的情况下，应按信用证规定办；在 CIF 价格条件下，一般为卖方及信用证的受益人，然后由受益人做成空白背书。

（3）保险金额。除非信用证另有规定，否则保险单据所用货币必须与信用证规定一致；保险单据标明的最低投保金额应该是货物的 CIF 价格或 CIP 价格的金额加 10%，如果不能确定 CIF 价格或 CIP 价格，则银行接受的投保金额最低为信用证要求承付或议付金额的 110%，或发票所显示货物总值的 110%，两者之中取金额较大者为最低投保金额。

（4）货物运输的唛头、货物的项目、包装及数量，均应与发票一致。

（5）运输工具名称、开航日期、航线起讫地点，均应与提单一致。开航日期前一般应加“on or about”字样。对于“on or about”的含义，银行将其解释为于所述日期前后各 5 天内装运，起讫日期均应包括在内。若船至目的港卸货后，还需转运内陆城市，则应在目的港后加注“and thence to…”（转运至某地）字样。若需中途转船，则应在目的地港名称后加注“with transshipment”（转船）字样。

（6）承保险别。险别内容必须与信用证有关条款保持一致，填写次序为先主险，其次为附加险、特别附加险。

（7）检验代理。保险单据上列明保险人在目的港的代理检验人，以便当货物受损、被保险人索赔时能及时就近查勘，分析原因与受损程度，以确定赔偿责任。

（8）赔款偿付地点。赔款偿付地点应符合信用证规定，一般为保险单所载明的目的港，即在进口国境内。

（9）签发日期。签发日期即保险人责任的起算点，保险单据的签发日期不应晚于发运日，除非保险单据表明保险责任不迟于发运日生效。

（10）保险人签字。一般由保险人或其代表签字或以其他方式证实。但是，英国保险法允许保险公司在出具海运保险单据时用盖章代替签名。

六、保险单据的种类

（一）根据单据形式分类

1. **保险单**（Insurance Policy）

保险单在实务中俗称“大保单”，它是保险人与被保险人之间建立保险契约关系的正式凭证，其内容主要有被保险人名称、保险货物名称、数量及标志、载货船名、保险金额等，保险单的背面印有保险合同条款，对保险人与被保险人各自的权利、义务作了详尽规定。

2. **保险凭证**（Insurance Certificate）

保险凭证俗称“小保单”，它是简式保单，其正面内容与保险单相同，背面不载有保险条款，但具有与保险单相同的效力。

3. **承保证明**（Combined Insurance Certificate or Risk Note）

承保证明是一种比保险凭证更简化的单据。它只在出口商的商业发票上以加盖印戳方式注明承保金额、险别、保险期限、保险编号、保险和理赔代理人名称及地点等事项，而不另出具单独的保险单，又称为“联合发票”。

（二）根据保险价值分类

1. **定值保单**（Valued Policy）

在定值保单中，保险标的物的价值是约定的。出险时保险人就根据约定的价值赔偿，而不是根据保险标的物的品质等情况核定的价值赔偿。定值保单上一般注有“Valued at the Same as the Amount”（以保险金额作货物价值）。

2. **不定值保单**（Unvalued Policy）

不定值保单即不约定标的物价值的保险单，保险单金额是保险人的最大赔偿金额。出险时保险人根据当时情况核定的货价赔偿。如果核定货价高，保险人最多只赔偿保险单金额；如果核定货价低，保险人就按实际金额赔。收货人一般不愿使用这种对他们不利的保险单。

（三）根据承保方式分类

1. **定名保单**（Named Policy）

定名保单是承保船名已确定的某一航程内的某一批确定的运输货物的保险单。常用的保险单都是这种定名保单。

2. **流动保单**（Floating Policy）

用流动保单投保时只确定保险条件，而不确定哪一批货物。货物出运后，被保险人逐笔向保险人申报船名、货物等内容，直到保险单金额全部用完。由于签发保险单时货物等未确定，因此也称为不定名保单。

3. 预约保单（Open Policy）

预约保单是一种保险人与被保险人预约签订的总括性的保险合同。合同中只规定保险范围、保险责任和保险费率，不像流动保单那样规定总金额，但一般有每次出运货物的最大金额限制。

4. 暂保单（Cover Policy）

暂保单是保险人证明承诺保险责任的一种临时性文件。保险人在收到被保险人的装船通知后才出具正式保险单。投保人获知货物装载情况后，即通知保险人，再换取正式保险单。暂保单在规定效期内具有正式保险单的效力。《UCP 600》规定银行不接受暂保单。

保险单据的种类很多，此外还有航程保险单、期限保险单等，在此不一一赘述。

第四节　其他单据

其他单据包括检验证明书、产地证明书、包装单据以及船公司证明等。

一、检验证明书（Inspection Certificate）

检验证明书又称检验证或商检证书，是由政府检验机构或公证行或制造厂商等对进出口商品进行检验或鉴定后，根据受检货物的实际检验结果，结合外贸合同与信用证的要求，对外签发的关于商品品质、规格、重量、数量、包装、检疫等各方面或某方面鉴定的书面证明文件。

（一）检验证明书的作用与内容

在国际贸易中，检验证明书具有多方面的作用。

（1）作为证明履约、交货接收的有效证件。货物经过长途运输后难免出现质量变化或数量缺损、包装损坏等情况，从而引起进口商的争议。出口商为了免责，必须提供权威机构签发的检验证书，证明其已履行合格交货任务。

（2）作为验收报关的有效凭证。许多国家为维护本国及消费者利益，通常规定某些商品必须进行强制性检验，如食品等。进口商必须出示出口地检验机构签发的证明商品合格或符合国家进口标准的检验证书才能报关验收，否则禁止进口。

（3）作为结算货款的依据。许多产品的定价取决于商品的等级或某些主要成分的含量。因此，进出口合同中订有价格与金额的增减条款，以适应不同的检验结果。在进出口实务中，一般根据检验证书中标明的产品等级和主要成分含量，确定合适价格并计算出货值。

（4）作为索赔、仲裁、诉讼的佐证文件。货物在运达进口地后一般需进行检验，以确定收货时的质量、数量、状况等。这样做，既便于进口商转售，又可以在发现问题时，根据检验结果，明确责任归属，提出赔偿要求。如需进行仲裁或诉讼，也必须提供商检证书作为对货物缺陷、残损等事实的说明。

在各种不同的检验证明书中，有些栏目是共同的和必备的，主要如下所列。

(1) 发货人名称。填写时要符合信用证的规定。

(2) 收货人名称。一般是进口商，应注意与信用证及其他单据中的收货人名称保持一致。

(3) 货名、重量、唛头。这些内容应注意与商业发票、提单上相应的内容相符。对以毛作净计价商品，检验证书中报验重量应以毛重表示，重量检验证在检验结果中须表示毛、皮、净各项重量，货名可用统称。

(4) 出具检验证明书日期。应掌握不迟于提单日期，最好在提单之前一两天或与提单日为同一天。

(5) 提供检验证书者签字。一般而言，此处的盖章与签字一样有效，但有的国家要求检验证书一定要手签，如果只有盖章，就视为无效。

(6) 证明内容。这部分是检验证书的核心内容，即商检机构或公证行等进行检验或鉴定的结果。

(二) 检验证明书的种类

检验证明书的分类主要依据检验项目，因此种类繁多。检验证明书中一般应列明有关当事人名称、地址、商品描述、证明内容（检验结论）以及检验人员签字。根据检验内容的不同，常见的检验证明书主要有以下种类：

(1) 品质检验证书（Inspection Certificate of Quality）；

(2) 重量或数量检验证书（Inspection Certificate of Weight or Quantity）；

(3) 包装检验证书（Packing Inspection Certificate）；

(4) 残损检验证书（Inspection Certificate on Damaged Cargo）；

(5) 卫生/健康检验证书（Sanitary/Health Inspection Certificate）；

(6) 兽医检验证书（Veterinary Inspection Certificate）；

(7) 消毒检验证书［Disinfection（Sterilization）Inspection Cerificate］；

(8) 温度检验证书（Inspection Certificate of Temperature）；

(9) 熏蒸检验证书（Inspection Certificate of Fumigation）。

(三) 检验机构

出具检验证的机构，应是买卖双方以外的第三者。很多国家有专业性的商品检验和鉴定机构，接受委托进行商品检验与公证鉴定工作。这些机构有的是国家设立的官方机构，有的是由私人或同业公会、协会等开设的公证行。

二、产地证明书（Certificate of Origin）

产地证明书也称产地证或原产地证书，是由政府或公证机构或出口商出具的证明货物的生产来源地的证书。在某些结算方式中，产地证也是一种必备文件。产地证的主要作用有两个。一是通过证明货物的原产地来享受进口国的优惠税率。因为进口国海关往往会针对来自不同国家或地区的商品执行不同税率的差别待遇政策。二是通过证明货物的原产地来符合进口配额的要求。因为有些国家往往按出口国分别设定不同的配额限制，所以要求进口商报关时必须提供产地证以便进行统计。

签发产地证明书的机构，应依照信用证具体指定。如无指定，一般可由政府有关商品检验机构或出口地其他有权检验机构签发。目前常用的原产地证明书为普惠制产地证。

普惠制是普遍优惠制（Generalized System of Preference）的简称，缩写为 G. S. P，是给惠国对受惠国给予单方面关税优惠的一种制度。普惠制产地证有国际统一的固定专用格式，称为格式 A（Form A），其尺寸、版面、图案、用纸等都有严格规定。

普遍优惠制是发达国家给予发展中国家制成品与半制成品（包括某些初级产品）普遍的、非歧视的、非互惠的一种关税优惠制度。但是，从发展中国家向发达国家输出的商品必须符合原产地规则的要求，才能享受普惠制待遇，这一规则包括原产地标准、直接运输规则和书面证明 3 项内容。原产地标准（Origin Criterion）专门确定货物的产地，并据以将产品分为两大类：一类是全部使用受惠国的原料、零部件生产的完全原产品，可以享受 G. S. P 待遇；另一类是一部分或全部使用进口材料或零部件生产的产品，这些进口成分必须在生产过程中达到实质性改造，各给惠国对这类产品所采用的标准不尽相同。直接运输规则（Rules of Direct Consignment）是指要求受惠国产品直接输往给惠国，如途经他国也可以，但应存放于海关关栈，不能投入当地市场销售或交付当地使用。书面证明（Documentary Evidence）是指必须持有 G. S. P 产地证以及证明符合直接运输规则的文件。

三、包装单据（Packing Document）

包装单据是反映货物包装情况（或无包装）的单据，是就包装事项对商业发票的补充说明，最常用的有装箱单和重量单两种。

装箱单（Packing List）是说明货物每一件包装明细情况的单据，它的作用是说明出口商品的花色、规格和包装情况。装箱单可以合并在发票上，也可以单独制作，但信用证上作为独立凭证分别要求则不应合并。若每件货物的花色、品种不同，则须在装箱单上逐件载明。如果整批货物的花色相同而重量不同，则可用重量单来代替装箱单。装箱单的内容一般包括合同号、发票号、唛头、货名、体积、进口商或收货人名称、地址、船名、目的港等。装箱单由出口商制作，其内容应与货物实际包装相符，并与发票、提单所列一致。

重量单（Weight List）证明装货重量与合同规定相符。凡是按照装货重量成交的货物，出口商在装运货物时，均须向进口商提供重量证明书。货到目的港，如果短缺，出口商不负责任。凡是按到岸重量成交的货物，到岸时如有短缺，进口商必须提出重量证明书，才能向出口商、轮船公司或保险公司索赔。船公司计算运费时，须由出口商提供重量证明书。这项证明书一般由商检机构或公证行、重量鉴定人出具。

四、船公司证明（Shipping Company's Certificate）

船公司证明是指由船公司或承运人提供，由有关权威部门出具的，证明船舶的国籍、船级、船龄、挂靠港口等事项的文件，它通常是应买方或进口国有关当局的要求而由出口商负责取得并提交的。常见的船公司证明有如下几种。

（一）船舶国籍证书（Certificate of Ship's Nationality）

该证书由船舶登记国主管部门签发，是证明船籍的法律证书，进口国海关可凭以决定是否给予船舶吨税方面的优惠待遇。

（二）船级证书（Certificate of Classification）

这是由船舶检验机构对符合入级条件的船舶授予的一种证书，主要记载船舶的技术营运性能，因而能反映船舶的技术状况，关系到船舶保险的保费与租金高低。通常船级是由相应的船级符号表示。例如，中国海事局的船级符号是“ZC”，“LR”代表英国劳埃德船级社，“AB”代表美国船舶局，“BV”代表法国船级社，“NV”代表挪威船级社等。

（三）船龄证书（Certificate of Vessel's Age）

许多国家规定，超过 15 年船龄的船舶不准靠泊卸货，但对于转运中的第一程船无此规定，因此信用证或合同要求船龄证书时，往往要求证明到达卸货港的船舶船龄不超过 15 年，而不是笼统地对船龄进行限制。

（四）航程证明（Certificate of Itinerary）

这是表明船舶该航次的航线或挂靠港口名单的证明文件。

（五）收单证明（Receipt for Shipping Documents）

这是由船长在其收到随船带交给收货人的单据时所出具的收据。这种做法的目的是防止提单过期，便于买方及时提货，因此要求买方将单据随船带至卸货港交收货人，卖方凭此收据办理结汇。

信用证项下，有时还要求提供其他一些单据。为保证安全、及时收汇，这些单据均必须根据信用证条款要求制作，不能疏漏遗缺。

第五节 单据审核

单据的审核是一项技术性较强的工作，同时对审单人员的责任心也有较高要求。对于单据的审核，可以是出口商在交单以前的自我审核，也可以指交单给银行后银行通过对单据的审核以查明是否有不符点。在上述两种情况下审单都应以信用证要求与信用证管理为依据。对于银行来说，更应关注单据的表面状况，而不能以有关事实来影响对单据合格性的判断。单据的审核对象包括整套单据，如信用证项下的汇票、发票、提单、保险单以及其他单据。

一、《UCP 600》关于单据和审单的相关规定

信用证业务的关键就是确定单据是否相符，因此，单证相符的标准尤为重要。怎样才构成单证相符?《UCP 500》的审单标准是“单证相符、单单不得互不一致”，单据之间表面不一致，即视为表面与信用证条款不符。但是，各国银行实务对于这一单证相符标准有不同理解，这成为以往信用证纠纷的主要根源。信用证业务中单证不符现象一直居高不下，根据《UCP 500》操作的信用证业务中，单证不符现象占信用证业务的比重为65%，严重影响了银行信用证业务的声誉。信用证的使用率迅速下降，在欧美国家的使用率只占10%左右，并且还有进一步缩小的趋势。为了消除这一不利后果，《UCP 600》摆脱了对相符交单的模糊规定，摒弃了过去强调的单据之间以及单证之间完全一致的镜像原则，最大限度地杜绝了信用证当事人因为基础交易的纠纷转而以所谓单证不符为由拒绝承付情况随意发生的现象。《UCP 600》有关单据以及审单的相关规定如下。

（一）相符交单

《UCP 600》明确了相符交单的定义，在其第2条中规定：“相符交单是指与信用证条款及条件、本惯例的相关适用条款以及国际标准银行实务一致的提示。”这意味着，银行处理单据业务将以相关信用证内容、《UCP 600》以及ISBP为依据。

（二）审单标准

关于信用证项下银行审单标准，《UCP 600》有专门表述，第14条a款规定，开证行仅基于单据本身确定其是否在表面上构成相符交单。这表明银行无须借助其他渠道调查单据内容本身的真实性。对于单据相符，《UCP 600》第14条d款规定：“单据中内容的描述，不必与信用证、信用证对该项单据的描述以及国际标准银行实务完全一致，但不得与该单据中的内容、其他要求的单据或信用证相矛盾。”第14条e款规定：“除商业发票外，其他单据中的货物、服务或履约行为的描述，如果有的话，可使用与信用证中的描述不矛盾的概括性用语。”

单证之间不要求“完全一致”，仅要求“不矛盾”，这样比过去《UCP 500》的单单之间“不得互不一致”的说法更体现了审单标准宽松化的倾向。相对宽松的审单原则，使银行在具体业务审单时，可以更灵活地处理单证、单据，既保证了信用证的高效性和迅速性，又显示了公平性和信誉度。

【案例 7－1】[①] 一张信用证要求海运提单（Ocean Bin of Lading），运输路线为“从中国任何海港至汉堡港”（From Any Seaport in China to Hamburg Seaport）。开证行收到的提单显示装货港为“中国芜湖港”（WUHU，CHINA），船名及航次编号为 DE－JIN 8－19008。

开证行的审单人员发现芜湖位于长江沿线，离海岸还有相当远的距离。但由于对中国的港口分类并无十足把握，开证行征求申请人意见后，同意接受单据，没有提任何不符点。

但开证行并不放心，随后进一步调查了运输的具体情况。通过登录承运人网站对提单和集装箱进行调查，开证行发现网站上显示的该笔货物运输的实际装货港是上海港，并非芜湖港，船名是 MSC RIFAYA 而非 DE JIN 8；通过集装箱号码查询还发现，货物在芜湖装上驳船（BARGE），然后在上海卸载后重新装上远洋船（船名 DE JIN 8）。开证行就此向国际商会提出以下问题。

（1）芜湖港是否可以认为是信用证要求的“海港”？

（2）根据《UCP 600》审单标准，开证行有权研究单据之外的信息以确定提单上的船只是海洋船还是河运驳船吗？

（3）如果通过研究发现货物装上的不是海洋船而是河运驳船，这与信用证和《UCP 600》第 20 条的要求不符，开证行能够拒付吗？

以下是国际商会在官方意见草案中的分析和结论。

国际商会认为：使用驳船是海洋运输经常采用的方式，根据《UCP 600》第 20 条 c 款的规定，即使信用证禁止转运，使用驳船运输并表明转运将要或可能发生的提单也是可以接受的。

《UCP 600》第 20 条也没有对“海港”（Seaports）或“港口”（Ports）作出定义。《UCP 600》第 20 条 a 款仅要求提单必须“显示货物已经在信用证规定的装货港装上具名船只（A Named Vessel）”即可。

根据《UCP 600》第 14 条 a 款的规定，指定银行、保兑行、开证行必须仅根据单据本身审单，以确定单据表面是否相符，因而就本案例而言，开证行没必要调查提单细节内容的真实性。如果银行选择通过单据表面以外的信息渠道来审查单据，那么这种“调查”的任何发现都不能作为《UCP 600》项下拒付单据的基础。即使银行怀疑单据记载内容有问题，并通过各种渠道对单据的某些要素进行独立审查，也不能违背基本的审单原理，即对单据只能进行表面审核。除非存在欺诈或制裁等法律上的因素，否则提不符点拒付只能依据单据表面审查得出的结果。

根据《UCP 600》第 34 条，银行对单据表面所载内容的真实性不承担任何责任，所以银行没有责任去确认或者调查单据内容是否构成对事实的真实表述。

综上，国际商会对以上 3 个问题作出的结论如下：

① 李永宏．从芜湖是否海港看信用证审单标准［J］．中国外汇，2019（22）：48-51.

(1) 是。芜湖港可以认为是海港，信用证和《UCP 600》第 20 条都没有对“海港”或“港口”作出定义。

(2) 否。根据《UCP 600》第 14 条 a 款，银行只应审核单据表面，审单仅基于单据本身。

(3) 不能。信用证下的任何拒付必须以信用证条款和《UCP 600》为依据，对单据背后基础事实的调查不能构成拒付理由。

(三) 审单时间

《UCP 600》将审单时间从“不超过 7 个银行工作日的合理时间”改为“最多不超过 5 个银行工作日”，特别是避免采用“合理时间”这一模糊措辞，更加明确了银行的审单期限，确立了新的国际结算实务操作标准。

(四) 对非规定单据和非单据化条件的处理

根据《UCP 500》的规定，银行将不审核非规定单据，如果收到了，应退回交单人或者将其照转，并对此不承担任何责任。而根据《UCP 600》第 14 条 g 款的规定，提示信用证中未要求提交的单据，银行将不理会，如果收到此类单据，可以退回交单人。也就是说，相关银行不应审核此类额外单据，不应照转此类单据，应退还交单人，不能以额外单据中的不符点为由进行拒付。实务中因为额外单据发生的问题层出不穷，比如要求提供 5 份发票，受益人提供了 6 份，正好 1 份出现了不符点，那么，对相关银行而言，这份发票当作额外发票不予审核还是可将此当成不符点予以拒付呢？根据《UCP 600》的规定，额外的单据不应混同在信用证要求的单据中提交给银行，以免发生意外。此外，对于信用证中未规定以何种单据满足的条件，即非单据化条件，《UCP 600》第 14 条 h 款明确规定，银行将视作未规定而不予理会。

(五) 银行对于不符点的处理

《UCP 500》第 14 条 d 款对有不符点的单据拒付时，规定了两种处理方式，即“并说明单据已由本行代为保管听候处理，或将单据退还给交单人”。《UCP 600》第 16 条 c 款在原有基础上增加了两种处理方式：一是“开证行持有单据直至收到申请人通知放弃不符点并同意接受该不符点，或在同意接受不符点前从提示人处收到进一步指示”；二是“银行按照先前从提示人处收到的指示行事”。

一旦申请人同意放弃不符点则开证行释放单据是目前银行实践中的普遍做法，但一直以来备受争议，银行往往会因为在拒付通知中表明将“寻求进口商放弃不符点放单”而被法院认定为拒付无效，因为《UCP 500》未作规定。现在《UCP 600》正式承认了这一做法，符合银行实务的发展，减少了因此产生纠纷的可能，并且有望缩短不符点单据处理的周期。加入这一条款主要是考虑到信用证受益人提交单据的目的是获得款项，由此推定，如果申请人同意放弃不符点并支付货款，对受益人利益不会造成根本性的损害。当然，如果出口商不愿意给予进口商这种权利，可以在交单时明确表示此笔交单按照惯例中另一个选项来处理，或者直接要求进口商委托开立信用证时排除这一选项。

（六）关于信息、单据等传递的银行免责规定

《UCP 500》规定，银行对由于任何电文、信函或单据传递中发生延误及/或遗失所造成的后果，概不负责。但是《UCP 600》有关银行对单据遗失免责问题有了另外的解释。《UCP 600》第 35 条规定，如果指定银行确定交单相符并将单据发往开证行或保兑行，无论指定银行是否已经承付或议付，开证行或保兑行必须承付或议付，或偿付指定银行，即使单据在指定银行送往开证行或保兑行的途中，或保兑行送往开证行的途中丢失。这意味着只要指定银行确认相符交单，即使单据在指定银行送往开证行的途中遗失，受益人同样能够获得开证行的付款保证。这一规定对消除误解，减少纠纷，加强开证行的付款责任将起到重要作用。

（七）审单自动化

金融科技推动着信用证业务审单的电子化和自动化。商业银行利用大数据设置审单规则和专家经验模型，通过人工智能技术实现单据处理过程智能化。为了推动审单自动化进程，国际商会尝试建立审单自动化相关业务指引。审单自动化不可能一蹴而就，而是需要分阶段发展和实现的长期过程。目前信用证项下审单自动化尚处在初步探索阶段。但是从长远来看，国际结算单证业务领域的自动化转型是大势所趋。

知识链接

信用证项下审单自动化

为了推动审单自动化进程，国际商会银行委员会数字化工作组于 2020 年 10 月拟定了《信用证项下审单自动化指导》（以下简称指导文件）并向各个国家委员会进行了意见征询。

指导文件指出，随着科学技术在各个领域的发展，越来越多的金融机构已经认识到了信用证业务中的人工审单与其他的贸易金融领域的数字化和自动化进程存在潜在差距，并且认可在国际贸易中增加数字化和自动化的应用是非常必要且不可避免的。近年来，人工智能、机器学习以及光学字符辨识等技术的发展，也为贸易金融的自动化提供了驱动力。尤其近年来受全球疫情的影响，企业和金融机构更需要一种变革，使原来的基于纸质单据、耗时、劳动密集型、需要员工一定技术和经验的审单模式，向智能化审单转变。当然，智能化不可一蹴而就，而是需要分阶段发展和实现的长期过程。

国际商会将自动审单分为 6 个级别。零级：完全没有自动化因素，完全由人工审核纸质单据，不包含任何自动化技术。第一级：单据影像化，使用扫描技术将纸质单据扫描成影像并由人工审核。第二级：基础自动化，对单据影像应用光学字符辨识和数据捕捉等技术，进行简单性自动审单或减少数据录入，在这个过程中仍需人工参与。第三级：

部分自动化，实现很大程度上的自动化审单，人工只做监督，只有一些特定的关键部分需要手动执行。这一级别包括复杂规则、分析技术、机器学习和自然语言处理等技术。第四级：高度自动化，整个审单过程自动化，只有系统提示的特殊情况需要人工干预。这一级别需要深度学习和近乎完全标准化处理技术。第五级：完全自动化，整个审单过程是完全标准化的，不需要任何人工干预。后5个阶段的实现均依赖于各自前一阶段技术的成熟应用。每一等级的实现取决于两个关键点：一是从纸质单据中分类和提取数据的能力；二是利用提取出的数据判定是否相符交单的能力。

目前银行可将目标设定为第四等级，即高度自动化。在这个阶段，整个审单流程实现了自动化，只有在系统无法判定的情况下才需要进行人工干预。系统可以自动识别非标准化条款，与《UCP 600》和ISBP745进行对照分析，清晰表达复杂不符点以及读取手写单据。

指导文件中还指出了智能化审单的一系列优势，如提升效率、降低成本、减少操作风险、促进单据电子化、减少不合理不符点、促进贸易流畅进行等。当然这些优势不仅有利于金融机构，也有利于信用证业务的各个相关方，如受益人可以在交单前通过智能化审单去除不符点等。

机器要实现自动审单有3个步骤：一是将单据中的有效信息提取出来；二是将信用证项下的单据信息进行单单之间的比对，并与信用证、国际商会相关惯例比对匹配；三是提炼出不匹配的信息，根据规则来甄别其是否为不符点。可见，自动审单的最难之处在于机器深度学习的数据库和精准算法模型的建立。

在实际应用中，信用证项下的审单业务虽然尚未实现自动化，国内同业基本上处于上述指导文件中设定的第二等级（基础自动化），但也纷纷开始了探讨与尝试。

资料来源：储云鹤，路清秀．信用证项下的审单自动化［J］．中国外汇，2022（22）：64-65.

二、单据审核的基本要求

（一）汇票审核的基本要求

信用证项下的汇票应列明开证行名称及其信用证编号作为缮写此一汇票的依据，即汇票上的“出票条款”（Drawn Clause）必须与信用证相符。汇票的出票人应为受益人，汇票收款人必须与信用证相符。汇票付款人不得为信用证开证申请人，根据《UCP 600》第6条c款规定，不得开立包含有以申请人为汇票付款人条款的信用证。汇票的付款期限也应符合信用证规定，出票日期不得迟于信用证的有效期。汇票金额不得超过信用证规定，大小写也应一致，使用的货币也应符合信用证的要求。汇票上不应有涂改。

（二）商业发票审核的基本要求

商业发票是受益人开给进口商的进货凭证，它也是海关课税的主要依据。《UCP 600》规定，发票必须在表面上看来系由受益人出具；除非信用证另有规定，否则出票的抬头人必须为信用证的开证申请人；发票上的商品描述（Description of Goods），如商品名称、品质、单价、数量、重量及包装等必须与信用证中显示的内容相符。除非信用证特别规定，发票的总金额不得超过信用证金额，而要与汇票金额相符。各项数字计算正确，发票份数与信用证的要求一致。发票上的价格条件（如 CIF、CFR、FOB）、装运唛头、数量、船名、起运港、起运日期、目的港等应与其他单据一致。

（三）提单审核的基本要求

提单（Bill of Lading）为外来文件之一，并非受益人自行制作。提单必须是全套的，并经承运人船公司签署。除非信用证有特别规定，否则提单应做成已装运提单，并经船公司注明“Shipped on Board”（已装船）字样才能生效。提单上不得有任何说明瑕疵的批注，也即只能提交清洁提单。提单上的货名、唛头、数量、重量、船名等应与信用证一致，并与其他有关单据相符。提单抬头如为“to order of shipper's”（托运人抬头）或为“to order”时应作空白背书，或（空白抬头）完整背书。提单上的价格条款或有关运费的记载必须与信用证以及发票一致。如价格条件为 CIF 或 CFR，则应注明“Freight Repaid”（运费预付）。此外，提单的签发日不得超过信用证上所规定的最迟装船日期。

（四）保险单审核的基本要求

保险单应具备法定要件，并由信誉良好的保险公司签发。投保的险别必须是信用证所规定的，保险单据须标明承保的风险区间至少涵盖从信用证规定的货物监管地或发运地开始到卸货地或最终目的地为止。投保币别必须与信用证币别相同，投保金额通常是发票金额的110%。保险单上记载的船名、船程、转运港、卸货港、启运日期等内容必须与提单一致。投保货物名称、数量、唛头等内容应与提单、发票或其他单据相符。保险单的签发日期不得迟于发运日期，除非保险单据表明保险责任不迟于发运日生效。如果保险单据表明其以多本正本出具，所有正本均须提交。暂保单将不被接受，可以接受保险单代替预约保险项下的保险证明书或声明书。信用证要求提交保险单时不得用保险凭证替代。

（五）检验证明书审核的基本要求

检验证明书是指商品已经检验且表明该商品的品质、规格、成分、重量或包装符合相关标准的文件。此项文件必须由信用证所规定的机构检验签发，并与信用证的要求相符。如信用证要求品质证或卫生证等类似检验证时，也要注意单据名称必须符合信用证的规定。此外，这些检验证的检验日期不得迟于装运日期，但也不应距离装运日期过早。

（六）产地证明书审核的基本要求

产地证明书应由出口地的法定机构签发，用以证明所发货物确系在该出口地生产。这是进口方要求出口方提供的装运文件之一。进口方要求产地证明的主要目的在于核定关税之用。对此类文件的审核要注意货品的名称、品质、数量及价格等记述不得与商业发票或其他有关单据相矛盾。

（七）装箱单、重量单审核的基本要求

装箱单、重量单的提供目的是证实装运货物的详细内容，包括毛重净重、规格品种等。这些单据不得与商业发票等其他单据相矛盾。

本章小结

随着国际贸易的发展，国际结算呈现票据化、电子化和单据化的趋势。单据代表了物权，控制了单据就控制了货物。单据同时还是凭以付款的凭证。国际结算的单据主要有基本单据和附属单据两类。

发票是一种常用的商业单据，尤其商业发票更是国际贸易结算中不可或缺的基本单据。商业发票是对所售货物的整体说明，其他单据对货物的描述必须与发票所列内容不矛盾，否则就构成交单不符，成为银行或买方拒付的理由。

运输单据是国际贸易结算中必不可少的基本商业单据，其具体形式依不同的运输方式而异，运输单据的作用是承运人收到货物的证据以及对运输合同的证明。在各类运输单据中，海运提单和多式联运单据是最重要、最常用的单据。大多数海运提单因为都是可转让的，所以它还可以用作物权凭证。其他运输单据，如空运运单、铁路运单、邮包收据等，在内容等方面均比海运提单简单，而且在国际贸易中较少使用，因而其重要性不及海运提单。

保险单据是国际贸易结算中又一常见的基本商业单据。就国际贸易来说，保险是必不可少的风险规避手段，因而保险单据就显得十分重要。在各类货物运输保险中，最重要的是海上货运保险，这是历史最悠久、体系最完备复杂的货运保险种类，也是建立其他运输方式下货运保险体系的参照基础。海上货运保险的主要内容是分析风险成因、损失种类及保险人责任范围，并通过适当的保险条款来确定保险合同的基本内容。保险单据不仅是保险合同的证明，而且是索赔的证明。

除了上述 3 种基本单据外，还有其他附属单据，包括检验证明书、产地证书、包装单据、船公司证明等。这些单据是对货物的若干方面或交易的若干环节的说明，是否需要这些单据，主要取决于买方的需要及有关当局的规定。

由于单据是国际贸易结算所处理的主要对象，是对资金及货物的反映，因此其制作及审核是结算业务的一项重要内容。《UCP 600》要求开证行仅基于单据本身确定其是否在表面上构成相符交单，无须借助其他渠道调查单据内容本身的真实性；单证之间不要求完全一致，仅要求不矛盾。当前，银行审单呈现智能化和自动化趋势。

思考练习

1. 商业发票有何作用？
2. 海上货运保险所针对的风险的主要成因有哪些？
3. 什么是全损、实际全损和推定全损？什么是共同海损和单独海损？
4. 在国际贸易中，检验证明书具有什么作用？其主要类型有哪些？
5. 包装单据主要有哪几种？它们的作用是什么？
6. 常见的船公司证明有哪几种？

第八章

国际贸易结算的风险管理

学习目标

- 掌握出口贸易结算的风险；
- 掌握进口贸易结算的风险；
- 熟悉国际贸易结算的风险管理。

第一节 出口贸易结算的风险

在出口贸易中，出口商需要经过洽谈、签约、备货、包装、检验、托运等环节，各个环节受自然、人为等各种因素的影响，受各个国家或地区不同规章制度以及惯例习俗的影响，使出口贸易经常存在各种潜在风险，并最终在国际结算中以对外拒付的形式表现出来。因此，所谓出口贸易结算的风险，实际上是指出口商无法按时收款（收汇）的风险，该风险受出口贸易过程中的许多因素制约，但最主要是由进口商信用风险、银行信用风险、国家信用风险以及来自结算方式本身的风险等因素造成的。

一、进口商信用风险

进出口商签订合同以后，在合同执行期间，由于各种因素的影响，进口商的资信状况会发生变化。若在此期间进口商由于清偿能力不足或破产倒闭而无法正常支付货款，或者出于其他原因而使进口商违约拒付时，出口商就会遭受呆账或坏账的损失。这就是进口商信用风险。

进口商信用风险是贸易中面临的最主要风险。这一贸易活动风险直接导致出口商无法收款，严重损害出口商的利益，也成为国际贸易活动最主要的障碍。虽然国际贸易活动始终存在这种商业信用风险，且它必然在出口贸易结算过程中表现出来，但是采用不同的结算方式，对出口商而言，该风险是否由其承担则有不同。若采用商业信用基础上的结算方式（如汇款、托收），则该风险直接转化为出口贸易结算的风险；若采用银行信用基础上的结算方式（如信用证、银行保函），则该风险就不直接转化为出口贸易结算的风险，进口商的资信就不会直接影响出口商的收汇。

二、银行信用风险

进出口商采用银行信用基础上的结算方式，在合同执行期间受各种因素影响。若信用证的开证行或银行保函的担保行资信发生变化，或者清偿能力不足无力支付，或者出于其他原因不愿支付，出口商就可能因此遭受无法收汇的损失。这就是银行信用风险。

信用证、保函结算方式虽然提供的是一种银行信用，但是，只有资信好的银行才具备这种可靠的信用。出口商能否从开证行获取货款，取决于信用证开证行的良好信用。当指定银行向开证行索偿时，只有实力雄厚、信用良好的开证行才具有充分的清偿能力。但是，国际政治经济风云变幻莫测，在金融危机的袭击下，开证行破产倒闭的可能性始终是存在的。比如，1998 年亚洲金融危机，造成东南亚国家诸多金融机构破产倒闭。即使金融发达的美国，每年都有银行倒闭的现象。因此。虽然出口商有开证行的保证，但仍然不能忽视来自银行的风险。

银行信用风险与进口商信用风险相比，前者只是在采用银行信用基础上的结算方式时才发生，但是后者无论在哪一种结算方式下都存在。即使在信用证结算方式下，开证行的银行信用替代了进口商的商业信用，但是当开证行无力支付时，出口商仍然要直接面对来自进口商的风险，即依据贸易合同要求进口商付款时进口商会拒绝付款。

【案例 8－1】[①]2020 年 6 月，孟加拉国某公司以即期付款信用证的付款方式向嘉兴某公司采购总金额超过 8 万美元的货物。在收到孟加拉国某公司申请开立的两份正本信用证后，嘉兴某公司按约发货交单，但孟加拉国开证行拖延支付两份信用证项下全部款项。嘉兴某公司向浙江省商法中心寻求援助。

了解得知，其中有一份信用证存在不符点，且嘉兴某公司未及时收到国内通知行的告知，错过了消除不符点的机会。经协商沟通，孟加拉国开证行最终于 2022 年 4 月支付单证相符的信用证项下超过 3.7 万美元款项，而对于另一份存在不符点的信用证，双方因协商不成，孟加拉国开证行拒绝放款。

分析：信用证是开证行有条件的付款责任，在相符交单情形下，受益人收款的安全性取决于开证行的信用。受益人应当审核开证行的信用等级以确保结算的安全。本案例所涉孟加拉国开证行，相符交单下拖延付款，信誉较差，最终导致受益人延迟回笼货款。

三、国家信用风险

某些国家或地区外汇资金短缺，对外支付能力差。在这种情况下，即使进口商资信良好、清偿能力强也无济于事，因为这些国家没有外汇用于对外支付。由于诸如经济、政治、军事等方面的原因，国家也可能强制停止支付一切对外债务。此外，某些国家处理结算业务的规章制度或者惯例习俗的不同也有可能致使出口商无法及时收汇。上述这些就是所谓的国家信用风险。

在实务中，国际结算面临的较多国家风险包含政府换届、政府信用、内战、经济制裁等。全球政治经济局势日益复杂化，结算蕴含的经济制裁风险高企。商业银行为了规避经济制裁引发的风险，对联合国安理会制裁委员会，美国国务院、财政部海外资产控制办公室的制裁名单内所涉行业及业主的各类收支及贸易融资业务均不予受理。

四、来自结算方式本身的风险

国际贸易结算方式主要包括汇款、托收、信用证以及银行保函。前两者建立在商业信用的基础上，后两者则建立在银行信用的基础上。选择不同的结算方式，会导致出口商收汇效果的不同。一般来说，汇款和托收方式项下，出口商将直接承受来自进口商的信用风险以及进口国的国家风险，而在信用证和银行保函方式项下，出口商将直接承担来自开证行或担保

① 参见 https：//www.ctils.com/articles/3847。

行的信用风险以及进口国的国家风险。

在上述 4 种结算方式中，由于信用证和保函具有的特点，即所谓信用证或独立性银行保函与基础贸易合同相互独立以及银行在业务中处理的对象是单据而不是货物，因此使信用证和保函尤其是在商品贸易结算中使用最为广泛的信用证形成独立抽象性原则，也使信用证和银行保函本身易为诈骗者所利用，成为其诈骗的主要工具。这就是信用证和银行保函结算方式本身的风险。以信用证、银行保函为例，其产生的主要风险如下。

（一）假冒信用证（银行保函）

假冒信用证（银行保函）是指国外不法分子自行或与开证行、担保行勾结伪造的信用证（银行保函）或修改书。假冒信用证（银行保函）或修改书的开立目的是骗取佣金、质押金、履约金、预付款或者购货款以及出口商的货物。

假冒信用证一般具有以下几个特点：

（1）信用证（银行保函）金额较大，有效期短；

（2）电开信用证（银行保函）无密押；

（3）电开信用证（银行保函）使用第三家银行密押，而第三家银行的确认电文没有加押；

（4）信开信用证（银行保函）的签字无从核对；

（5）信开信用证（银行保函）随附印鉴式样，而该印鉴式样也是假冒的；

（6）开证行、担保行的行名和地点不明确；

（7）单据要求寄往第三家银行，而第三家收单行根本不存在。

【案例 8－2】[①]2016 年 1 月，温州出口商与孟加拉国某进口商签订了 80 万美元的电子设备供货合同，随后又收到该进口商通过美国开证行电开的自由议付信用证。信用证要求提交一份由该进口商签发的许可证。出口商为防范风险，联系进口商删除此单据。不久，出口商收到看起来由开证行寄来的一份纸质修改，删除了上述单据要求。受益人遂按修改交单。然而开证行却以未提交信用证要求的许可证为由拒付。

交单行发电查询，开证行否认对信用证做过修改，称该修改系伪造。出口商意识到风险，亲自飞抵孟加拉国与进口商确认修改真伪与付款事宜。进口商承诺：无论修改真假，都将安排开证行付款，并承担出口商一切损失。出口商轻信进口商承诺的保证，不再要求追究修改的真实性。然而，3 个月后，出口商收到的不是进口商承诺的付款，而是开证行退回的全部单据。滞港的货物则被当地海关拍卖，进口商根据政策优先得到了购买权。

分析：本案例所涉进口商通过境外银行开证并通过信开方式伪造修改书，引诱出口商发货遭开证行拒付，最终导致货物被海关收缴拍卖。其伪造修改书的目的在于以极低价格（拍卖）获取基础销售合同的货物。

（二）软条款信用证

软条款信用证是指开证行可随时单方面解除其保证付款责任的信用证。例如，开证行不

① 臧玉晶．谨防孟加拉国国家风险［J］．中国外汇，2017（6）：49-51．

通知生效、不发修改书，开证申请人不出具收据或证明书、不来验货、不通知船名或者迟出具收据或证明书，这些都会造成出口商不能如期发货，不能使用信用证，或者造成单证不符而使开证行有充分的理由拒付。软条款信用证赋予开证行或者开证申请人单方面的主动权，使信用证可以随时因开证行或者申请人单方面的行为而撤销，成为变相可撤销的信用证。

软条款信用证有具备各种特征的软条款。根据我国的国外来证，影响出口商安全、及时收汇的软条款信用证可以归纳为以下 3 类：

（1）信用证规定暂不生效，等待进口许可证签发后通知生效或者等待货物经开证申请人确认后通知生效；

（2）开证申请人出具的品质证书、收货收据或开证申请人签发的装运指示、证书和收据上申请人的签字由开证行核实，或者与开证行存档之印鉴式样相符；

（3）船公司、船名、目的港、起运港或者验货人、运船日期须等待申请人通知或须征得申请人同意后，开证行才将以修改书的形式另行通知。

软条款信用证不但内容完备，而且单从形式上看，它与假冒信用证是不同的，但是从对虚假性的隐蔽程度以及对受证方的欺骗性而言，软条款信用证要比假冒信用证更胜一筹。利用软条款信用证的目的是骗取国内出口商的质押金、佣金或内外勾结骗取贷款。

软条款中的“暂不生效条款”经常出现在申请人是中间商的信用证中。在这种情况下，此类申请人由于担心无法及时联系好下家或出现下家客户临时毁约的风险，因此在信用证中加入此类条款，以便在出现对自己不利的情形时，可以凭此软条款免除信用证项下单证相符的付款义务。另一种情况是，信用证中交易的是生产周期长、价格不稳定的货品，暂不生效软条款则赋予了进口商根据市场行情决定是否需要此笔货物的主动权。

【案例 8－3】[①]2018 年 10 月 10 日，C 银行通过 SWIFT 系统收到 W 银行转递的信用证。该报文的 78 栏位（给付款行、承兑行或议付行的指示）载明，“当收到与本信用证条款与条件完全相符的单据以及一份来自开证行的内容为该信用证可以有效提款的电文副本，开证行将根据指示即期付款。只有当收到开证行发送的、内容为信用证可以有效提款的激活电文后，单据才可以被提交”。

C 银行将该笔信用证通知给 H 客户，12 月 3 日该笔信用证出单，12 月 13 日开证行 S 银行向 C 银行提出不符点——未提交声明该信用证可以有效提款的报文副本，因此将视 C 银行交单无效，此笔业务将根据 URC522 以跟单托收方式处理，并于 2019 年 1 月 8 日退单。受益人无奈另寻买家，虽然贸易得以完成，但蒙受了一定的经济损失。

分析：本案例所涉信用证包含开证行发出有效提款报文之后才能生效的条款，属于暂不生效条款。此类条款与信用证不可撤销的属性相矛盾，违背了《UCP 600》第 7 条的规定，使出口商处于被动地位，属于不公平的贸易往来。即便进口商后续让开证行发出提款生效报文，出口商仍会面临投产晚、生产难安排、装期紧、出运困难等风险。

信用证暂不生效条款除了上述案例中的表述外，还可能以“待货样经开证行申请人确认后再通知生效”或“与信用证相关的银行保函到达后信用证才可生效”等表述体现。但不管

① 凤敏．剖析信用证“软条款”之“暂不生效条款”[J]．中国外汇，2021（17）：76-77.

此类软条款表述形式如何变化，本质都是信用证只有在满足某些特定条件时才能生效。因此，虽然此类证都标明不可撤销，但实际上是一个可撤销的信用证。

（三）可转让信用证

随着国际贸易的不断发展，转让信用证业务在增多。中国香港作为一个自由港，是世界转口贸易的中心之一，许多国家和地区通过中国香港与中国内地发生贸易往来。于是，一些中间商利用其所处地理位置、信息、人际关系的优势，不是通过开立信用证，而是以转让国外开来的信用证给国内实际供货人的方式展开贸易活动，这样中间商可以达到降低风险、赚取利润的目的，同时还可以保守商业秘密，避免真正的买卖双方拉直关系。

可转让信用证是开证行授权受益人可以将信用证的全部或部分转让给一个或数个第二受益人使用，其转让内容并不仅仅是发货权的转让，而是在转让发货权的同时，对该信用证项下的货款支取权的转让。当指定银行同意办理信用证转让时，第二受益人就享有向银行请求付款的权利，而且这种权利是独立于第一受益人的行为而存在的。但是，在可转让信用证的实务中，转让人对转让行的转让指示以及转让行在新证中加列的一些条款，都会增加第二受益人的风险。

例如，中间商为了自身的利益在转让申请书中指示转让行：①保留拒绝允许转让行将修改内容通知受让人的权利；②缩短第二受益人交单期限、信用证效期，而且将新证的效地限定在第一受益人所在地；③在新证中加列："转让行对第二受益人不承担任何责任，仅仅在其从开证行处收到货款之后才交付第二受益人"条款。根据该申请书开来的新证，对第二受益人而言，实质上在其严格履行交货义务后，货款回收仍然是不能得到银行信用保证的。主要原因在于第二受益人相符交单难度较大。因为当原证被修改后，第二受益人无从知晓，所以无从做到单证相符。另外，由于中间商需要充裕的时间替换第二受益人的发票与汇票，因此缩短了信用证效期和交单期。同时，限定信用证效地为中间商所在地，必然导致第二受益人难以控制效期，容易造成逾期交单。

关于可转让信用证，《UCP 600》对《UCP 500》中的条款作了修订。例如，其第 38 条 i 款规定，如果第一受益人应当提交其自己的发票和汇票（如有），但未能在收到第一次要求时照办，或第一受益人提交的发票导致了第二受益人提示的单据存在不符点，而其未能在收到第一次要求时予以修正，转让行有权将其从第二受益人处收到的单据向开证行提示，并不再对第一受益人负责。该项规定确实能够保护第二受益人的权利，但是不可否认，可转让证的上述相关问题在实务中仍将继续困扰第二受益人。

第二节　进口贸易结算的风险

进口贸易结算的风险就是进口商无法收到与合同相符的货物的风险。由于国际贸易的程序复杂，受各种因素的干扰，而这些干扰因素可能来自出口商，可能是出口地的政治经济背景的变化，因此有可能最终导致进口商无法收到货物或者收到的货物与合同不符。分析进口贸易结算风险的具体成因，可以归纳为两个方面：一方面是贸易活动中无法避免的出口商信用风险和出口地的国家信用风险，另一方面是结算方式本身的风险。

一、出口商信用风险

进口商与出口商签订合同，进口商承担支付货款的责任，而出口商承担按照合同约定提供货物的义务。若出口商无履约能力，则进口商就会因无法收到与合同条款相符的货物或根本无法收到货物而承担相应的费用损失和丧失相应的市场机会。这种商业信用风险一直伴随着贸易活动而存在，并不会因为该笔贸易活动采用不同的结算方式而有所改变。只要出口商资信、履约能力存在问题，进口商就很有可能无法收货或者货约不一致。但是，在不同结算方式项下，出口商信用风险的表现形式各有不同。对进口商而言，汇款结算方式（如预付货款）的风险具体表现在出口商收款后不交货、迟交货或者以次充好。在以凭单付款为特点的结算方式项下（如托收、信用证、保函），由出口商带来的信用风险表现得更加复杂一些，进口商付款后能收到正确的单据，单据与合约相符，但是货物与单据的描述有出入，可能货物不存在或者货物以次充好。有些资信很差的出口商还有可能利用凭单付款的结算方式，采用诈骗手段骗取进口商货款，关于这一点，我们将在本节“三、结算方式本身的风险”中进行详细介绍。

二、出口地的国家信用风险

在国际贸易活动中，也可能出现这样一种情况：出口商的资信以及履约能力还是比较好的，但是出口商所在国的政治经济环境发生变化，如该国因为战争宣布禁止出口某些重要物资，从而造成货物无法及时出运或者无法出运，给进口商带来无法收货和丧失市场销售良机的损失。这种可能出现的情况就是所谓的出口地的国家信用风险。

三、结算方式本身的风险

在国际贸易结算中，除了汇款结算方式外，其他结算方式的确立均基于国际贸易各当事人已经达成的共同认识，即单据代表货物，单据的买卖就是货物的买卖。无论是托收、信用证还是银行保函，选择这样的结算方式，表示进口商是凭单付款，而不是凭货付款，相对于汇款的货到付款，这无疑给进口商带来单货不一致的风险，另外也给不法分子提供了更加隐蔽的诈骗方式，从而给进口地银行即开证行或者担保行带来另一种风险。

（一）来自托收、信用证结算方式的风险

1. 伪造单据

伪造单据一般有两种：一是伪装单据上的签字，如提单上船长的签字是伪造者伪造的；二是伪装提单的内容，如以废铁、废渣装箱，而伪称科学设备、仪器，取得正式提单等。伪造单据的目的有多种，可能是骗取进口商的货款，也可能是骗取银行的资金。

在托收结算方式项下，由于托收行、代收行对于任何单据的形式、完整性、准确性、真伪性或者法律效力概不负责，银行对于任何单据所表示的货物的描述、数量、重量、质量、状况、包装、交货、价值，或对于货物的发运人、承运人、运输行等的诚信、行为和/或疏忽、清偿能力、执行能力或信誉等也概不负责，因此若出口商持全套假单据委托托收行向国外进口商收款，而进口商对假单据付款赎单后，就有可能遭到不能获取货物的风险。

信用证结算虽然有银行的信用支持，但是其根本特点是开证行只保证单据在表面上与信用证规定相符，对出口商是否装运以及装运的是什么货物不承担任何责任，即银行提供的信用保证只是承诺进口商付款赎单后获得的单据是单证相符，但是不保证单货相符。这就为不法分子伪装成出口商行使诈骗提供了可钻的空子，使进口商根据单据付款后却不能获得单据上所描述的货物。

2. 预借提单

预借提单（Advanced B/L）又称无货提单，是承运人应托运人要求，在货物尚未装船或装船尚未完毕的情况下，预先签发的“货已装船”提单，从而托运人可以在信用证效期结束前交单结汇。预借提单与伪造提单很相似，其关键在于意图行骗的出口商不装船却出具已装船的且符合信用证要求的提单，连同其他单据要求开证行付款。

3. 倒签提单

倒签提单（Anti-Dated B/L）是指承运人或其代理人应托运人的要求，在货物装船以后，以早于该批货物实际装船完毕的日期作为签发日期所签发的已装船提单，以符合信用证规定的关于装船日期的规定，达到单证相符，便利结汇。这是具有欺诈性的做法，侵犯买方或者提单合法持有人的利益。

4. 提供不清洁提单

进口商和银行一般不会接受不清洁提单。在货物、包装存在缺陷时，有时出口商会向承运人出具赔偿保证书（Letter of Indemnity），要求承运人不在提单上加不良批注，以便其顺利收汇。显然这是出口商掩盖装船时货物及其包装存在缺陷的重要事实，与承运人共谋对出口商实施的欺诈行为，极可能给进口商带来损失。虽然这在实务中还相当流行，但是从法律角度上讲毕竟属于欺诈。

（二）来自银行保函、备用信用证的风险

银行保函、备用信用证也是凭单付款。单据是担保行和开证行赔付的唯一依据，但是普通的跟单信用证要求的一些重要单据，多是由独立于受益人之外的第三者出具的，如货运单据、保险单、检验证书等，这在一定程度上制约了受益人的行为。银行保函或者备用信用证一般要求受益人提交一份申请人违约的声明，担保行或者开证行就承担履行付款的义务，这无形中为受益人滥用索偿权提供了更大的可能性。受益人可能提出不公正的索偿要求，只要其提交与银行保函或者备用信用证严格相符的单据，申请人此时即使已经履行合同项下的义务，但是仍需承担对外赔付的责任。也可以说，这是银行保函和备用信用证风险的一个主要方面。

第三节　国际贸易结算的风险

在出口贸易过程中，出口商无法收汇的风险主要是贸易活动过程中的商业信用风险、国家信用风险、以银行信用为基础的结算方式项下的银行信用风险以及所选择的不同结算方式本身的风险的集中体现。当然出口贸易结算的风险还可能表现为对出口商提供融资后的银行无法收回贷款的风险。而在进口贸易过程中，进口商无法收到货约一致的货物的风险或者根本无法收货的风险，也是贸易活动中存在的商业信用风险、国家信用风险以及所选择的不同结算方式本身的风险的集中体现。综合各类风险，我们在这一节中将主要从商业信用、国家信用、银行信用、结算方式本身这几个角度阐述国际贸易结算的风险管理。

一、对商业信用的风险管理

进出口贸易是建立在商业信用基础上运作的。加强对贸易合作伙伴的了解，是风险管理中最基本的环节。客户的信誉、资金、经营作风的优劣直接关系到客户是否能够按照合同的规定履行义务，这是保证贸易活动顺利进行的主要条件。

对于合作伙伴，贸易商应当具体掌握以下内容：组织形式、注册资本、实有资本、公积金、资产与负债、专营业务、经营作风、业务规模、财务状况等。贸易商可以通过与对方进行商务洽谈直接了解对方，也可以通过对方的往来银行和其他贸易合作对象进行调查了解，或者可以通过专业咨询机构、投资机构、律师机构等部门帮助了解。在此基础上建立其合作伙伴的资信档案，而且在档案建立之后，还应当通过各种渠道不断补充有关该合作伙伴的资信，从而对其历史和现实的资信状况和经营作风及其变化过程有比较全面的了解，以有效降低其资信变动的风险。

二、对国家信用的风险管理

国际贸易中进出口商都将面临国家信用风险，该风险伴随国际贸易活动产生，不会因为某种结算方式的采用而得以避免。因此，无论在哪一种结算方式下，进出口商仍直接承受国家信用风险。对于国家信用风险，我们应借助一些信息网络，收集关于贸易伙伴所在国的政治经济动态，尤其关注那些中东以及非洲的国家，其外汇管制一直比较严格，与这些国家发生贸易关系应当更加警惕来自由外汇管制引起的国家信用风险。而对于由贸易伙伴所在国制度习俗所引致的国家风险，由于其更多表现在托收结算业务的处理上，因此针对那些不按照URC522规定办理托收业务的国家，应当熟悉它们本国银行业的习惯做法，避免因其将远期付款交单视为承兑交单处理而发生许多出口货款无法回收，最终形成呆账的不利后果。

三、对银行信用的风险管理

在信用证或银行保函结算方式下，银行信用替代商业信用，因此出口商所面临的风险首先表现为银行信用风险。为了有效降低来自这方面的风险，出口商应当注意选择开证行和担保行，毕竟信用证项下的安全收汇以及银行保函项下实现索赔都是建立在这些银行的资信基础上的。

资信良好的开证行一般会尽可能避免开立一些软条款的信用证，也不会过分偏袒开证申请人的利益。选择资信良好的银行作为开证行或者担保行，就成为出口商防范银行信用风险最直接可靠的方法。出口商对开证行或担保行的资信评估可以集中在以下几个方面：资产规模的大小以及在权威机构公布的银行排名榜中的名次；银行资本金是否充足；该银行若上市，其股票在证券市场的表现；该银行的资产组合状况等。在综合评估的基础上，出口商就可以决定是否接受该银行所开立的信用证或者银行保函。除此之外，出口商还可以根据具体情况采取措施以防范银行信用风险，如要求开证行邀约另一家银行对该信用证加具保兑；由偿付行确认在该银行破产或倒闭的情况下，对议付行进行偿付；要求信用证规定可分批出运货物，以分散风险；要求加入电索条款等。

四、对不同结算方式本身的风险管理

（一）对信用证的风险管理

1. 对出口贸易结算的风险管理

对于出口贸易结算的风险，出口商应当以积极防范为重，通过各种具体措施将出口收汇的风险降低到最低限度。具体措施如下。

（1）认真审核信用证。由于信用证是一个独立于基础合约的法律文本，受益人的权利以信用证为基础，因此，出口商在收到国外来证时应当仔细审核，对于经验不足的出口商，可以求助当地银行。银行与受益人对信用证的审核各有侧重面，银行主要审核的是信用证的有效性，通过核验信用证的签章、印鉴或密押，确保信用证的真实性。而受益人应当仔细审核信用证中的有关条款，如识别信用证中是否含有“软条款”，发现“软条款”应当立即与开证申请人协商修改“软条款”以降低风险；若申请人拒不接受修改，也可使其诈骗的企图得以暴露，从而起到防范风险的作用。受益人应审核来证是不是可转让信用证，若出口商是可转让证的第二受益人，则其应当委托当地银行对转让行、中间商的经营作风进行调查，若转让行和中间商资信良好、经营作风优良，出口商就可以接受该证；反之，就应当防范中间商与银行相互串通、行使诈骗。在这种情况下，出口商若不愿放弃该笔贸易合同，则可以要求转让行对可转让证加具保兑，第二受益人只要单证相符就可以直接向转让行索汇，而无须等待原开证行的审单付款。当然出口商也可以不接受可转让证，而是要求中间商开立对背信用证。由中间商以其为受益人的信用证为抵押，向银行申请开立一张对背信用证，作为受益人的出口商，只要单证相符即可获得对背信用证开证行的付款承诺，也无须像可转让证项下须待原开证行验单后付款。受益人还应审核来证中是否具有风险性条款。对于风险性条款，出口商应当在发货前与进口商联系，及时修改或者拒绝接受信用证。

（2）根据信用证规定交单。组织货物出运后，出口商应当根据信用证的规定，向所指定银行（如议付行）交单。出口商交单务必做到完整、正确与及时，即单据的种类及份数与信用证相符；各类单据的内容也应当与信用证规定一致；交单必须在信用证规定的交单期限内，若信用证未规定交单期限，也必须在信用证的有效期内或者提单出单日后 21 天内交单。只有如此，才能保证单证相符，从而有利于出口商安全收汇。出口商向议付银行交单后，若银行审单时发现不符点且无法更正，则出口商应当立即与进口商联系，或重新缮制新单据，或请其接受不符点并授权银行付款。若不能获其确认，则应当将整套单据交该银行作 D/P 托收方式处理。在单据存在不符点时，出口商应当特别注意防范进口商与银行串通，比如，其一方面称单证不符，拒绝受单，以拖延付款或者达到无偿占用出口商资金的目的；另一方面则采取变通手法，凭担保提货书或者信托收据提走货物。出口商应当及时把握货物的去向，防范此类风险。

2. **对进口贸易结算的风险管理**

对于进口贸易结算而言，进口商关注的是进口付汇后能否获得与合同相符的进口货物。进口商应当采取以下一些措施以降低进口收货的风险。

（1）指示开证行开证，防范由假单据引发的风险。由于信用证业务处理的对象是单据，而利用信用证结算方式，进口商必须对正确单据付款，因此若出口商资信不佳或者进口商对出口商资信不了解，为了防范出口商制造假单据，进口商就可以要求装运港的船公司在货物装运后致电开证行或是进口商，告之其信用证号码、提单号码以及装船日期，还可以要求出口商在交单议付时需提交船公司签署的电报副本。为了防范出口商提供的货物以次充好，进口商可以在信用证中规定由知名的检验机构或者公证机构出具质量检验证书，如 SGS 检验证书，以证明所交货物的品质、数量、包装符合贸易合约的规定。为了防范出口商短装货物，可以要求知名的检验机构出具数量或者重量检验证书。若要进一步防范出口商在检验后调包，还可要求检验证书显示检验是在装船时进行的。为了证明出口货物已获得出口国政府机构的许可，可在信用证中规定对方在有关单据上加注许可证号码或者许可证副本。

(2) 要求出口商提供银行保函或者备用信用证。若交易金额巨大而对出口商资信不了解，则进口商最好在贸易合约中订明：出口商须提交银行保函或者备用信用证，并且在银行保函或者备用信用证为进口商接受后，开证行所开立的信用证才生效。

(二) 银行保函的风险管理

由于银行保函与信用证比较，其用途广泛但是使用不如信用证规范、完善，银行所开立的保函条款容易暴露漏洞，易被不法分子利用，因此银行保函业务的风险比信用证更大。使用银行保函时，各当事人应当严格预防不法分子的诈骗。

(1) 从保护受益人的角度看，应当审核、检验银行保函或者备用信用证的签章、印鉴或密押，确保银行保函的真实有效。因为假冒银行保函的目的同假冒信用证一样也在于骗取佣金、质押金和履约金。

(2) 从申请人的角度看，要防范来自受益人的诈骗风险，申请人必须仔细核定所开立的保函条款。例如，在保函中注明保函的最高赔付金额，而且保函金额与基础合约的金额保持适当比重，不能过高或者过低；若基础合约的内容允许，应在保函中加列减额条款，使被担保人的责任随合约的进展减少，这时担保人的赔付责任也相应递减；明确银行保函的有效期；索赔条款的意义表达必须清楚明了，避免使受益人产生不同理解。

(3) 对于用于融资用途的银行保函（包括备用证），银行承担较大风险，因此银行在开立保函之前应对申请人进行严格审查。一般而言，只要银行严格按照担保法行使敦促申请人完成其反担保手续，就能够较好地预防来自申请人的风险。

本章小结

出口贸易结算的风险实际上是指出口商无法按时收款（收汇）的风险，该风险与出口贸易过程中的许多因素有关，但它最主要是由进口商信用风险、银行信用风险、国家信用风险以及所选择的结算方式本身等造成的。进口贸易结算的风险就是进口商无法收到与合同相符的货物的风险。进口贸易结算风险的具体成因，可以被归纳为两个方面：一方面是贸易活动中无法避免的出口商信用风险和出口地的国家信用风险，另一方面是当事人对结算方式本身的不当选择。综合各类风险，本章主要从商业信用、国家信用、银行信用、结算方式本身这几个角度探讨了如何加强国际贸易结算的综合风险管理。

思考练习

1. 什么是出口贸易结算的风险？
2. 如何加强对出口贸易结算的风险管理？
3. 什么是进口贸易结算的风险？
4. 如何加强对进口贸易结算的风险管理？
5. 信用证结算会出现什么风险？
6. 银行保函的风险表现在哪些方面？

参考文献

[1] 高洁，史燕平. 国际结算［M］. 4 版. 北京：中国人民大学出版社，2015.

[2] 侯迎春，张文娟. 国际结算［M］. 北京：中国金融出版社，2019.

[3] 李华根. 国际结算与贸易融资实务［M］. 北京：中国海关出版社，2017.

[4] 刘一展，范越龙. 国际结算操作［M］. 北京：高等教育出版社，2017.

[5] 苏宗祥，徐捷. 国际结算［M］. 7 版. 北京：中国金融出版社，2020.

[6] 王文武，郭薇，刘晶红. 国际结算操作［M］. 北京：高等教育出版社，2015.

[7] 项义军，吕佳. 国际结算［M］. 北京：清华大学出版社，2016.

[8] 徐进亮. 最新国际结算与案例分析［M］. 北京：对外经济贸易大学出版社，2014.

[9] 赵晓燕，肖慈方. 国际结算［M］. 北京：对外经济贸易大学出版社，2017.